과학이 만드는 민주주의

과학이 만드는 민주주의:
선택적 모더니즘과 메타 과학

Why Democracies Need Science

해리 콜린스·로버트 에번스 지음, 고현석 옮김

김기흥·이충형 감수/해설

물질적 풍요를 가져올뿐더러 좋은 가치의 원천인 과학

이충형
포항공대 인문사회학부(과학철학) 교수

인공지능이나 환경 문제와 같이 복잡한 과학기술적 지식이 얽혀 있는 현대 사회의 문제들을 해결하는 방법에 대해 관심을 갖고 있거나 합리적인 의사소통이 이루어지지 않아 어려움을 겪고 있는, 민주주의의 돌파구를 고민하는 독자들에게 이 책을 권한다.

원자력 발전을 다른 에너지원으로 대체해야 하는가? 소득 주도 성장은 가능한, 그리고 바람직한 대안인가? 저출산과 고령화 문제에 어떻게 대처해야 하는가? 당면한 북핵 위기를 다루는 가장 좋은 방법은 무엇인가? 미국과 중국 간의 힘의 관계는 언제 어떤 방식으로 바뀔 것인가? 이 양국의 힘의 관계에서 한국은 어떤 외교 노선을 추구해야 하는가?

이런 중요한 문제에 명답을 찾는 한 가지 방법은 해당 분야의 전문가들, 즉 자연과학자나 사회과학자들의 의견을 전적으로 수용하여 결정을 내리는 것이다. 만약 과학이 진리를 추구하는 활동이고, 과학자들이 자기 분야에 대해 무엇이 옳고 그른지를 일반인들보다 훨씬 더 잘 알고 있으며, 이들이 옳다고 판단한 바는 이해관계에 영향 받지 않은 가치중립적 사실이라면 이 방식은 잘 작동할 것이다.

하지만 실제로는 전문가들이 이런 이상적인 모습에 전혀 부합하지 않는다는 사실이 지난 50여 년간 과학사회학자들의 연구를 통해 밝혀졌다. 이 책의 공저자 콜린스가 이런 연구를 수행한 대표적인 학자다. 그에 따르면, 과학 연구는 과학자들의 이해관계와 복잡하게 얽혀 있으며, 과학적으로 옳거나 그르다는 과학자들의 판단은 실제로 옳거나 그른 것이 아닌 협상과 합의의 결과물일 뿐이다. 한국 사회의 시민들이 원자력 전문가들에 대한 태도는 이런 과학사회학자들의 연구 결과를 그대로 옮겨놓은 듯하다. 탈원전론자들은 원자력 발전이 안전하고 경제적이며 친환경적이라고 주장하는 전문가들이 오로지 자신의 이해관계 때문에 그런 주장을 한다고 믿는다. 원자력 발전을 지속해야 한다고 주장하는 언론은 원자력안전위원회 위원장에 탈원전을 주장해왔던 원자핵공학자가 임명되자 전문성과 중립성을 의심하는 기사를 내놓는다.

또한 과학사회학자들은 과학자들이 일반인들보다 해당 분야의 문제에 대해 항상 더 잘 알고 있는 것도 아니라고 주장한다. 이들이 제시하는 대표적인 예가 1970년대 말과 1980년대 초에 영국에서 일어난 제초제 2,4,5-T에 대한 논쟁이다. 당시 전문가들은 여러 실험 근거를 들어 이 제초제를 용법대로만 사용하면 안전하다고 주장했고, 이에 따라 영국 정부는 이 제초제 사용을 허가했다. 반면 농부들은 이 제초제가 유산과 선천적 기형을 유발한다고 주장했다. 베트남전쟁 당시 사용된 고엽제의 주요 성분이었던 2,4,5-T는 이후 제초제로 사용되는 것이 금지된다. 또 다른 예는 이 책의 공저자 에번스가 제시했던 것인데, 에번스는 성장률, 물가상승률, 실업률 등에 대한 계량경제학자들의 예측이 거의 틀린다는 점을 보여주었다. 에번스 말대로 계량경제학자들의 예측이 거의 부정확하다면, 경제 정책 결정 과정에서 계량경제학자들의 판단에 의지할 이유가 있는가? 결국 민주 사회의 정책 결정은 전문가, 비전문가를 가릴 것 없이 관계자들이 공평한 의사결정권을 가지고 참여하는 것이 유일한 대안인가?

그렇지 않다는 것이 저자들의 주장이다. 이 책의 저자들은 전문가들의 의견이 비전문가들의 의견보다 훨씬 더 존중받아야 한다고 주장한다. 그리고 이를 구현할 방식을 구체적으로 제시한다. 그런데 저자들의 주장은 과학이 진리를 추구하고 가치중립적이며, 과학자들은 이해관계에 연연하지 않는다는 주장에 기반을 둔 것이 아니다. 콜린스와 에번스는 지난 50년간 과학사회학자들의 연구 결과를 모두 받아들이면서도, 따라서 전문가들의 주장이 더 참에 가깝다거나 더 많은 성공을 가져온다고 주장하지 않고서도, 여전히 전문가들의 인식적 우위—전문가들의 견해에 귀 기울이는 것이 비전문가들의 견해를 듣는 것보다 더 낫다는 주장—를 인정할 수 있고 그래야만 한다고 주장한다. 이들의 주장은 대다수의 철학자들과 과학사회학자들이 받아들이지 않을 것이다. 철학자들은 전문가들의 인식적 우위를 인정하지만, 그 이유는 전문가들이 비전문가들보다 참을 더 많이 알기 때문이라고 말할 것이고, 과학사회학자들은 전문가들의 인식적 우위를 절대적으로 인정하는 것은 과학사회학의 주요 연구 성과를 포기하는 것이라고 주장할 것이다. 과연 콜린스와 에번스의 제3의 길은 가능한가? 주요한 정책 결정을 전문가에게 거의 전적으로 맡기는 방식이나 전문가/비전문가 구별 없이 동등하게 참여하는 방식이 아닌 다른 대안을 찾으려고 한다면, 이 책은 꼭 읽어야 할 텍스트다. 왜냐하면 콜린스와 에번스는 과학자들의 전문성에 관한 한 최고의 전문가들이기 때문이다.*

* 단, 저자들도 인정하듯이 전문가들도 오류를 범한다. 이 책에서 저자들은 피터 듀스버그(Peter Duesberg)가 노벨상 수상자라고 말하는데, 듀스버그는 적어도 이 책이 발간된 시점까지는 노벨상 수상자가 아니었다. 그리고 이 문제는 협상과 합의의 대상이기보다는 '참/거짓'의 문제에 가깝다.

이 책이 우리 사회에 던져주는 또 다른 메시지는 과학의 가치에 관한 것이다. '과학이 우리 사회에 왜 필요한가?'라는 질문을 받으면 대다수의 한국 사람들은 먼저 '물질적으로 유용한 결과를 가져오기 때문'이라고 응답하지 않을까. 콜린스와 에번스의 대답은 다르다. 민주 사회가 과학을 필요로 하는 이유는 과학이 좋은 가치들을 사회로 흘러가게 하는 원천이기 때문이라는 것이다. 여전히 대다수의 과학자들은 경험 증거에 근거해 정직하고 성실하게 이해관계에 얽매이지 않고 진리를 추구하고 있으며, 연구자의 성, 인종, 종교, 국적 등과 무관하게 연구 결과를 명확하게, 그리고 모두가 확인할 수 있는 방식으로 공유하는 것이 가장 바람직한 과학 활동이라고 여기고 있다고 저자들은 주장한다. 그리고 이러한 가치들이 민주 사회에 확산되고 의사 결정 과정에 반영되면, 사회가 더욱 건강하게 작동할 것이라고 주장한다. 현실은 이상과 괴리가 있지만, 끊임없이 이상을 추구하려는 삶의 양식, 이것이 과학의 핵심이고, 지켜야 할, 또 퍼뜨려야 할 좋은 것이라는 주장이다. 이는 전문가의 지위와 역할에 대한 저자들의 주장과는 별개로 대다수 과학사회학자들과 과학철학자들이 공유하는 가장 근본적인 믿음이 아닐까 싶다. 과학사회학자들의 주장을 과학의 합리성과 지위에 대한 비합리적인 도전으로 인식하는 과학자들도 이 책을 읽는다면 과학에 대한 진정한 존중심을 느낄 수 있을 것이다.

이 책을 읽을 독자들에게

우리의 논의는 네 부분으로 나뉜다. 1부는 문제의 도입부로, 우리가 생각하는 주요 쟁점과 학문적 기초에 대해 설명한다. 2부는 새로운 생각들을 주로 담고 있으며, 우리가 '선택적 모더니즘'이라고 부르는 개념의 특징이 되는 원칙들과 과학적 조언을 구하고, 그것을 사용하는 방법의 중요성을 설명한다. 우리의 주장은 과학이 도덕적 활동으로 여겨져야 하며, 과학적 연구의 특징이 되는 가치들이 널리 알려져야 한다는 것이다. 우리가 아는 한 이것은 새로운 생각이다. 이 생각은 이 책에서 논의되는 과학에 대한 공리주의적 정당화보다 우선해야 하지만, 효과가 있다면 공리주의적 주장과 함께 사용될 수도 있다. 하지만 도덕적 주장은 별다른 쓸모가 없는 과학 분야들에서도 유용하며, 이 점에서 다른 모든 것들에 우선한다는 점이 중요하다. 우리는 또 민주적인 제도가 기술적인 의사 결정 과정에서 가장 중요하다고 주장하며, 새로운 종류의 제도를 만들어낸다. 이를 부엉이들 (the owls)이라 하는데, 이때 우리의 역할은 의사 결정과 관계가 있을 것으로 생각되는 기술적인 조언의 속성과 확실성의 정도를 충실하게 표현하는 것이다. 3부는 2부에서 우리가 해야 한다고 했던 일을 우리가 한다는 것을 보여준다. 2부에서 우리는 과학을 특징짓는 가치들 중 하나가 '연속성'이라고 제시할 것이다. 이는 아무리 혁명적인 과학적 사고라도 해도 이전에 사실로 받아들여졌던 것들의 상당히 많은 부분을 수용하고 그대로 유지해야 한다는 의미다. 3부에서 우리는 우리의 생각들이 과학과 민주주의를 다룬 수많은 기존 연구와 어떻게 연결되는지를 보여준다. 그 생각들에 대한 반응을 보고 깨달은 것이지만, 우리의 생각들은 혁명적인 사고에 포함되지 않았으면 했던 요소들도 포함해야 했다. 4부에서는, 독자들이 직면한 주요한 선택들을 가능한 한 단도직입적이고 단호하게 설명하는, 과학의 미래를 위한 선언문에서 우리의 주장을 요약할 것이다. 지금까지 말한 것들을 바탕으로 하면, 과학자는 과학의 전통과 가치를 보존하는 방법으로 행동해야 한다는 도덕적 책임을 이 선언문이 강조하는 것은 당연할 것이다. 과학자가 그렇게 하지 못하면 우리는 그들을 지지할 수 없고, 그렇게 되면 민주 사회를 지탱하는 문화의 중요한 한 요소는 상실될 것이다.

두 저자 모두 이 책 전체에 모든 책임을 지지만, 해리 콜린스는 2부, 로버트 에번스는 3부를 주로 집필했다. 많은 사람들에게 감사의 뜻을 전한다. 타보 음베키(Thabo Mbeki)와 항레트로바이러스제 사건에 대한 뛰어난 분석과 이 책의 정치적인 내용에 대한 조언을 해준 마르틴 바이넬(Martin Weinel)에게 감사한다. 상황이 조금만 달랐다면 그는 이 책의 공동 저자가 될 수도 있었다. 무엇보다 '선택적 모더니즘'에 관한 이야기를 기꺼이 들어준 수많은 독자에게 감사를 표한다. 이 용어에 대해서는 그동안 어느 정도 토론이 있어왔지만, 관련된 아이디어들은 2008년 10월 8일 카디프대학교 지식 전문성과 과학 연구센터의 정기 회의에서 콜린스가 처음 발표했다. 그 후로 많은 국내외 회의에서 다뤄졌으며, 그사이 몇몇 책에서도 언급됐다. 중간중간에 일들이 많아 그 아이디어들은 확장된 형태로 발표하는 것이 우리가 생각했던 것보다 훨씬 더 늦어졌다.

차례

이 책을 읽을 독자들에게 | 이충형 5

머리말 9

제1부 서론
　제1장 도덕적 선택으로서의 과학　　　　　　　　　　　　　17
　　　과학적 가치와 도덕 18
　　　　직업, 직업정신, 그리고 도덕적 리더십 20
　　　과학의 세 가지 물결 25
　　　　제3의 물결의 구성 요소들 27
　　　　정당성과 확장의 문제 30
　　　　전문성의 유형 분류 체계 32
　　　　기술적인 측면과 정치적인 측면 34
　　　드러냄과 증명 37
　　　　사실이 아니라 절차 40
　　　이 책의 구성 43

제2부 선택적 모더니즘
　제2장 과학을 선택하는 것　　　　　　　　　　　　　　　　49
　　　과학적 가치와 기술적인 측면 49
　　　구분의 문제 51
　　　　삶의 양식과 사회적 변화 55
　　　　사회학적 문제와 철학적 방법 57
　　　과학의 형성적 열망 59
　　　　포퍼의 반증주의 61
　　　　우리가 항상 알고 있던 것들을 드러내기 63
　　　　과학의 근본적인 형성적 열망 64
　　　전통적인 과학철학에서 추출한 형성적 열망 65
　　　　관찰 65
　　　　입증 68
　　　　반증 69

머튼 과학사회학의 형성적 열망 70
　역사적 맥락에서의 머튼 72
　머튼의 과학 규범 74
　공유주의 75
　보편주의 76
　탈이해관계 77
　조직적 회의주의 77
그 밖의 형성적 열망 78
　정직성과 성실성 78
　해석의 위치 79
　명확성 80
　개인주의 81
　연속성 82
　개방성 83
　일반성 83
　전문성 84
논리적 기계와 삶의 양식으로서의 과학 84
까다로운 문제: 과학이 효과가 없을 때 방어하기 87
중간 결론 92

제3장 선택적 모더니즘, 민주주의 그리고 과학　　　　　　　　93
선택적 모더니즘의 범위 93
　사회과학 97
선택적 모더니즘과 정치적 측면 101
　선택적 모더니즘은 기술관료주의가 아니다 102
　과학과 사회의 샌드위치 모델 108
과학에 대한 새로운 이해: 부엉이들 112
　경험 기반의 전문가와 상대적 약자 118
　구전문화로서의 과학 120
정책 조언을 위한 새로운 제도 122
　가짜 과학 논란 126
　합의 지표 129
　부엉이들의 임무 131
여전히 답이 필요한 문제 136
결론 137

제3부 학술적 맥락

    제4장 맥락으로 본 선택적 모더니즘   141

        선택적 모더니즘과 제2의 물결 141

            제2의 물결의 차이점 147

        선행 연구자들과 동시대인 154

            정치 이론과 과학기술사회학 154

            존 듀이와 월터 리프먼 158

            자유민주주의에 대한 롤스의 생각 163

            하버마스와 숙의민주주의 166

            헤더 더글러스와 '가치 중립적' 이상의 종말 169

            필립 키처 182

            요약 186

    제5장 제도적 혁신   189

        시민 패널, 배심원, 합의회의 190

        구성적 기술영향평가 191

        시민 과학 195

        공적 토론과 자문 197

        대중의 과학과 기술 참여 198

        정책 조언자로서의 전문가 199

        결론 201

제4부 선언문

    제6장 선택적 모더니즘과 민주주의   205

        왜 순진성에 의존하는가? 213

    참고문헌 217

    이 책을 읽은 독자들에게 | 김기홍 233

    찾아보기 245

제1부 서론

Introduction

제1장
도덕적 선택으로서의 과학

우리는 어떤 사회에 살고 싶어 할까? 서구 사회에는 옳지 않은 것들이 많다. 갈수록 심화되고 있는 엄청난 불평등, 불안정하고 부패한 금융 시스템, 자국에 대한 자긍심을 먼 나라들의 극심한 고통보다 우선시하는 논리, 정치인 매수 등이 그 예다. 설상가상으로, 서구 사회에는 기본적인 가치를 더는 확신할 수 없는 지경에까지 이르렀다. 도덕적 우월감이 대개는 피식민지인 착취를 감추기 위한 얇은 가면에 불과했다는 자각, 그리고 지금은 지구의 자연 자원을 개발하는 것이 인류의 미래를 위험에 빠뜨릴 수 있다는 두려움이 우리가 그동안 전통적으로 진보라고 생각해왔던 것을 의심하게 만들고 있다. 착취당했던 사람들이 옳았을 수 있다. 짧고 기술의 혜택을 보지 못했지만 자연과 어울리는 조용한 삶이, 끊임없이 '더 많이, 더 멀리, 더 빠르게'를 추구하는 삶보다 더 나을 수도 있다.

이 책은 이러한 우려로부터 한 단계 더 깊게 들어간 문제들을 다룬다. 우리의 삶과 먼 조상의 삶의 질 차이가 진보를 나타내는 것은 아니라는 전제 하에서다. 산모·영아 사망률 감소, 먹을거리를 구하고 추위를 피하기 위한 노력으로부터의 해방 같은 물질적인 진보가 있었으며, 그보다 두드러지지는 않지만, 약자가 강자를 끊임없이 두려워하며 살지 않아도 되는 도덕적인 진보도 있었다. 우리가 여기서 다루는 문제는, 한때 중요하게 생각되던 가치들의 침식 그리고 같은 시간, 같은 공간 또는 같은 범위에서 일어나는 삶의 양식의 잠재적 또는 실제적 침식이다. 우리는 이 문제의 일부분, 즉 사회에서 과학의 역할을 다룬다.

이전의 연구(아래 '과학의 세 가지 물결' 문단에서 논의한다)에서 우리는 1970년대 이후 과학의 본성에 대한 비판적 이해가 풍성해졌음에도, 전문성을 평가하는 것이 여전히 중요하며 지적으로 가능하다고 주장했다. 거대한 주장도 기초가 얇을 수 있으며, 우리는 자신들이 무슨 이야기를 하는지 말 그대로 알고 있는 사람들의 의견을 더 중시하는 것이 낫다는 상식적인 관점을 전문성을 대하는 우리 생각의 기초로 삼고 있다. 하지만 점성술사와 천문학자, 화학자와 연금술사, 찻잎점쟁이와 계량경제학자 등 자신이 무슨 말을 하는지 알고 있는 전문가의 종류는 수도 없이 많다. 우리는 이전 연구에서, 다른 종류의 전문성과 대조되는 전문성으로서의 과학적 전문성이 합리적이라는 것을 간단하게만 보여줬다. 이제 우리는, 1960년대 이후 떠오른 사회구성론자로부터 과학 비판(제2의 물결)의 모든 부분을 수용해 과학적 전문성을 우리에게 최대한 어렵게 만들면서, 과학적 전문성만을 꼭 짚어서 정당화해 제3의 물결 프로젝트에서 한 걸음 더 나아가려고 한다. 최근 들어, 과학과 기술에 대한 학술적인 논의에 과거 어느 때보다 양극화 현상이 심화되고 있지만, 여기서의 관점은 양쪽 극단 어디에도 맞지 않는다. 1970년대 인지혁명으로 오래된 과학 모델에 대한 이해와 비판의 정도가 높아진 것을 인정하지만, 사회에서 과학이 있어야 할 자리를 보존하는 것 또한 목표로 삼고 있다.

과학적 가치와 도덕

우리는 사회적 집단들이 공유하는 가치와 실천의 측면에서 이해될 수 있는 문제들에 관심이 있다. 특정한 실천은 오랜 시간 동안 반복되고 더 넓게 공유되기 때문에, 그 실천이 구현하는 가치는 강화되고 재생산된다. 그리고 우리는 그 가치가 '제도화된다'고 말한다. 어떤 경우에, 이 제도화는 문서화된 규칙과 규약, 절차의 정확한 준수를 확인하는 특화된 역할이 수반된 공식적인 양상을 띠게 된다. 의회, 법원, 경찰 등 국가의 주요 제도들과 몇몇 특정한 직업들은 이러한 공식적인 성질을 잘 보여준다. 대부분 그렇겠지만, 다른 사회적 제도들은 그렇지 않다. 과학이 그 예다. 과학자들은 상당히 많은 교육을 받지만 '좋은 과학자가 되는 법'은 공식적으로 배우지 않는다. 대신에, '예의 바르게' 행동하는 것을 배우는 어린아이들처럼 예비 과학자들은 사회화[1]를 통해 그들의 역할에 내재된 도덕적 가치를 이해한다. 다른 직업에서도 마찬가지겠지만, 우리는 직업들 자체의 가치가 위협받고 있는 것처럼 이런 가치가 위협받고 있다고 생각한다.

과학은 다양한 곳으로부터 공격을 받는다. 밖으로는 사실을 보지 않고 '설명'만을 보는 포스트모더니즘적 분석에 둘러싸여 있다. 즉 과학을 생태적 재앙의 도구로 보는 환경론자들의 비판에 둘러싸여 있으며, 경제적 측면에서만 가치 평가를 하는 정치 체제에 둘러싸여 있기도 하다. 미국에서는 과학을 종교에 적대적으로 대비시켜 정치적 자본을 만들어내기도 한다. 우리 분야인 과학사회학에서조차 '과학적'이라는 근거를 가지고 주장이나 태도가 방어되는 경우는 없다. 그 생각은 순진하다고 해서 내쳐질 것이다. 지금은 사회와 분리된 과학 같은 것은 더 이상 존재하지 않는다고 사람들이 믿고 있기 때문이다. 과학은 또

---

1. 여기서 사회화는 '학문적 매트릭스'(Kuhn, 1970)로 정의될 때 가치를 포함하는 토머스 쿤의 패러다임 개념과 일맥상통한다. 쿤이 제시한 특정한 예는 정확성, 단순성, 일관성 같은 '내적 가치'와 연관돼 있다. 쿤은 이 가치들이 "[과학자] 사회에서 널리 공유되며 …… 자연과학자들에게 공동체 의식을 심어주는 데 많은 기여를 한다"고 주장했다(184).

한 안으로부터도 공격을 받는다. 세금을 줄이고자 하는 정치인들로부터 자신들의 문화를 지켜야 한다고 생각하는 과학자들은 자신들이 사회에 물질적·문화적 상품을 가져다줄 수 있다고 쉽게 생각한다. 여기서 과학은 스타트업 회사들을 만들고, 생산성과 효율성을 높이는 결과물을 제공하고, 천국의 본질에 대한 놀라운 폭로로 대중을 즐겁게 해주는 자본주의와 공생하고 있다. 그러나 나쁜 것은 피하는 게 상책이다. 여기서 위험한 것은 과학이 곧 물질적 가치이자 흥밋거리로만 평가된다는 사실이다. 의도는 좋을 수도 있지만, 엉뚱한 시장에서 자신의 직업을 팔고 있는 과학자들이 너무 많다.

직업, 직업정신 그리고 도덕적 리더십

사회는 제도들로 이뤄진다. 교통 체계, 교육 체계, 의료 서비스, 주거 제공, 식량 생산, 경찰, 변호사, 군대, 운동선수, 연예인, 교회, 정치 기관, 회사, 은행 등이 그 제도들이다. 한 사회의 도덕적 삶은 부분적으로는 이런 제도들이 가진 도덕적 본질의 총합이다. 종교 같은 제도에서 도덕의 역할은 분명하다. 하지만 종교는 제도의 도덕적 리더십이 어떻게 추락하는지를 보여주는 가장 뚜렷한 예이기도 하다. 영국에서, 성공회는 아직도 온갖 옳은 것들에 대해 말하고 있지만 듣는 사람은 거의 없다. 미국에선 상황이 다르다. 종교 제도가 아직도 강력한 힘을 유지하고 있지만, 종교와 경쟁하는 다른 아이디어들도 많으며, 이 아이디어들 중 자유시장 자본주의에 대항할 수 있는 것들은 거의 없다. 그리고 20세기 후반에 민주적인 삶에 가장 유해한 영향력을 행사했던 것은 아마 자유시장 자본주의일 것이다. 이는 특히, 직업정신이라는 개념을 전복하고 훼손해왔기 때문이다.

직업의 본질에 대한 몇몇 초기 연구(뒤르켐 그리고 나중에 파슨즈)[2]를 보면, 의사나 변호사 같은 직업은 도덕적 우수성,

전체적으로 사회에 미치는 안정화 효과와 분명하게 연결돼 있다. 이와는 대조적으로, 직업정신에 대한 현재의 생각은 더 경영적이고 이념적이다. 자율과 개인적 책임은 일정 정도의 시장 지배력을 유지하는 데 사용되지만, 조직 안에서는 일에 대한 규범적 기대, 책임감, 배려심을 일깨워 직원들을 통제하는 데 사용되기도 한다. 직업정신이 '이윤을 목적으로 하게 되고, 생활비를 버는 것에 맞춰지며, 경영적이고 기업가적으로 되는' 직업의 자유시장 경제화는 직업이 도덕적 기준의 저장소라는 생각을 훼손한다.[3]

많은 직업 영역에서 이러한 변화는 분명하게 감지된다. 직업정신은 모든 노동자가 가져야 할 가치로 선전되며, 새로운 직업 단체가 계속 생겨나 이 새로운 관할권을 지키려 하고 있다. 요즘 많은 경우 직업정신은 윗자리에 있는 사람이 자신의 책임을 아랫사람에게 일부 떠넘기는 구실로 사용되지만, 진정한 자율권이 있는 사람들은 오래된 도덕 규칙에 더 이상 얽매이지 않는다는 확신이 있다. 우리가 젊었을 때 은행은 무결성의 모범 사례로 떠받들어졌다. 런던의 금융 중심가인 시티 오브 런던의 성공은 모든 사람이 악수 한 번으로 깨지지 않는 거래를 할 수 있다는 사실에 기초한 것이라고 한다. 콜린스의 어머니는 은행에서 일하던 친구 얘기를 한 적이 있다. 반 페니 정도가 장부에서 차이가 나 실수한 부분을 찾아 밤을 새운 적이 있다는 얘기

---

2. 예를 들어 에밀 뒤르켐의 『직업윤리와 시민 도덕』(*Professional Ethics and Civil Morals*, 1958)을 보라. 여기서는 개인과 국가를 연결시키는 제도들을 중재하는 핵심적 역할을 직업이 맡고 있다. 파슨즈도 개인적 또는 경제적 가치들에 의존하지 않는 사회적 행동의 가능성(그리고 중요성)을 직업이 보여준다고 주장했다(Parsons, 1991).

3. Hanlon(1999: 121)에서 인용됐다. 핸런은 법조계의 변화에 대해 기술했지만 이 주제는 '직업정신'이 조직의 변화를 촉진하거나 정당화하는 전략으로 이용되는 모든 환경에 일반적으로 적용된다.

였다. 하지만 '탐욕은 좋은 것이다' '사회 따위는 없다' 같은 마거릿 대처의 신조는 로널드 레이건의 자유시장이라는 종교의 지원을 받았고, 엔론(Enron) 사태로 이어졌으며, 연속된 붕괴와 부패 스캔들을 낳았다. 요즘은 은행이 제안하는 리더십은 통제 받지 않는 이기주의가 돼버렸다.

영국에는 시민이 신뢰할 수 있는 제도란 거의 없다는 생각이 종종 든다. 정치인들은 자금을 조작하고, 유명 인사들은 성범죄자로 밝혀지고, 신문은 뉴스가 될 만한 것을 찾아 개인의 음성메일을 해킹하고, 에너지 회사들은 관세 구조를 복잡하게 만들어 소비자들의 선택을 힘들게 만들고, 체육 당국은 부패하고, 선수들은 조직적으로 금지약물을 복용하고, 식품 표시는 정확하지 않다. 이 외에도 거의 매주 새로운 사실이 폭로된다. 아이러니하게도, 확인하고 재확인하는 데 시간을 쓰는 것은 경제학적 관점에서는 매우 비효율적이다. 시장 이론가들이 비난하는 일상적인 부패 때문에 몇몇 개발도상국에 사는 것이 매우 비효율적일 수 있는 것과 같다. 시장이라는 종교가 밀고 있는 이기심이라는 가치는 한때 우리 사회를 전진시켰지만 지금은 후퇴시키고 있다.

이 책의 관심은 현재의 다른 사회과학과는 결이 다르다는 것을 알아야 한다. 우리는 불평등이나 세대 간 정의의 문제를 풀려는 것이 아니다. 우리도 이런 문제들이 심각하다고 생각하지만, 이미 이 문제들을 해결하기 위한 노력들이 많이 이루어지고 있다. 모두 같은 사회학적 연구를 할 필요는 없다. 이와는 대조적으로, 우리는 민주적 규범과 가치의 취약한 조직을 보존하는 데 관심이 있다. 이 조직은 일상적인 폭력, 부패, 전 세계 많은 나라에서 정부가 지원한 힘을 조악하게 행사하는 것, 고삐 풀린 자유시장 이데올로기에 의한 우리 '서구' 사회의 계속되는 침식에 의해 손상되고 있다. 현재의 과학기술사회학에서 지배

적인 주제는 과학과 기술이 사회적으로 책임을 질 수 있도록
과학과 정치 사이에 힘의 차이를 없애는 것이다. 이와는 대조적
으로, 우리의 주제는 힘의 차이를 지켜내 과학과 기술이 사회와
독립적으로 움직일 수 있도록 하는 것이다. 대부분의 사회 분석
가들은 민주주의를 과학·기술 전문가들로부터 지켜야 한다고
생각한다. 하지만 우리는 과학·기술 전문가들이야말로 민주주
의를 보호할 능력이 있다고 주장한다!

그 차이는 사회에 대한 생각에 따라 생겨난다. 현재 존재하
는 사회가 선하다고 생각한다면, 과학과 기술이 사회에 답을
하게 하는 것이 현명할 수 있다. 하지만 우리 사회가 점점 더
부패하고 나빠진다고 생각한다면, 과학과 기술이 독립성을 유
지하기를 원할 수도 있다. 이 원칙은 대학 교수 정년 보장이나
그 비슷한 것으로 사고의 독립성을 보호해야 한다고 주장하는
학계의 독자들에게는 친숙할 것이다. 실제로, 과학이 사회의 요
구에 답을 해야 한다고 생각하는 학자들이 자신들의 정년 보장
에는 그토록 단호하다는 것은 매우 놀라운 일이다. 우리 주장
의 기초는 과학의 규범들이며, 이 규범들에 대한 가장 잘 알려
진 이전의 논의가 파시즘의 부상과 관련이 있다는 사실은 새삼
스러운 일이 아니다(사회가 앞으로도 아주 오랫동안 선해지지
않을 것이라고 갑자기 깨닫게 되자, 우리는 과학자와 일반 학
자의 독립성을 간절히 원하게 됐다). 그래서 우리는 과학이, 사
회가 지켜줘야 하는 무언가가 아니라, 도덕적 리더십을 제공할
수 있는 제도가 되길 기대하는 것이다.

과학이 도덕의 기반을 유지할 능력이 있는 유일한 제도는
아니다. 영국에서는 국민건강서비스(National Health Service,
NHS)가 그렇다. 적어도 일부분은 그렇다. 병원에서 대기 리스
트의 맨 위에 올라가는 데 성공하거나 불행히도 응급실에 가
야 할 때 확실히 알 수 있다. NHS는 전문의부터 환자용 변기

를 비우는 잡부까지 모든 단계에서 눈부시다. 전문의들은 물론 높은 급여를 받지만 중간 계층에 있는 간호사와 간호조무사 들은 그렇지 않다. 하지만 경험상, 그들은 정성스럽고 실용적인 의료 서비스를 통해 아직도 사회라는 것이 있으며, 성실하게 사는 사람들을 만나는 것이 부자가 되는 것보다 훨씬 가치 있다는 인식을 심어준다. 물론 문제는 있다. NHS가 긴 내기 리스드와 추문으로 유명하다는 것이다. NHS는 병세가 심각한 사람말고는 누구에게도 리더십을 제공할 만한 위치에 있지 않으며, 딱히 소수의 목소리를 대변하지도 않는다. 게다가 돈 있고 권력 있는 사람들은 NHS에서 빠져나가 민간 의료보험에 가입하고 있다.

서구 사회에 도덕적 리더십을 제공하는 다른 좋은 제도가 있을까? 눈에 띄는 것은 없어 보인다. 우리가 그런 제도를 절실하게 원한다는 것은 확실하다. 이 책에서 우리가 주장하는 것은 과학이 그런 제도 중 하나가 될 수 있다는 것이다. 선한 행동은 과학의 존재 이유에 고유하게 속해 있기 때문이다. 과학을 공격하는 것은 유행이 됐고, 당연히 우리는 자유시장 경제화가 과학을 훼손시킨 것을 보아왔다. 정직한 과학자가 자신의 직업을 팔도록 설득을 당할 뿐 아니라 '과학자들'이 자신들에게 제시된 돈에 따라 연구 결과를 조작해 사기를 치는 경우도 늘고 있다. 그럼에도 아직 손상되지 않은 과학의 부분들도 있다. 우리는 과학이 다른 많은 분야처럼 자유시장주의의 거센 물결에 휩쓸리기 전에, 과학의 특별한 속성을 분명하게 이해해야 하며, 과학의 의미를 사회에 보여주어야 한다.[4] 이 책은 세상을 사는 지혜

---

4. 이렇게 함으로써, 우리는 "민주적인 제도를 개선하는 데 전혀 쓸모없다" (Sorgner 2016: 5)고 우리의 주장을 비판했던 헬렌 소그너(Helene Sorgner)에게 구성주의적인 답을 제시한다. 하지만 소그너의 비판 자체는 전반적으로 우호적이었다.

를 가르쳐주는 책도, 지적으로 세련된 책도 아니다. 이 책은 순진성(naïveté)의 마지막 흔적을 잡기 위한 절실한 몸부림이다.

과학의 세 가지 물결

이 책의 학술적 기초는 과학사회학이지만, 그 주류와는 일치하지 않는 태도를 취하고 있다. 과학사회학은 세 개의 물결로 나누는 것이 유용하다. 모든 경험적 접근 방법에서 그렇듯이, 범주화는 완벽하지 않으며 우리가 보듯이 물결들 사이에는 연속성과 겹치는 부분이 있다. 그럼에도 세 개의 물결이라는 아이디어는 주요 쟁점들과 그 쟁점들이 중요한 이유를 쉽고 빠르게 설명해준다.

우선, 제1의 물결은 과학이 의문의 여지없이 지식 생산의 가장 중요한 형태이며, 그 지식은 절대적이고 보편적이라고 믿던 시대를 말한다. 제1의 물결은 그 이전이 아니라면, 적어도 20세기 초반부터 시작됐으며, 1950년대와 1960년대에 가장 영향력이 컸다. 당시 미국원자력위원회(United States Atomic Energy Commission) 의장이었던 루이스 스트로스(Lewis Strauss)는 "요금을 매기기도 힘들 정도로 싼 값에 아이들이 집에서 전기 에너지를 누릴 수 있는" 미래를 예측했다.[5] 사회과학 내부에서는, 로버트 머튼(Robert Merton)이 민주 사회가 과학적 규범을 조성하는 것의 중요성에 대해 쓰고 있을 때였다(2장 참조). 과학에 대한 사회적 분석이 과학적 진실보다는 과학적 오류에 맞춰져 있던 때이기도 했다. 제1의 물결 아래서 과학적 연구의 정확성은 사회적 설명이 필요 없었다. 사실이기 때문에 더 이상

5. 1954년 미국과학저술가협회(National Association of Science Writers) 연설에서 한 말이다.

의 설명은 필요 없다는 것이었다. 하지만, 보통 어떻게 잘못된 믿음이 실수로 옳은 것으로 여겨지는지는 선입견, 편견, 특별한 관심 같은 사회적 메커니즘으로 설명되어야 했다. 사회과학에서는 이 관점이 많은 지지를 받지는 못하지만, 과학 연구자들 사이에서는 상식적인 관점으로 남아 있다. 이 관점은 기술적인 분석이 가차 없이 사실을 밝혀주는 경찰의 과학 수사에서 잘 드러난다.

제2의 물결은 토머스 쿤의 『과학혁명의 구조』로 대표되는 1960년대의 기초 연구를 바탕으로 한다. 초기의 모든 저자들이 '참'과 '거짓' 믿음이 동일한 방식으로 설명되는, 과학적 지식의 사회구성주의적 분석에 참여하거나 심지어는 이를 지지했다고 말하는 것은 잘못된 일일 것이다. 오히려 이 시기는 모범이었던 쿤의 저작을 포함해 몇몇 주요 저작이 출간된 시기로 이해된다. 이 저작들은 다른 사람들에게 수용되었고, 과학적 진실이 사회 집단 안에서 협상과 동의가 빚어낸 최고의 결과임을 보여주는 분석의 기반으로 사용되었다.[6] 1970년대, 1980년대, 1990년대를 거치면서 제2의 물결 사회과학자들은 과학적 방법이 이전에 알려진 것처럼 작동하지 않으며, 과학적 발견은 그전에 믿었던 정도보다 훨씬 더 많이 사회적 맥락에 영향을 받는다는 것을 보여주는 다양한 사례를 연구해 발표했다. 이는 다시 과학의 사회적 역할과 특히, 정책 결정 과정에서 과학적 조언을 활용하는 데 중요한 영향을 미쳤다. 요약하면, 제2의 물결은 전문가 조언이 얼마나 많은 사회적 추론에 의지하는지를 보여줌으로써 기술관료주의(technocracy)에 맞서는 강력한 대항논리를 만들어냈다. 또한 제2의 물결은 과학, 더 넓게는 전문성의 민주화를

6. 예를 들어, 토머스 쿤은 자신의 연구가 소위 제2의 물결에 흡수된 방식을 지지하지 않았다. 비트겐슈타인의 후기 철학 해석으로 우리 연구에 영감과 기초를 제공한 피터 윈치(Peter Winch)도 마찬가지다.

지지하는 주장을 이끌어냈다. 전문가 조언에 불가피하게 색깔을 입혔던 이익과 우선순위가 더 넓은 사회의 우려를 더 잘 나타내게 된 것이다. 콜린스는 제2의 물결의 기초를 마련한 사람으로서 이 같은 맥락에서 지금까지 연구를 계속하고 있다. 중력파 물리학에 대한 연구가 그 예다.[7]

이 책도 그 일부가 되는 제3의 물결은, 과학적 연구의 본질에 대한 제2의 물결의 모든 주장을 받아들이지만 그 결론에는 동의하지 않는다. 제3의 물결이 제2의 물결과 다른 지점은 그 규범적 지위에 있다. 제2의 물결에는 더 많은 정도의 민주화를 지지한다는 '기본 설정'이 있지만, 제3의 물결은 이 기본 설정을 과학의 본질과 완결성에 따라 다른 위치로 돌릴 수 있는 다이얼로 대체했다. 제3의 물결의 목표는 전문성이라는 아이디어를 전문 지식 그대로 보존하면서 전문가의 권위와 민주주의적 책임 사이의 균형을 분석하고 조절할 더 좋은 방법을 찾는 것이다. 다음에서 우리는 제2의 물결 접근 방법과 제3의 물결 접근 방법의 대조되는 점을 간략하게 살펴볼 것이다. 그다음에는 이 연구에서 나온 개념과 아이디어를 개괄한 후, 이들이 어떻게 이 책의 특징이 되는지를 설명할 것이다.

제3의 물결의 구성 요소들

제3의 물결은 선구적인 과학 연구 저널 『과학의 사회적 연구』(*Social Studies of Science*)에 우리가 발표한 논문과 함께 시작된다(Collins and Evans, 2002). 이 논문은 전문성의 초기 분류 항목으로 표현되는 기술적인 요소, 과학기술학 분야의 학자가 그들의 전문성에 대한 전문성을 이용해 공적 토론에 개입하기를 요구하는 것으로 표현되는 정치적 요소 모두를 다루고 있

7. 콜린스의 다음 연구도 같은 맥락이다. Collins(1975, 1985, 2004a, 2013a, 2017).

다. 특히 우리는 과학기술학이 지식 생산 실천을 이해함으로써 특정 집단이나 개인이 전문성을 갖고 있다고 주장할 수 있는지 결정하는 데 영향을 미치는 것을 도와야 한다고 주장했다.

그 논문은 매우 많이(2016년 6월 현재 1,700회 이상) 인용 됐으며, 출판 후 몇 달 만에 그에 관한 논문 네 편이 발표됐다. 한 편은 긍정적이었고, 나머지 세 편은 부정적이었다. 그 논문들에 대해서 우리는 공식 반응을 발표했다.[8] 비판적인 회신들은 서로 다른 방법으로 각각의 주장을 폈지만, 그 논문들은 '제3의 물결'의 정치적인 주장이 진보가 아니라 퇴보라고 인식했다는 공통점이 있었다. 우리 논문의 정치적 주장은 제2의 물결과 일 관성이 없어 양립할 수 없으며, 과학 전문가들에게 지나친 권력을 부여해 기술관료제로의 회귀를 우려하게 만든다는 암시가 있었다. 이런 주장을 여러 차례 공들여 부인했음에도—예를 들어, 우리는 민주주의가 항상 결정권을 쥐고 있으며, 우리가 유 일하게 원하는 것은 민주주의가 전문가들의 주장을 잘못 표현 하지 않는 것이라고 반복해서 말했다.—제3의 물결의 정치적 함의에 대한 우리의 입장을 잘못 해석하는 일은 계속해서 이어 지고 있다(4장 참조). 이와는 대조적으로, 기술적인 요소는 같은 정도의 비판을 받지도 않았고 논란도 훨씬 적었다.[9]

처음 발표 후 우리는 원래 제안했던 전문성을 훨씬 더 자세 하게 분류하면서, 제3의 물결의 기술적인 부분, 상호작용적인 전문성, 연구 방법으로서의 모방 게임의 발전에 연구의 많은 부 분을 할애했다.[10] 이렇게 연구를 진행하다보니, 프로그램의 정

---

8. 긍정적인 회신은 Gorman(2002)으로부터 온 것이고, 부정적인 회신은 Jasanoff(2003), Rip(2003) 그리고 Wynne(2003)으로부터 왔다. 이런 회 신들에 대한 우리의 반응은 Collins and Evans(2003)에서 볼 수 있다.

9. 예를 들어, 상호작용적 전문성이라는 개념은 폭넓게 받아들여지는 것 으로 보인다.

10. 전문성에 대한 분류 확장은 우리 책『전문성에 대한 재고』에서 볼 수

치적인 측면은 프랭크 피셔(Frank Fischer)가 그의 책『민주주의와 전문성』(*Democracy and Expertise*, 2009)에서 제3의 물결에 대한 (우리가 보기에는) 부정확한 묘사를 할 때까지 상대적으로 소홀하게 다뤄졌다. 이 책으로 인해 저널『비판적 정책 연구』(*Critical Policy Studies*)에서 논문을 통한 토론이 이뤄졌다. 우리는 「제3의 물결의 정치학과 정책」(The Politics and Policy of the Third Wave)이라는 논문에서 제3의 물결 논문에 대한 초기의 반응으로 촉발된 오해의 일부분을 바로잡으려고 시도했다. 하지만 불행히도 이 논문에 대한 반응을 보면 우리의 시도가 완전히 성공적이진 않았던 것 같다. 이 논문에 대한 반응으로 우리는 기록을 바로잡는 차원에서 다시 한 번 시도를 했다. 이번 논문에서는 원래의 목적 외에도 우리의 생각이 그들이 생각하는 것처럼 위험한 방향으로 가고 있지 않다는 것을 비판적인 시각을 가진 사람들에게 재확인시키는 데 필요한 완전하고 설득력 있는(희망 사항이었지만) 우리의 입장을 담은 성명도 같이 발표했다.[11]

있다. 상호작용적 전문성의 개념은 Collins(2004b, 2011, 2013b), Collins and Evans(2015a) 등 일련의 논문에서 발전된다. 상호작용적 전문성의 속성, 내용, 확산 등을 연구하는 데 사용되는 '모방 게임' 방법은 Collins(2006, 2015), Evans and Collins(2010), Evans and Crocker(2013), Collins and Evans(2014), Wehrens(2014)에 설명돼 있다.

11. 논문은 피셔(Fischer)의 「민주주의와 전문성」(Democracy and Expertise, 2009)이다. 저널 『비판적 정책 연구』(*Critical Policy Studies*)에서 이 과정을 볼 수 있다. 처음 논문은 Collins, Weinel and Evans(2010)이며, 그 답으로 Epstein(2011), Fischer(2011), Forsyth(2011), Jennings(2011), Owens(2011)의 논문이 발표됐다. 이 답들에 대한 우리의 답은 Collins, Weinel and Evans(2011)이다.

정당성과 확장의 문제

제2의 물결과 제3의 물결의 차이를 이해하는 방법 중 하나는 이 물결들을 공적 영역에서 내려진 기술적 결정에 따라 생긴 다양한 문제를 해결하려는 시도로 파악하는 것이다. 적어도 그 정치적인 외양으로만 보면 제2의 물결은 전문가의 권위가 다른 사람들의 생각을 묵살할 때 발생하는 '정당성의 문제'를 해결하려는 시도라고 할 수 있다. 제2의 물결은 다음과 같은 것들을 보여줌으로써 이 문제에 대한 분석과 해결 방법을 제공한다. (A) 기술적 전문가가 제공하는 중립적이고 객관적으로 보이는 조언은 그들의 주장과는 달리 의심의 여지가 없는 인식론적 권위를 가질 수 없다. (B) 더 확실한 해결 방법은 의사 결정 과정에 더 넓은 범위의 관점과 경험을 주입함으로써 얻어질 수 있다. 앨런 어윈(Alan Irwin)의 『시민 과학』(*Citizen Science*)에서 언급된 예를 보면 이 논점이 분명해진다. 1970년대 후반과 1980년대 초, 영국의 농장 노동자들은 2,4,5-트리클로로페녹시 초산(Trichlorophenoxy acetic acid, 2,4,5,T)이라는 유기인산 제초제의 안전성에 우려를 나타내고 있었다. 이들은 이 제초제가 유산, 선천성 결손증을 포함해 수많은 건강 문제를 일으킨다고 생각했다. 반면, 제초제자문위원회(Advisory Committee on Pesticide, ACP)로 공식적으로 대표되는 정부의 전문가들은 이 제초제가 제대로만 사용되면 안전하다고 주장했다. 이런 결정에 이르는 과정에서, 위원회는 개별 농장 노동자 경험에 근거한 증거가 역학적 연구와 실험실 연구보다 높은 가치를 갖지 않는다는 인식적 판단을 하고 있으며, 화학적 안정성을 파악하는 데 필요한 시설과 훈련이 농장 노동자에게 일상적으로 제공되고 있다는 사회적 판단을 하게 된다. 마지막 부분이 특히 중요한데, 농장 노동자들이 2,4,5,T가 실제로 사용됐던 환경에 대해 위원회의 과학자들보다 더 잘 알고 있었을 수도 있다고 합리적으로 예상할 수 있기 때문이다. 어원의 분석이 의미하는 것(분명히 정확하다)은 위원회의 결정이 제초제를 사용하는 일상적인 조건이 권장 기준에 미치지 못했다는 것을 알고 있던 그 지역 농장 노동자들에게 맡겨졌다면, 그 결정은 더 확실하고 더 정당성이 있었을 것이라는 것이다.[12]

이와는 대조적으로, 제3의 물결은 연관돼 있기는 하지만 다른 문제를 다루고 있다. 바로 확장의 문제다.[13] 확장의 문제는 제2의 물결에서 제기된 주장들이 참여의 정도를 설정할 뚜렷한 판단 기준을 다루지 않았기 때문에 발생한다. 제2의 물결은 새로운 종류의 전문가들에게 정책 결정의 문을 열었지만 누가 그 문 안으로 들어오고 누가 들어오지 않아야 하는지를 결정할 수 있는 메커니즘이 없었다. 2,4,5,T의 경우를 생각해보면 과학자로서의 자격은 없지만 특정한 경험에 근거한 전문성에 접근할 수 있는 특권을 갖는 특정한 전문가들이 발견할 수 있는 부가적인 지식이 필요한 분야였다. 농장 노동자를 '일반인 전문가'로 부르는 것처럼 누구든 전문가가 될 수 있기 때문에, 더 많은 민주화를 지지하는 입장이 가져오는 혼란은 엄청났다. 확장의 문제는 이제 '더 많은 이종적인 참여'를 운용하는 방법에 관한 것이었다. 이를테면, 제2의 물결 접근 방법으로 확인된 적절한 전문성은 포함되지만, 적절하지 않은 비전문가의 기여는 민주주의에 반영되는 전문가 포럼에서 제외되는 방식이다. 제대로만 된다면 정당성의 문제에 대한 해결 방법은 확장의 문제에 대한 해결 방법이 되기도 한다. 모든 '적절한' 사람들이 기술적인 토론에서 발언권을 얻게 될 것이며, 적절한 전문성이 없는 사람들은 전문가인 척하거나 전문가로 불리지 않

12. 더 자세한 사항은 Irwin(1995)을 참조하라.
13. 정당성의 문제와 확장의 문제 모두 Collins and Evans(2002)에 설명돼 있다.

표 1-1. 전문성 주기율표 (출처: Collins and Evans, 2007)

편재적 전문성			
기질			
전문가 전문성	편재적 암묵 지식		
	간단한 지식	널리 퍼져 있는 지식	1차 출처 지식
메타 전문성	외부적		
	편재적 구별 능력	국부적 구별 능력	
메타 판단 기준	자격		경험

으면서도 현존하는 민주주의 제도에 시민으로서 기여하게 될 것이다.[14]

전문성의 유형 분류 체계

제3의 물결은 전문성을 개인이나 집단이 소유하고 있는 어떤 것, 즉 '실재하는 것'으로 취급함으로써 '적절한 전문가 전문성' 을 정의하는 작업을 시작한다. 그다음으로는 다양한 유형, 수 준, 종류의 전문성 간 차이점을 구별하는 데 사용할 전문성 이 론을 개발한다.[15] 전문성의 분류는 『전문성에 대한 재고』(Re-thinking Expertise)에 잘 설명돼 있다. 표 1-1에서 볼 수 있듯이 전문성은 성공적인 사회화를 통해 한 사회적 집단으로 진입한 결과라는 사회학적 원리를 기초로 만들어진 것이다. 한 개인이

14. 우리는 민주적인 과정을 매우 폭넓게 해석해 거리 시위도 민주적인 참여 방식이라고 생각한다.
15. 제2의 물결 접근 방법에서 사용할 수 있는 대안은 전문가의 지위를 부여하려면 설명이 필요한 관계적 또는 네트워크 특성으로 전문성을 보는 것이다. Carr(2010), Eyal(2013)에서 이 접근 방법에 대한 설명과 예를 볼 수 있다.

서론

전문가 암묵적 지식	성찰적 능력	상호작용적 능력	
상호작용적 전문성	기여적 전문성		
내부적	다형적	모방적	
기술적 감식안	하향식 구별 능력	참조되는 전문성	
실적			

소유한 다양한 기술과 전문성은 그 개인이 성공적으로 참여하고 있는 사회적 집단의 축적물 중 일부가 된다. 반면 사회화가 이루어지지 않으면 그 전문성은 없어지게 된다.[16]

표의 구조는 사회적 집단에 참여하는 다양한 방법에 기초를 두고 있다. 맨 위 두 줄은 사회화를 가능하게 하는 사회 전반 어디에나 존재하는 편재적 전문성과 기질(개인의 성격)을 나타내며, 각각은 더 좁은 의미의 전문가 전문성과 더 넓은 의미의 메타 전문성의 기초를 마련해준다. 전문가 전문성의 각각 다른 유형들은 상식적인 이해에 대응한다. 따라서 첫 번째 세 범주는 잡지, 책, 학술 저널, 구글, 유튜브 등의 소스만을 이용해도 얻을 수 있는 종류의 이해를 나타낸다. 이 세 범주는 논의되고 있는 집단과의 직접적 상호작용을 허용하지 않기 때문에 그 전문성만이 가지고 있는 암묵적 지식 중 어떤 부분도 학습자에 의해 얻어질 수 없다. 그 대신에 학습자는 전문가 정보에 의해 보강될 수도 있는, 일상생활에 필요한 편재적인 암묵적 지

16. 기여 전문성에 대한 최신 리뷰는 Collins and Evans(2015a)를 참조하라.

식만을 얻게 된다. 이와는 대조적으로, 나머지 두 전문가 전문성 범주―상호작용적 전문성과 기여 전문성―는 관련 집단으로의 몰입을 요구하지 않기 때문에, 학습자는 실천의 영역에서 쓰이는 전문가의 암묵적 지식을 습득할 수 있게 된다. 따라서 위에서 든 예처럼, 우리는 농장 노동자들이 유기인산 제초제를 실제 환경에서 사용하는 것에 대한 기여 전문성이 있으며, 이를 바탕으로 이 제초제의 규제와 사용에 관한 토론에서 정당성 있는 기여를 했다고 말할 수 있다.

기술적인 측면과 정치적인 측면

제3의 물결 논문의 두 번째 요소는 더 정치적인 것이었다. 논문에서 우리는 과학기술학이 공적 영역에서의 기술적 의사 결정에 기여할 수 있으며, 그렇게 하려면 두 종류의 활동을 구분해야 한다고 주장했다. 이 두 활동은 '기술적인 측면'과 '정치적인 측면'으로 명명했다. 이렇게 한 것은 기술적인 의사 결정이 두 개의 다른 제도적 실천을 결합하는 방식을 드러내기 위해서였으며, 일부에서 이미 '다른 방법에 의한 정치'로 여겨지고 있는 과학을 인맥 형성하기, 정치적 흥정, 선심 사업을 위한 정치인들의 정부 예산 남용 등과 구분하려면, 둘 사이의 구분을 유지하는 것이 중요하다는 것을 주장하기 위해서였다. 제3의 물결에 대한 논란의 많은 부분은 이 차이점에 관한 것이다. 비판적인 학자들은 제2의 물결이 그렇게 광범위하게 파괴한 제1의 물결의 사실-가치 구분을 다시 살려내지 않고는 기술적인 측면과 정치적인 측면을 구분하기가 불가능하다고 주장했다. 이 책 전체가 이 주장에 대한 거부와 반박으로 보일 수 있기 때문에, 여기서 이 문제에 대해서는 깊게 다루지는 않는다. 대신, 처음에 제기된 구분을 간단히 설명하고, 그때 이후 나타난 상대적으로 덜 중요한 변화들에 주목하는 데 집중할 것이다.

서론

기술적인 측면과 정치적인 측면의 구분은, 정책 결정을 구성하고 있는 '결정'과 '조언'에 최고의 전문가 조언이 포함되어야 한다는 생각을 무너뜨린다. 또한 각 부분이 다른 방법으로 접근되어야 하며, 서로 다른 기준을 지켜야 한다는 주장을 가능하게 한다. 기술적인 측면은 전문가의 조언을 구하는 것을 의미하는데 여기에는 두 가지 특징이 있다. 첫째는 제2의 물결과 연결되는 것으로, 전문성이 적절하게 활용될 수 있는 곳 어디에서나 과학 외부의 경험 기반 전문가를 포함한 전문가 자문과정이 이루어져야 한다. 이는 많은 종류의 전문성이 존재한다고 말함으로써 정당성의 문제를 인식하는 것일 뿐 아니라, 동시에 전문성의 영역이 상호작용적이거나 또는 기여 전문가에 의해 항상 대표돼야 한다고 말함으로써 확장의 문제를 인식하는 것이기도 하다. '정치적인 측면'의 두 번째 특징은 여기서 말하는 정치가 '외부적'이지 않고 '내재적'이어야 한다는 점에서 '과학적인' 규범이라는 특징을 가진다는 것이다. 바꿔 말하면, 기술적 조언은 정치적인 편견과 영향력이 미치는 효과를 최소화하는 방법으로 제공돼야 한다는 규범적 주장이다. 이는 기술적 조언자가 확실성이나 영향력을 과장해 정치적인 결정에 영향을 미쳐서는 안 되며, 정책 결정자는 엔지니어와 과학자가 확실한 결론을 내릴 수 없을 때 그것을 요구해서는 안 된다는 것을 의미한다. 우리는 물론 제2의 물결이 사실과 가치의 완전한 분리가 사실상 불가능하다는 점을 보여주었음을 알고 있다. 이렇게 주장하는 근거는 완벽한 정의, 완벽한 민주주의 혹은 다른 이룰 수 없는 열망들처럼, 목표의 가치는 그 목표를 성취하기가 어렵다고 해서 줄어들지 않는다는 것이다.

　정치적인 측면은 전문가 조언을 받아들이고 고려한 뒤 정책 결정에 이르는 사회적 제도와 과정을 가리킨다. 여기서 규범적인 주장은, 정치적인 측면은 민주적 원칙들을 기반으로 작동하며, 전문성과 관계없이 모든 시민은 동등한 지분을 가지게 된다는 것이었다. 가장 중요한 것은, 정치적인 측면은 언제나 기술적인 측면에 우선하기 때문에 기술관료제의 문제는 있을 수 없다는 것이다. 또한 민주적 제도들은 형식과 절차가 서로 다르기 마련이며, 동일한 전문가 조언이 주어졌을 때도 서로 다른 결정을 할 수 있다. 이는 전적으로 가능한 일이며 지금까지 말했던 것과도 맞아떨어진다. 2002년 논문 발표 이후로, 이러한 원칙이 적용되는 과정과 관련된 구체적인 주장들에 크지 않은 변화가 있었지만, 기저에 흐르는 구분은 본질적으로 변하지 않았다. 이 책을 쓰기 전과 쓰는 동안 있었던 변화는 다음과 같다.

1. 의미 있는 참여에 필요한 전문성과 민주적 참여의 형태가 맺는 관계를 더욱 공식적으로 분석해 더 숙의적인 민주주의 형태들에 대한 전반적인 선호에 이르게 했다.[17]

2. 기술적인 측면과 정치적인 측면이 맺는 관계에 대해 더 선명한 입장('최소한의 기본 입장'으로 명명됨) 표명이 가능하게 됐다. 내용은, 정치적인 정책 결정자들은 정치적인 선택을 기술적인 필요조건이라고 사람들에게 말하기 위해 기술적인 조언에 대해 거짓으로 전해서는 안 된다는 것이다.[18]

3. 정치적인 측면에 대한 기여가 이루어질 수 있는 다양한 방법을 더 정교하게 분석했다.[19]

17. Evans(2011)는 의사 결정 제도가 기능하는 데 필요한 전문성의 종류를 고찰했다. Evans and Plows(2007)는 숙의적 토론에서의 일반 시민(즉 전문가 전문성이 없는 시민)의 역할에 대해 더 구체적으로 살펴보았다.
18. Weinel(2008)에서 처음 구체화됐지만 Collins, Weinel and Evans(2010)에서도 다뤄졌다.
19. Collins(2014a)는 이런 아이디어를 소개하고, Collins, Evans and Weinel(2016)은 더 공식적으로 다뤘다.

4. 우리는 민주주의와 정치의 구분이 중요하다는 것을 인식하게 됐다. 민주주의는 우리가 대체로 지지하는 정치적 원칙과 제도의 특정한 집합을 의미하며 과학과 완전하게 양립할 수 있다. 반면, 정치는 이와는 반대로 연대를 구축하고 일을 이루기 위한 힘을 축적하는 더 감정적인 작업이다.

드러냄과 증명

제2의 물결은 정치와 비과학적인 이해관계 전반 간의 훨씬 더 밀접한 자리에 과학을 위치시킨, 우리의 이해에서 일어난 혁명이었다. 제2의 물결은 과학에 특별한 것이 없는 것처럼 보이게 만들었다. 우리는 제2의 물결에서 발견된 것들이 진실성과 유용성을 근거로 과학을 방어하기를 매우 어렵게 만든다는 것을 인정한다. 대신에, 우리는 과학이 선한 가치들의 원천이거나 원천일 수 있기 때문에 민주주의에 과학이 필요하다고 주장한다. 과학이 이해한 것들은 끊임없이 반박되지만 과학의 가치는 영원하다. 따라서 과학이 낳은 결과물의 가치에 대해서 어떤 입장을 취하든—대부분의 사람들은 그래도 과학을 정당화하면서 진실성과 유용성을 추구하겠지만—과학이 지속되는 한 과학이 낳은 가치에 대한 주장은 계속될 것이다. 자유시장 자본주의의 공격을 받고 있는 민주주의는 가치의 원천을 절실하게 필요로 하고 있다. 우리는 그 원천을 제공할 잠재력이 과학에 있다고 주장한다. 하지만 가치의 선택을 어떻게 정당화할 것인가?

　어린이들을 괴롭힐 생각이 있다고 말하는 누군가를 우연히 만나 논쟁을 벌인다고 상상해보자. 그 사람은 아무런 이유도 없이 그럴 작정이다. 그는 자신이 도덕철학을 공부했는데, 어린이들을 이유 없이 괴롭히는 것이 옳지 않다는 결정적인 증거를 찾을 수 없었다고 설명한다. 실제로, 그는 어떤 행위의 옳고 그름을 증명할 결정적인 증거를 찾지 못했기 때문에 앞으로 기분에 따라서, 흔히 도덕적이라고 받아들여지는 것과는 상관없이 행동할 작정이다. 하지만 당신이 그렇게 하는 것이 악이라는 결정적인 증거를 대면 어린이들을 괴롭히지 않을 생각이다.

도넉철학이 우리가 일반적으로 혐오스럽다고 여기는 행동들이 진짜 악이라는 결정적인 증거를 제공해오지 못했다는 것은 사실이다. 이런 사람과 만났을 때, 수없이 많은 도덕철학 책에서 답을 찾는 것이 그가 아이들을 괴롭히지 못하게 하는 바른 방법일까? 아니다. 우선, 그건 가망 없는 일이다. 그리고 둘째, 도덕적인 선택을 하려면 결정적인 증거가 있어야 한다고 생각하는 이 사람은 뭔가 잘못됐다는 것을 이미 알고 있다. 도덕적 행동의 특징은 결정적인 정당화가 필요 없다는 것이다. 철학자들을 언급할 필요도 없이, 철학적 정당화는 도덕적 판단의 근원이 아니다. 어떤 사람이 결정적인 증거가 중요하다고 생각하기 때문에 별 이유도 없이 도덕적이지 않게 행동하려 한다면, 행동의 과정이 아무리 정당해도, 그것은 분명히 또 다른 철학적 논쟁거리는 아니다.

이와 동일한 방식으로, '선택적 모더니즘'은 과학을 도덕적 선택의 문제로 여긴다. '선택적'이라는 단어는 고르는 것을 의미한다. '모더니즘'이라는 단어는 과학과 연관돼 있다.[20] 과학은 물리적, 생물학적, 심리학적, 사회적 세계, 즉 관찰 가능한 세계를 이해하기 위한 접근 방법으로 우리가 선택해야 하는 것이다. 관찰 가능한 세계에 대해서는, 체계적인 방법으로 관찰을 해온 사람이 그렇지 않은 사람보다 더 좋은 의견의 출처가 된다. '더 좋은'이라는 말에 주목해보자. 이는 '더 정확한'이라는 말과 같

20. 우리는 '모더니즘'이라는 용어가 이보다 훨씬 더 복잡한 의미를 가지며, 과학과의 단순한 연관성 이상의 것을 나타낸다는 것을 알고 있다.

지 않다. 단지 좋다는 의미에서 더 낫다는 것이지, 정확성이라는 의미에서 그렇다는 것은 아니다. 우리는 관찰 결과를 얻으려고 관찰을 해온 사람들을 높게 평가한다. 관찰을 해온 것이 해오지 않은 것보다 더 낫다. 우리는 그런 사람들이 경험과 전문성을 가지고 있다고 말한다. 전문성에 주어지는 높은 가치는 과학 자체에서 그런 것처럼, 선택적 모더니즘에서도 중심을 이룬다. 하지만 앞으로 보게 되겠지만, 과학과 선택적 모더니즘에는 다른 많은 가치들이 연관돼 있다. 윤리적인 선택에서 그렇듯이, 우리는 전문성이 없는 것보다는 있는 것을 선택해야 한다는 것을 알고 있다. 또한, 선택을 정당화하는 기본적인 방법을 전혀 모른다고 해도, 과학적 가치가 본질을 이루는 전문성을 선택해야 한다. 반복하자면, 그런 종류의 기본에 이를 수 없는 것은 앞에서 강조한 '더 좋은'이라는 말이 '더 효율적인'이라는 뜻을 가질 수 없다는 것을 의미한다. 그랬다면 우리는 기본적 정당화를 할 수 있었을 것이다. 어떤 것에서나 더 좋다는 의미가 아니다. 단지 더 좋다는 의미다.

수없이 많은 책에서 과학철학자들은 과학이 최고라는 것을 증명하고자 했지만 별로 성공하지는 못했다. 도덕철학자들이 성공하지 못했던 것과 비슷하다. 여기서 할 일은, 올바른 선택이 자명함의 수준까지 설득력을 갖기를 바라면서 선택과 그 대안들의 속성을 가능한 한 분명하게 밝히는 것이다. 다른 도덕적 논쟁처럼, 도덕에 기대 과학을 방어하는 것은 어떻게 우리가 이미 행동하고 생각하는지 우리 자신이 알아차릴 수 있게 돕는 과정을 상당 부분 포함하고 있다. 그런 의미에서, 여기서 진행되는 것은 주장의 속성보다는 드러냄의 속성을 더 많이 가지고 있다. 다른 경우에 우리가 하는 일은 아마도 제안을 하는 것이라고 표현하는 것이 가장 좋을 것이다. 이 제안의 매력은 어린이들을 아무 이유 없이 괴롭히려고 하는 사람에게 뭔가 문제가 있다는 것을 드러낼 때처럼 대안들―그 대안들이 혐오스럽다고 증명할 수는 없지만, 당장 당신에게 혐오스럽게 보이지 않는다면, 그때는 당신이 뭔가 잘못된 것이다.―을 설명함으로써 강화된다. 무엇이 문제인지 보이지 않는다면, 이 책은 팔리지 않을 것이다.

사실이 아니라 절차

지금까지 두 가지를 말했다.

1. 관찰 가능한 세계에 대한 접근 방법이라는 측면에서 보면, 과학은 도덕적인 의미에서 '선한' 것으로 드러날 수 있다.
2. 자세히 관찰해보면, 철학적 또는 공리주의적 방어 같은, 과학에 대한 다른 종류의 정당화나 방어는 실패하는 경우가 많다.

가장 중요한 것은 1번이다. 저자들은 두 번째 문장을 믿지만, 독자들은 첫 번째 문장을 받아들이기 위해 두 번째 문장을 믿을 필요는 없다. 과학이 '합리적인' 방법으로 정당화된다고 확신한다는 이유로 이 책을 포기하지 말아주길 바란다. 이 책을 견뎌내기 위해 다음에 나오는 내용을 믿을 필요는 없다.

지난 50여 년 동안 철학자, 사회학자, 역사학자 들이 과학에 대해 연구한 결과, 과학에 대한 이해는 더 깊고 구체적으로 됐다. 이들은 과학의 일상적인 실천이 분명한 논리에 따라 이루어지지 않으며, 그럴 수도 없다는 것을 보여줬다. 이들은 또한 과학이 성공을 바탕으로 방어될 수 없다고 주장했다. 반복하면, 이것이 이른바 과학학 제2의 물결이라는 것이다. 제1의 물결 시기에 과학철학자와 과학사회학자는 지식의 최고 형태임이 자명한 과학이 어떻게 작동하며, 사회는 어떻게 준비를 해 과학을 키우는지를 설명하는 것이 일이었다. 제2의 물결은 과학을 다른 종류의 지식과 마찬가지로 지식사회학의 분석 대상으로 여겼다. 과학이 결국 그렇게 특별하지 않다는 것을 보여줬으며, 인식론적 지형을 고르게 했다. 또한 더 넓은 의미의 포스트모던 운동에 휘말리면서 과학을 평가절하하는 경향을 보였다.

이야기했듯이 제3의 물결에 대해 다루는 이 책은 과학에 대한 우리의 이해에서 일어난 이 주요한 변화를 받아들이는 선언이지만, 제2의 물결이 낳은 수많은 눈부신 발견에도 불구하고, 여전히 전문성과 과학의 가치는 소중히 여겨져야 한다는 것을 보여주려고 하고 있다. 이는 인식론적 지형이 완전히 돌이킬 수 없이 과학과 다른 종류의 지식이 동등해지지는 않았다는 것을 의미한다. 제3의 물결은 제2의 물결의 분석이 옳다고 보지만 그 분석에서 나온 규범적 결론은 그렇지 않다고 보고 있다. 저자들을 포함해 제2의 물결에서 연구했거나 그 결론을 받아들이는 사람들은 과학에 대한 도덕적 방어가 절실하게 필요하다고 주장한다. 포스트모더니즘은 결코 한 발 이상의 총알을 가진 적이 없었다. 그 한 발의 총알은 회의주의라는 총알인데, 그 강력한 한 발은 튼튼하고 기하학적으로 완벽한 과학의 성벽을 무너뜨려 도시의 뒤죽박죽인 거리를 만천하에 드러냈다. 하지만 회의주의를 계속해서 키워갈 수는 없다. 회의주의는 무너뜨리기는 하지만 다시 짓지는 않는다.[21] 앞으로 나아가기 위해서는 포스트·포스트모더니즘이 필요했다. 선택적 모더니즘은 우리의 후보다. 뒤죽박죽이지만 중요한 도시를 버리거나 오래된 성벽을 다시 쌓아올리지 않고도 진전할 수 있기 때문이다. 선택적 모더니즘은 지난 반세기 동안 구축된 과학에 대한 새로운 이해를 포기하지 않으면서 과학이라는 도시에서 살 수 있는 기회를 준다.

21. Collins(2009) 참조.

다시 말하면, 당신이 제2의 물결 연구를 믿지 않는 사람—성벽이 무너졌다는, 길이 곧게 뻗어 있지 않다는 사실을 받아들이지 않고 계속해서 성벽 안에서 살아왔고 살아갈 사람—이라도, 도덕적 선택으로서의 과학을 방어하는 시도에는 관심을 두어야 한다. 도덕적 방어가 효과가 있다면, 활에 두 줄의 시위가 생기는 셈이 되기 때문이다. '진실과 유용성의 줄'이 생각보다 느슨해지면 도덕적인 줄을 쓰면 된다. 선택적 모더니즘은 무엇이 과학적인가에 대해서는 더 이상 말하지 않으며 결과와 사실을 무시한다. 우리 문화의 중심을 차지한다고 말할 수 있는 것은 과학적인 가치이지, 과학적인 사실과 결과가 아니다. 좋은 과학이 중요한 결과 또한 생산한다면, 그건 덤이다. 다시 말하지만, 그것이 당신이 생각하기에 과학을 정당화하는 것이라면, 이 책은 정당화의 활에 또 하나의 시위를 더하는 것에 불과하다. 그렇게 믿지 않는 사람도 여전히 우리 삶에서 과학이 중심에 자리한다는 것을 정당화하기 위해 우리가 제공한 줄로 화살을 쏠 수 있다.

한 발 더 나아가, 확신을 가지고 합리적으로 과학을 방어하는 사람도 과학적 결과보다 과학적 가치에 의존하는 것이 더 안전하다. 어떤 사람들이 과학적 발견이라고 믿는 것을 다른 사람들은 믿지 않을 수 있으며, 지금 믿고 있는 것을 미래에는 믿지 않을 수도 있기 때문이다. 과학적 가치에 의존해야 하는 또 다른 이유는 제2차 세계대전 기간 동안 저질러졌던 잔혹한 행위들의 여파로, 과학이 도덕적인 가치를 계산적인 것—강력한 기술관료주의—으로 대체할 것이라는 두려움이 존재했다는 사실에서 찾을 수 있다. 과학의 효율성을 과도하게 존중한 탓에 시야가 너무 좁아지면 그럴 수 있다. 과학의 가치를 존중하는 선택적 모더니즘은 이런 위험이 없다. 과학지식사회학과 그 관련 분야가 만든 무례하고 부정확하고 깨끗하지 않은 과학의 모델—뒤죽박죽 도시—에 기초를 두고 있기 때문에 더더욱 그렇다. 아무도 과학의 이러한 모델을 대량 살상을 정당화하기 위해 사용하려고 몰두하지 않을 것이다. 심지어 대량 살상을 자행한 살인자들도 이러한 방식으로 사용하지 않을 것이다.[22]

이 책의 구성

이 책은 도덕적 제도로서의 과학에 관한 것이다. 설명했듯이, 우리가 활동하는 학문 분야에서는 이 책에서 논의하는 몇 가지가 낯설게 느껴질 것이다. 예를 들어, 학자들은 보통 중심부에서 정당화를 찾는데, 이 책의 중심부에는 아무것도 없다. 이 책은 전문성에 대한 상식적인 주장보다 기초가 약하다. 증명할 필요 없는 특정한 도덕적 믿음과 행동의 선함을 기초로 쓰였기 때문이다. 우리가 입장을 정당화하는 것을 잊었기 때문은 아니다. 모든 사람이 이것밖에는 남은 것이 없다고 주장하는 것을 끝낸 때이기 때문이다. 당신은 어린이들을 이유 없이 괴롭히는 것이 옳지 않다는 것을 안다. 우리가 설명하려고 하는 관찰과 다른 과학적인 가치도 마찬가지다.

관찰 가능한 세계를 이해하는 방법으로서 과학을 선택하는 것은 선택적 모더니즘을 정의하는 부분에 해당하는데, 이는 2장에서 설명할 것이다. 우리가 아는 한, 이런 방법은 완전히 새롭거나 거의 새로운 입장이다.[23] 3장은 과학 너머의 영역으로

22. 대량 실업을 정당화하기 위해서도 사용하지 않을 것이다. 화학자 출신인 마거릿 대처는 과학으로서의 경제학에 너무 심취했던 것으로 보인다. 서구 민주 국가들의 정부에 과학자들이 부족하다는 것은 잘 알려져 있다. 하지만 과학이 정부의 어려운 문제를 해결할 수 있다고 믿는 과학자가 책임자의 자리를 맡아서는 안 된다. 그 자리는 '부엉이들' 가운데 한 명이 가야 한다. 3장을 참조하라.

논쟁의 범위를 확장하고, 그것이 민주주의에 관한 것일 때를 제외하면 최소한이라고 결론낸다. 선택적 모더니즘은 좋은 사회에 영향을 미친다. 전문가와 과학이 사회에서 제대로 된 위치를 차지하기 위해 사회는 특정한 방법으로 체계화되어야 한다. 게다가, 과학을 지탱하는 가치들은 민주적인 사회를 지탱하는 방법과 섭치는 부분이 있다. 3장에서는 일종의 정치적인 우회를 들어 이런 선택을 민주적인 사회에서 어떻게 실행으로 옮길 수 있는지, 그리고 전문가 조언에 대한 새로운 접근 방법이 이 아이디어와 맞추기 위해 어떻게 고안됐는지 설명할 것이다. 4장과 5장에서는 이 우화가 학문적 맥락으로 편입되고, 6장에서는 우리의 주장을 선언문으로 요약할 것이다.

2장에서 설명하는 선택이 설득력이 있으려면, 그 선택이 너무 쉽게 나타나게 만들어서는 안 된다. 성공했을 때 과학을 방

23. 가장 가까운 것은 철학자들이 말하는 덕 인식론(virtue epistemology)이다. 하지만 선 인식론은 집단적 믿음이나 고결한 열망의 속성이 아니라 개인의 덕에 기초를 둔 것으로 보인다.(http://plato.stanford.edu/entries/epistemology-virtue) 뒤프레(Dupré, 1995)가 여기서 얘기하는 것과 가장 비슷하다. 과학은 가족 유사성의 측면에서 최선일 수 있다는 비트겐슈타인의 주장을 떠올리게 하기도 한다(1장 참조). 뒤프레는 "순수한 기술주의와 과학적 변증론을 통합하는 인식론을 덕 인식론에 더 가까운 어떤 것으로 대체하라고 제안한다. 그런 덕은 실제로 많이 존재한다. 실험적 사실에 대한 민감함, 기존에 우리가 알고 있던 것과의 일관성, 그럴듯한 배경 가정, 다양한 비판의 수용 등이 그것이다. …… 이런 관점에서, 다윈 같은 사람이 이론적 비판을 감수하면서 정교한 주장과 경험적 사실 수집으로 얻어낸 신뢰는 기원이 불확실한 오래된 책이나 신탁에 의존한 해석보다 위대한 것이다(243). 우연히도 우리는 덕 인식론에 대해 최근까지 모르고 있었기 때문에 덕 인식론은 선택적 모더니즘의 형성에 영향을 미치지 못했다. 주창자들이 덕이 있지 않으면 과학은 진보할 수 없다는 것은 오래전부터 알려져 있었다. 과학적 사실의 전달은 실험자들과 그 결과를 보고하는 사람들의 신뢰성에 의존하기 때문이다. Shapin(1994)은 그 믿음의 원천을 과학자의 성실성에서 찾았다. 하지만 이 주장은 효율성에서 오는 것이지 가치 자체의 절대적인 선함에서 오는 것은 아니다.

어하는 것은 쉽다. 행성의 움직임이나 아원자 입자의 질량을 예측하고, 특정 질병을 뿌리 뽑거나 생물학적 유전의 비밀을 발견할 때가 그렇다. 하지만 선택적 모더니즘의 제안이 필요한 만큼의 설득력을 가지려면 과학이 인식론적으로, 실제로 약할 때에도 어떻게 평가되어야 하는지를 보여주어야 한다. 과학이 설득력 있는 도덕적 선택이 되려면, 이론적으로 약하고 현실적으로 비효율적일 때도 사랑 받고 존경 받아야 한다. 과학은 일기 예보를 틀려도, 질병을 치료하지 못해도, 경제 예측을 잘하지 못해도, 전반적인 복잡성에 직면했을 때 무기력해도, 즉 과학이 전혀 작동하지 않을 때에도 방어되어야만 한다.[24] 과학이 이런 어려운 경우에도 방어될 수 있다면, 쉬운 경우는 더 말할 것도 없다. 우리는 계량경제학 모델이 항상 틀렸고 앞으로도 계속 틀릴 것이라는 것을 알면서도, 우리가 그 결과를 사용하지 않을 것을 알면서도, 계량경제학 모델을 이용한 예측을 계속하도록 방어할 것이다.

계량경제학 모델 예측에 대한 우리의 태도는 모순될 것이다. 한 번의 기회를 주면 더 나아질 수도 있는 반면, 그 기회조차 주지 않으면 나아질 가능성은 없기 때문이다. 앞에서 유용성에 바탕을 둔 주장은 위험할 정도로 약하다고 주장했음에도 이주장은 도덕적 가치보다는 유용성에 기초하고 있다. 무슨 일이 일어나고 있는 것일까?

우선, 도덕적 가치는 핵심으로 남아 있는 반면, 잠재적인 미래의 유용성은 하나의 주변부 주장에 불과하다. 하지만 더 깊은 곳에는 전문성이라는 개념 자체가 유용성이라는 개념을 포함하고 있다는 사실이 자리하고 있다. 어떤 종류의 전문성도 전혀 효과가 없으면, '전문성'이라는 용어의 의미는 변화해 '의견'

24. 이 입장에 대한 선행 입장은 Collins(2001)를 참조하라.

정도의 뜻이 될 것이다. 따라서 전문성에 대한 주된 방어는 도덕적이거나 상식적이어야 한다는 주류의 주장에도 우리는 전문성이 효과가 있고 전문가의 속성 중 일부는 유용해지기 위해 노력하는 것이기를 바란다. 우리가 말하는 것은 전문가들이 성공하기 위해서가 아니라, 선한 일을 하기 위해서 노력해야 할 뿐이라는 것이다. 하지만 성공의 목적이 전문성 프로젝트의 핵심이라는 것이 합리주의자에게는 위로로 다가와야 한다.[25]

25. Collins(1985/1992)가 처음에 생각했던 것처럼 깨끗하고 분명하게 실험이 복제되지 않는다고 해도 실험 복제를 과학적 방법의 핵심으로 옹호한 것과 비슷하다. 과학적 전문성의 특정한 미덕 중 하나는 잘 아는 것뿐 아니라 잘 모르는 것에도 주의를 기울여야 한다는 것임을 설명할 것이다.

서론

제2부 선택적 모더니즘

Elective Modernism

제2장

과학을 선택하는 것

과학적 가치와 기술적인 측면

공적 영역에서의 기술적 의사 결정은 전문성과 민주주의를 서로 섞는 과정을 포함한다. 기술적 측면과 정치적 측면의 구분이 허용하는 것—사실 옹호하는 것—은 이 두 측면이 최대한 분리되는 것이며, 우리는 각각의 구분되는 특징을 보존하기 위해 할 수 있는 모든 것을 다한다. 기술적 측면과 정치적 측면의 차이점은 2002년 논문에 실렸던 표 2-1에 요약돼 있다.

　뒤 페이지 표 2-1의 아래 세 줄은 상대적으로 간단하다. 둘째 줄부터 보자. 참여가 능력주의 원칙을 기초로 하고 있다는 생각은 기술적 측면이 전문가 지식과 연관돼 있다는 생각에서 바로 나온 것이다. 비전문가 내부 고발자 및 다른 이해 당사자들이 우려를 불러일으키는 경우에도, 특정 분야의 전문가는 그 주장의 중요성과 영향을 평가해야만 한다.[1] 다음 두 줄은 능력주의적 필요조건과 밀접하게 연관돼 있다. 첫 번째, 전문가들은 기술적인 토론에서 자신을 표현해야 할 것이다. 전문성은 실시간으로 일어나는 예측 불가능한 상황의 변화에 반응하며 대부분 암묵적인 이해에 그 기초를 두고 있다. 따라서 비전문가는 누구도 전문가의 일을 대신 맡을 수 없다. 이와는 대조적으로,

----

1. '기후게이트'(Climategate) 이메일 사건을 예로 들 수 있다. 이는 과학 연구 집단의 구성원들 사이에서 교환된 이메일이 해킹돼 공개된 사건으로, 기후변화에 대한 주장이 과학적 사기라는 주장이 나오도록 만들었다. 하지만 관련 이론에 대한 구체적인 지식을 가진 사람들만이 이메일이나 연구 내용이 부적절했는지, 아니었는지 말할 수 있을 것이다.

49

표 2-1. 정치적 측면과 기술적 측면

구분		측면	
		정치적	기술적
속성	정치	외부적	내재적
	권리	이해관계자	실력자
	대표	조사에 의해	행동에 의해
	위임	대리인에 의해	불가능

정치적인 측면은 민주적으로 추정되므로, 지분이나 자신을 대표할 사람이 있으면 누구나 참여할 수 있고, 이는 수많은 민주주의 이론서들이 입증하듯이, 다양한 메커니즘이 존재하기 때문에 가능하다.

제일 윗줄은 더 복잡하며, 이번 장의 대부분이 표에 있는 '내재적' 정치에 관한 것이다. 제2의 물결(주로 기술적)과 제3의 물결(주로 규범적)의 차이점을 이해하려면, 기술적인 '그렇다'와 규범적인 '그래야 한다'를 구별하는 것이 중요하다. 19세기 에든버러에서 벌어진 골상학 논쟁에 관한 스티븐 샤핀(Steven Shapin)의 연구[2]를 보면 이 점이 분명해진다. 샤핀은 골상학이 패배했고 당시의 '현 상태'를 지지하는 사람들은 학계에서 영향력과 권위를 행사하는 위치를 그대로 유지하게 됐다는 것을 보여줬다. 문제는, 이 결과가 당시 에든버러의 기득권층이 광범위한 문화적, 정치적 인맥과 영향력을 가지고 있었다는 사실과 밀접한 관계가 있으며, 부분적으로 이 사실로 결과를 설명할 수도 있다는 것이다. 이는 '그렇다'의 문제다. 이러한 사실 기술로부터 무엇을 알 수 있을까? 다양한 사회적, 정치적 요소

2. Shapin(1979)을 보라. 이 예는 같은 논점을 내세운 제3의 물결 논문에서 사용됐다. Collins and Evans(2002)를 보라.

선택적 모더니즘

들이 무대의 중심에 곧바로 올라갔다면 과학 토론은 더 빠르고 효율적으로 종결될 수 있었을 것이라는 주장도 가능하다. 하지만 우리는 그렇게 되는 것은 과학이라는 아이디어와 양립할 수 없다고 주장한다. 골상학에 관한 기술적 논쟁에서 해당 지역의 정치적인 요소가 반영될 수밖에 없었다고 해도, 원칙은 그런 영향을 미칠 수 있는 요소를 최대한 제거되어야 한다. 제2의 물결로부터 너무도 쉽게 얻을 수 있는 결론은, 과학은 정치의 영향을 받기 때문에, 구분은 생각하지 않아야 한다는 것이다. 과학의 문제에서 정치적으로 행동하는 것이 과학적으로 행동하는 것이라는 생각이다. 샤핀의 예는 이 생각에 결함이 있다는 것을 드러내준다. 에든버러 지역의 정치인들이 골상학을 잠재적인 과학 지식 분야라고 결정했다면 우리가 골상학을 받아들였을까? 답은 자명하다. "아니다."

구분의 문제

'과학적으로' 행동한다는 것은 어떤 것을 의미할까? 이 질문이 전형적인 철학 주제—'구획 문제'—라는 사실은, 최소한 필요조건과 충분조건의 집합이라는 측면에서 볼 때, 과학은 다른 활동과 분리하기 어렵다는 것을 분명하게 보여준다. 무엇이든 실체를 모르면 선택하기 어렵다. 실제로, 제2의 물결이 가진 힘의 많은 부분은 정확하게 다음과 같은 점에서 온다. 과학이 다른 종류의 활동과 다르지 않음을 보여주는 것은 과학과 다른 종류의 사회적 활동 사이에 경계가 모호해진다는 뜻이다. 따라서 '과학적으로' 행동하는 것의 의미를 확실하게 하는 것은 훨씬 더 어려워진다.

다행히도, 과학은 정의하기가 어려워 보일 뿐이다. 어려워 보이는 것은 과학 같은 것을 정의하는 것에 착오가 있었기 때문이다. 비트겐슈타인은 우리가 '게임'이라는 말과 아이디어를 아무렇지도 않게 쓰지만, '게임'을 정의할 수는 없다고 지적했다.

우리가 '게임'이라고 부르는 절차를 생각해보자. 보드 게임, 카드 게임, 축구나 야구 게임, 올림픽 등을 말한다. 이들 간에 공통되는 것이 무엇일까? …… 모두의 공통점을 찾지는 못할 것이다. 하지만 비슷한 점, 관계는 엄청나게 많이 찾을 수 있을 것이다.
　나는 '가족 유사성' 외에는 이러한 비슷한 점들을 나낼 더 좋은 표현을 생각해낼 수가 없다. 가족들 간의 다양한 유사성, 즉 체격, 특징, 눈동자 색, 걸음걸이, 기질 등 여러 것들이 같은 방식으로 겹치고 교차한다.[3]

공통적인 속성이라는 면에서 '과학'은 '게임'보다 정의하기가 쉽지 않으며, 구획의 문제가 발생하는 유일한 이유는 그렇게 되어야만 한다는 생각이 존재하기 때문이다. 비트겐슈타인의 생각을 따라, 과학의 특징을 대부분 있지만 없기도 한 가족 유사성들을 대충 모아놓은 집합이라고 생각한다면, 과학은 쉽게 인식될 수 있을 것이다.
　불행히도, 가족 유사성이라는 개념은 의미가 없어지지 않으려면 어느 정도 제한적으로 쓰여야 할 필요가 있다. 문제는

3. 과학지식사회학자들의 표준 출처라고 할 수 있는 비트겐슈타인의 『철학적 탐구』(*Philosophical Investigations*, 1953)의 66번째 단락과 67번째 단락이다. Bloor(1983)는 비트겐슈타인의 후기 저작을 보면 그가 철학자이자 사회학자라는 것이 드러난다고 생각했다. 확실히 이 관점은 과학사회학자들이 비트겐슈타인을 생각하는 방식이다. Winch(1953)를 참조하라.

가족 유사성을 통해 무엇이든 중간쯤에 있는 객체나 속성과 연결할 수 있다는 것이다. 축구는 발사체를 사용한다. 공이다. 총을 쏘는 것도 발사체를 이용한다. 따라서 축구와 총살 집행은 같은 가족에 속한다. 또한 총의 개머리판은 보통 나무로 만들기 때문에 축구와 총살 집행은 목공이나 산림관리와 같은 가족에 속한다. 이런 식으로 계속될 수 있다. 가족 유사성 개념은 속성의 중복과 더불어 어떤 방식으로든 가족이 제한되지 않으면 작동하지 않는다.

다행히도, 비트겐슈타인 철학의 특징인 '삶의 양식'이라는 아이디어가 필요한 제한을 제공해준다. 사회학적으로 생각해보면, '삶의 양식'은 사회적 집단에서 전형적으로 삶을 사는 방식을 묘사하는 다른 사회학적, 역사학적 개념과 비슷하다.[4] 역사학의 개념인 '시대', 쿤의 개념인 '패러다임', 현상학적 개념인 '당연시되는 실재', 문화 전반이라는 개념, 이 모든 것은 사회적 집단이 일상적인 세계를 만들고 그 세계 둘레에 경계를 친 사실을 말해주고 있다. 과학은 구성원들의 전형적인 행동과 의도를 기초로 한 사회적 집단 나누기다. 여기서 과학은 다른 사회적 '집합체'와 비슷하다. 그 경계와 구성원, 특징은 표준화된 사회학적 연구 방법을 이용해 모두 조사할 수 있다.

우리는 이런 생각에, 사회적 집단이 '프랙털 같은' 방식으로 연결돼 있다는 생각을 더한다. 프랙털의 맨 위에는 영어 같은 공통의 자연 언어를 쓴다는 사실만으로 특징지어지는 집단들이 있다.[5] 맨 아래쪽에는 폭이 좁은 기술을 공유하는 전문가

4. 삶의 양식 개념에 대해서는 다양한 해석이 존재한다. 우리는 비트겐슈타인이 진짜로 마음속으로 생각한 것이 무엇인지 알려고 하지 않으며, '당연시되는 실재'(Schutz, 1964), '사회적 집단성'(Durkheim, 1915), '패러다임'(Kuhn, 1962), 문화(Kluckhorn, 1962; Geertz, 1973), 하위문화(Yinger, 1982) 같은 다른 사회학적 개념들과 연결되는 해석을 받아들인다.
5. 프랙털 비유는 Collins and Kusch(1998)를 참조하라. Collins(2011)에

소집단들이 있다. 여기서 그 구성원들은 그들의 분야에서 자신들만 이해하고 소통하기 위한 어휘와 말투를 공유한다. 우리는 이것을 '실천 언어'라고 부른다. 이러한 양 극단 사이에는 운동선수, 군인, 예술가, 과학자 같은 집단이 존재한다. 이런 집단들은 크기도 서로 다르고, 서로 겹치기도 하고, 서로의 집단에 들어가기도 하지만, 크기나 실체에 상관없이, 각각의 집단은 구성원들의 '형성적 의도'의 집합을 제공한다. 집단은 그들이 집단의 구성원으로서 행동할 생각을 정당하게 할 수 있는 방법을 정한다. 아잔데(Azande) 족의 구성원들은 아잔데 족의 구성원으로서 독을 이용해 마녀를 구별해낼 생각을 정당하게 할 수 있지만, 주택담보대출을 받을 생각을 정당하게 할 수는 없다. 선진국에 사는 사람들은 선진국의 구성원으로서 주택담보대출을 받을 생각을 정당하게 할 수 있지만, 마녀를 구별해낼 생각은 정당하게 할 수 없다. 크리켓 선수들은 점수를 내려 할 수 있지만, 크리켓 선수로서 상대편 선수들을 죽이는 것은 생각할 수 없다. 군인은 적군을 죽일 생각을 할 수 있지만, 군인으로서 적군을 상대로 크리켓 점수를 내는 것은 생각할 수 없다. 이런 식으로 계속 이어진다. 이런 집단들의 구성원들은 누구나 먹고 사랑하고 싶다는 생각을 할 수 있지만, 그런 의도들은 그들이 구성원으로 있는 집단을 구성하는 데 도움이 되지 않는다. 먹고 사랑하는 것은 보편적인 행동이기 때문에, 그 행동 자체로는 사회적 집단을 형성하지 못한다. 먹고 사랑하는 법이 문화적으로 구별된다면 물론 삶의 양식을 구성하는 데 기여할 수 있다.

개인들은 보통 다양한 삶의 양식에 중복해 속해 있다. 한 사람이 크리켓 선수이면서 군인일 수도 있다. 하지만 형성적 의

서 더 발전되며 이 논문에서 '실천 언어'라는 용어가 도입된다. Collins and Evans(2015b)에서는 프랙털 비유를 사회과학 연구 방법에 포함시키는 것의 적절성이 설명된다.

도는 각각의 집단이 여전히 다르고, 언제 크리켓 선수로 행동하는지, 언제 군인으로 행동하는지는 분명하게 구분된다. 이 모델이 유효하려면, 어떤 구성원이 어떤 집단에 속해 있는지에 따라 그룹 간 경계를 설정하려고 하지 않는 것이 중요하다. 집단이 분석의 단위임을 받아들이는 것이 중요하다.[6] 그러면, 개인이 이러이러한 집단의 구성원으로 행동할 때 그들의 형성적 의도는 '이러이러한'을 포함할 수 있게 되고, 또 다른 '이러이러한'은 포함할 수 없게 된다고 말할 수 있다. 어떤 시점에서든 개인은 하나 또는 그 이상의 삶의 양식에 속한 형성적 의도와 형성적 행동의 집합이다.

'형성적 의도에 기초를 둔 형성적 행동 유형으로 구성된 삶의 양식'[7]이라니 말이 좀 어색하다. 여기서부터 우리는 위의 어색한 말 대신 '형성적 열망'이라는 용어를 사용할 생각이다. 이 용어에 담겨 있는 뜻은, 언제나 성공하는 것이 아니지만 구성원들이 거의 항상 특정한 방식으로 행동하기를 원하기 때문에 삶의 양식이 존재한다는 것이다. '열망'이라는 용어는 삶의 양식이라는 다소 추상적인 개념을 개인에게 연결시키지만, 개인의 행위와 행동에 너무 심한 제약을 가하지는 않는다.

삶의 양식과 사회적 변화

이 세계관에는 핵심적으로 중요한 다른 두 개의 특징이 있다. 먼저, 집합체, 즉 삶의 양식은 변화하지만 천천히 변화한다. 한때 종교와 과학은 가까운 관계였다. 미래를 예측할 수 없으니, 언젠가 종교가 과학과 다시 가까워질 수도 있겠다. 확실하게 말할 수 있는 것은 오늘날 종교와 과학은 가깝지 않다는 것이다. 집단들이 천천히 변화하기 때문에, 종교가 다시 과학과 가

---

6. 이 접근 방법의 창시자는 에밀 뒤르켐이다. Collins(2011)를 참조하라.
7. 이 개념들의 도입에 대해서는 Collins and Kusch(1998)를 참조하라.

까워지려고 해도 가까운 미래에는 그렇게 되지 않을 것이다. 또한 오늘날 과학과 관련된 결정을 할 때도 서로 전혀 다른 집단들이 먼 훗날 합쳐질 가능성을 고려해서는 안 된다. 결국, 먼 미래에는 어떤 일이든 일어날 수 있고, 종교를 가능성으로 심각하게 생각하는 것은 모든 가능성을 심각하게 생각한다는 뜻이다. 예를 들어, 연금술은 한때 과학의 일부로 생각되기도 했으며, 언젠가 다시 과학의 일부가 될 수도 있다. 하지만 그렇다고 해서 오늘날의 과학이 연금술에 대해 진지하게 생각해봐야 한다는 것은 아니다.[8]

두 번째로, 이 세계관에서는 분석의 기본 단위가 집단이므로, 집단 안의 개인은 집단의 정체성을 허물지 않으면서 전형적이지 않은 방식으로 행동할 수 있다. 따라서 과학자들은 과학이라는 삶의 양식을 구성하는 열망이 속임수, 거짓말, 알면서도 하는 정치적으로 편향된 과학 연구를 포함하고 있지 않다는 생각을 무너뜨리지 않으면서, 속이고 거짓말하고 알면서 정치적으로 편향된 행동을 할 수 있다. 과학자는 실험실이라는 은밀한 공간에서 원하는 답을 얻기 위해 결과를 일부 조작할 수도 있다. 하지만 그 과학자는 자신의 결과가 조작에 의한 것이라고 발표하지는 못한다.[9] 과학자가 그렇게 발표한다면, 그것은

---

8. 2005년 철학자 스티브 풀러는 키츠밀러 대 도버 재판에서 지적 설계를 옹호하는 과정에서 가족 유사성의 개념을 너무 느슨하게 사용하게 되는 덫에 빠졌다. 그는 종교가 뉴턴의 생각에 중심을 이루고 있으며, 뉴턴의 과학과 현재의 과학이 가족 유사성을 가지고 있기 때문에 진화와 종교에 기초를 둔 지적 설계론 사이에는 충돌이 없다고 말했다. 풀러는 그의 주장이 연금술에도 같은 방식으로 적용된다는 것을 알지 못했던 것 같다. 장하석은 합리적인 주장에 의해 완전히 파기되지 않은 이론들이 존재하며 그 이론들을 다시 살려야 한다는 생각을 가진 역사학자이자 철학자다. 장하석은 하나의 과학 이론을 다른 이론으로 대체하는 것이 사회적인 과정이라고 생각하지 않는다. 이에 대한 비판은 Kusch(2015)를 보라.
9. 로버트 밀리컨(Robert Millikan)이 전자에 대한 통합 전하 이론을 세우

과학의 형성적 열망을 위협하게 되고, 그 결과 그는 과학자로 사는 것을 포기해야 한다. 위선은 삶의 양식을 유지하는 데 핵심적인 역할을 할 때가 많다. 긍정적으로 생각한다면, 삶의 양식은 특정 개인이 규칙을 어기더라도, 그랬다고 널리 퍼뜨리지만 않으면, 파괴되지 않는다. 널리 퍼뜨린다면 그 과학자는 삶의 양식으로부터 자신을 격리시키게 된다. 삶의 양식의 안정성과 정체성은 집단의 열망과 실천이 합쳐져 생기는 것이지, 개인의 우연한 행동에 의해 생기는 것이 아니다.

사회학적 문제와 철학적 방법

사회학자는 관찰되는 행동을 두 종류로 나눠야 하는 문제를 안고 있다. 삶의 양식을 구성하는 행동과 그렇지 않은 행동, 즉 '본질적' 행동과 '우연적' 행동이다. 이 문제는 연구자가 특정 삶의 양식에 직접 참여해 그 삶의 양식이 어떻게 작용하는지를 '이해함으로써' 해결된다. 이는 그 자체로는 무의미한 '행동들', 즉 '줄들'(strings)이 적절하게 조합돼 의미 있는 행동들이 되는 과정이기도 하다.[10] 그렇게 하면, 형성적 행동 유형을 구성하는 우연한 행동들과 구성하지 못하는 우연한 행동들을 구분할 수 있게 된다.

'구획 문제'는 철학자들이 과학의 논리를 찾으면서, 과학에 대해 기술하고 과학의 경계를 설정하는 법칙을 만들 때마다 예외가 있음을 끊임없이 발견해왔기 때문에 생긴 것이다. 구획 문제의 사회학적 버전은, 사회학자와 역사학자 들이 과학자들의 행동을 주의 깊게 관찰한 결과, 그들이 명확한 규칙들에 따라 움직이지 않는다는―또는 그럴 수 없었다는―것을 발견했기

면서 실험 과정을 기록한 실험노트에서 결과를 무시한 것(Holton, 1978) 이 좋은 예다.
10. '줄들'에 대해서는 Collins(2010)를 보라.

때문에 생겨났다. 하지만 철학자들과 사회학자들 모두 과학이 특별하려면 이상화된 모델에 맞아야 한다는 잘못된 생각을 하고 있었다. 삶의 양식은 이상화된 모델과는 맞지 않는다. 예외로 가득 차 있기 때문이다. 삶의 양식에는 형성적 행동 유형과 맞지 않는 우연한 행동들이 여기저기 흩어져 있다. 중요한 것은 집합체를 특징짓는 형성적 열망이지, 개인의 행동들이 엉망으로 엉킨 것이 아니다.

차이점은 과학에 관한 사회학적 또는 민족지학적 현장 연구에서 찾아볼 수 있다. 제대로 인터뷰를 하는 방법을 모르는 현장 연구자들은 과학자들로부터 '판에 박힌 대답'을 듣기 십상이다. 이 연구자들은 현재 과학자가 매일매일 하고 있는 일에 대한 설명이 아니라 그들의 생각을 듣는다. 1970년대 사회학자들이 과학자들의 일상적인 연구에서 '지저분한 세부사항들'을 끌어내는 방법을 발견했을 때는 참 놀라웠다. 그 세부사항들은 과학에 대한 기존의 정형화된 설명과는 너무도 달랐다. 그렇지만 좋지 않은 인터뷰와 '판에 박힌' 대답도 그렇게 나쁜 것만은 아니었다. 좋지 않은 인터뷰는 형성적 열망을 드러냈다. 과학자들이 생각하기에 그렇게 해야만 하는 것들이다. 인터뷰, 민족지학적 방법을 쓰면 두 가지 실수를 하기 쉽다. 첫째 실수는 과학의 일상적인 삶을 이루는 형성적 의도에 대한 설명을 서툰 현장 연구자들이 오해하는 것이다. 둘째 실수는 인터뷰를 잘하는 현장 연구자가 과학의 일상적인 삶이 이상화된 모델과 맞지 않다는 것을 발견하고, 과학이 평범한 삶과 다를 바 없다고 결론 내리는 경우다. 하지만 과학은 평범한 삶과는 다르며, 과학을 다르게 만드는 것은 과학자들의 열망, 즉 그들의 행동과 잘 맞아떨어지지 않는 경우가 많은 가이드라인이다. 그리고 '판에 박힌' 대답은 그런 열망의 실체가 무엇인지 알려준다.

철학자들도 필요충분 규칙을 찾으려는 노력을 느슨하게 했
다면 그들의 구획 문제를 해결할 수 있었을 것이다. 그들은 과
학 같은 학문이 행동의 부분집합에서 상당한 변화를 일으키는
의도와 열망에 의해 지탱된다는 것을 받아들였어야 했다. 과학
은 무너지지 않는 논리에 의해 지탱되는 것이 아니다.[11]

과학의 형성적 열망

과학을 하나의 활동으로 만드는 형성적 열망의 실체는 무엇인
가? 현대 과학사회학으로 얻을 수 있는 몇 가지 통찰이 있지만,
선택적 모더니즘은 오래됐다. 선택적 모더니즘은 과학철학자들
의 말이 거의 대부분이 맞았다고 말한다. 다만, 그들은 자신들
이 다루는 사회적 실체를 이해하지 못했을 뿐이다. 선택적 모더
니즘은 과학사회학자들의 제1의 물결이 과학지식사회학보다
먼저 맞는 말을 내내 해왔다고 생각한다. 다만 그들은 자신들

11. 학자들의 집단에 대해 여기서 한 말이 특정 분야의 모든 학자들에게
적용되는 것은 아니다. 우리는 시대의 사고가 가지는 광범위한 특징들을
잡아내려고 한 것이다. 개인과 소수 집단들에게는 맞지 않을 수도 있지만
생각의 역사를 연구하는 학자들에게는 완전히 일반적인 어떤 것을 말한
다. 우리는 '세 가지 물결'로 구성되는 과학학의 특징을 기술할 때도 같은
방법을 썼다(Collins and Evans, 2002, 2007). 이런 종류의 광범위한 접근
방법이 현대의 사상가들에게 적용되면 예외가 더 눈에 띄겠지만 지식사회
학자들에게는 다른 동시대인들이나 '세계에서 존재하는 방법'의 일부인
거의 동시대인들의 '사고방식'을 기술하려고 시도하는 것이 여전히 적당
해 보인다. 철학자들의 특징에 관해서는, '과학학 제1의 물결'을 받아들이
지 않는 사람들에게 우리의 일반화가 적용되기는 좀 힘들 것이다. 그 시대
이후로 철학은 계속해서 발전했고, 과학학에서 '사회학적 전환'의 초창기
에 있었던 것들의 일부를 수용해왔다. 실천과학철학학회(Society for Phi-
losophy of Science in Practice)의 「사명 선언문」(Mission Statement)을
참조하라. www.philosophy-science-practice.org/en/mission-statement.

이 다루는 도덕적 실체를 이해하지 못했을 뿐이다. 선택적 모더니즘의 정신은 새로운 것이지만, 그 육체는 오래되었다.

육체가 오래됐다는 것은 매우 중요하다. 과학적 열망에 맞지 않는 우연한 행동들이 많음에도 과학은 형성적 열망의 집합이 특징이라고 주장되고 있다.[12] 형성적 열망에 안정성을 부여하고 우연한 행동들이 자리를 차지하는 것을 막는 섯은 무엇인가? 물질주의적 이기주의에 의한 끊임없는 침식에도 열망은 어떻게 살아남을 것인가? 우리가 이러한 가치들을 다루다보면, 이 모든—혹은 거의 모든—가치가 진실에 닿고자 하는 욕구에 기초를 두고 있음이 분명해진다. 이 가치들은 굳건하다. 대부분 과학자들의 세계관이 이러한 가치들이 진실에 닿을 수 있으며, 닿게 될 것이라는 오래된 세계관이기 때문이다. 이는 제1의 물결의 세계관이다. 막스 베버의 '프로테스탄트 윤리' 테제는 세속적인 재물이 쌓이는 것은 신이 기뻐한다는 표시다라고 말하지 않았다. 오직 자본주의자들이 그것을 신이 기뻐한다는 표시라고 믿는다고 했을 뿐이다. 이와 비슷하게, 과학자들은 과학적인 가치가 진실에 가깝게 해준다고 믿으면 된다. 꼭 그렇게 될 필요도 없다. 과학적 가치가 진실에 가깝게 해준다는 것이 맞다면, 그건 과학자 사회의 가치들을 안정시키고 과학적 연구 과정에서 완결성으로 여겨지는 것을 전혀 의심하지 않는 제1의 물결의 육체다. 제2의 물결 아래서 자란 사람들은 자연과학자들의 감동적인 순진함이라고 생각할 것이다. 우리는 제1의 물결 하에서 과학을 인도했던 도덕적 명령을 있는 힘을 다해 보존해

12. 이런 생각은 최소한 1982년에 시작됐으며 사회과학자들과 자연과학자들이 실제로 어떻게 연구를 진행할지 고민한 결과물이다. 기본 생각은, 연구를 잘하려면 과학자들과 사회과학자들 양쪽 모두가 실제로 이루어지지 않을 수도 있는 형성적 열망에 따라 행동해야 한다는 것이다. 따라서 이렇게 하려면 어느 정도의 구획화가 필요하다.

야 하며, 이 말은 우리가 아직도 과학에 대한 간단한 모델을 필요로 하고 있다는 뜻이 된다.

포퍼의 반증주의

잘 알려진 예를 하나 들면 이 모든 것이 어떻게 돌아가는지 알게 될 것이다. 칼 포퍼는 반증주의를 만들어냈을 때 과학철학의 주요 문제를 해결했다고 생각했다. 포퍼가 해결했다고 생각한 문제는 귀납의 문제였다. '모든 백조는 흰색이다' 같은 법칙에 긍정적인 예가 아무리 많아도 그 법칙이 보편적 법칙, 즉 과학 법칙이라고 결코 확신할 수는 없었다. 하지만 포퍼는 하나의 관찰 결과ㅡ예를 들어, 검은 백조ㅡ로 그 법칙이 틀리다는 것을 완전히 확신할 수 있다고 말했다. 이를 기초로, 포퍼는 과학의 정수는 과학적 법칙을 반증하려는 시도이며, 반증되지 않은 법칙들은 잠정적 진실인 상태로 유보해야 한다는 생각을 기초로, 『과학적 발견의 논리』(*Logic of Scientific Discovery*, 1959)를 썼다. 그 후, 포퍼의 제자인 임레 러커토시(Imre Lakatos)는, 입증 과정과 반증 과정 사이에는 비대칭성이 있다는 포퍼의 아이디어가 틀렸음을 보여줬다. 검은 백조 한 마리를 한 번 관찰한다고 해서 '모든 백조는 흰색이다'라는 법칙을 반증할 수는 없다는 것이다. 그 검은 백조는 검댕이나 페인트가 묻은 흰 백조일지도 모르고, 따라서 진짜 검은 백조가 아닐 수도 있기 때문이다. 아무리 많은 검은 백조가 관찰된다고 해도, 최소한 한 마리의 진짜 검은 백조가 있다는 것을 확인하려면 한 마리 한 마리를 자세하고 오류 없는 방법으로 조사해야 한다. 따라서 한편으로는 증명하고, 다른 한편으로는 반증하기 위해 수없이 많은 관찰이 필요하다는 점에서 비대칭성은 존재하지 않는다.[13]

13. 포퍼의 『과학적 발견의 논리』는 1934년에 독일어로, 1959년에 영어로 출간됐다. 러커토시의 생각은 『반증과 과학 연구 프로그램 방법론』

선택적 모더니즘의 관점에서 보면, 위에서 서술된 것은 일련의 오류에 기반하고 있다. 먼저 귀납, 입증의 문제가 과학철학의 문제를 나타낼 수도 있지만, 삶의 양식으로서의 과학 문제를 나타내지는 않는다. 과학의 형성적 열망 중 하나는 사물을 반복적으로 많이 관찰해 사물에 대한 일반적인 법칙을 확립하는 것이다. 과학자에게 반복적으로 관찰 가능한 사물을 반복적으로 관찰하고자 하는 욕구가 없으면, 그것은 더는 과학자로서 생각하는 것이 아니다. 그 어떤 귀납적 일반화도 완전히 안전하지 않다는 사실은 형성적 열망에 영향을 미치지 않는다.[14] 그렇다면, 첫째 오류는, 포퍼가 처음에는 해결해야 할 문제가 없다는 것이다. 과학을 사회적 활동으로 볼 때, 거기에는 귀납이라는 철학적 문제는 없다. 다만 관찰이라는 실제적 문제가 있을 뿐이다. 둘째 오류는 첫째와 비슷하다. 러커토시가 개략적으로 설명한 반증의 문제는 없다는 것이다. 과학자들은 그들이 가정한 법칙의 예외를 찾아내려고 한다. 그러다 실제로 예외를 찾으면 그 법칙이 반증될까 봐 걱정하기 시작한다. 다시 한번, 그 어떤 반증도 완전히 안전하지 않다는 사실은 형성적 열망에 영향을 미치지 않는다. 따라서, 과학은 과학자 집단의 구성원들이 입증하기를 열망하고, 반증하기를 열망한다는 사실로 '정의되지' 않는다. 입증 열망과 반증 열망은 어떤 행동이 과학자의 행동이 되는가에 대한 필요조건이나 충분조건이 되는 것도 아니

(*Falsification and the Methodology of Scientific Research Programmes*, 1970)을 참조하라.

14. 형성적 열망은 똑같은 과학적 관찰이 다시는 일어나지 않는 경우가 종종 있다는 사실에도 역시 영향을 받지 않는다. Collins(1985, 1992)는 더 일반적인 경우에도, 과학의 '정규 시야' 밖에서 결정을 내리지 않고는 복제가 불가능하다고 말한다. 하지만 그렇다고 해서 복제와 복제 의도가 과학에서 중심적인 위치를 차지하고 있지 않다는 뜻은 아니다. 두 번째 중력파가 검출됐을 때의 우려와 안도를 떠올려보라(Collins, 2017).

다. 다만 과학자들의 집합체에서 과학을 지속시키기 위한 의도 때문에 일어나는 일일 뿐이다.[15]

　　반복하자면, '요령'은 불안정하고 예외를 용납하지 않는 과학적 발견의 논리를 느슨하고 예외를 용납하지만 철학적인 사상이 주입된 과학사회학으로 옮기는 것에 있다. 과학사회학은 삶의 양식과 결합된 가족 유사성에 기초를 두고 있다. 이렇게 생각되는 과학자 집단에서는 입증과 반증은 문제를 풀기 위한 대안이 아니다. 오히려 그 반대로, 문제란 존재하지 않는다. 과학 실천에서 입증과 반증은 모두 과학적인 삶을 형성하는 행동이며, 과학을 진정한 과학으로 만들기 위해 노력하는 것이다.

우리가 항상 알고 있던 것들을 드러내기

앞에서 말한 것들은 우리가 항상 알고 있던 것들이다. 우리는 입증과 반증에 대해 반세기 이상 알고 있었다. 과학사회학 분야를 공부한 사람이라면 러커토시의 반증주의 비판을 알고 있었을 것이다. 하지만 일상적인 학문적 대화에서 우리는 어떤 주장의 반증 불가능성을 결정적인 비판으로 인용해왔다. 그리고 우리는 비판으로서의 반복 불가능성에도 만족했다. 이 책이 상식을 다시 정리하거나 관심의 전면으로 끌어올리는 것을 시도한다고 말하는 데는 이런 의미가 있다. 그것은 입증과 반증이 곤경에 빠진 것처럼 보이게 만들고 상식을 궤도에서 추락시키는, 수학 같은 과학의 논리를 정의하려는 시도였다. 과학자의 행동과 이상 사이의 괴리—과학자들이 실제로 이룰 수 있는 것과 철학자들로부터 온 완벽함이라는 이상 사이의 괴리—에 과도

---

15. 과학을 더 평범하게 보이도록 한 제2의 물결 비평이 시작된 지점이기도 하다. 관찰과 반증이 실제적인 문제라면, 그 답은 다른 영역에서 발견되는 다른 실제적인 문제의 답과 비슷할 수도 있다. 그렇다면 과학은 더 이상 특별하지 않으며 특별한 위치를 가져야 한다는 주장도 할 수 없게 된다.

하게 관심을 둠으로써 자라난, 과학에 대한 사회학적 비판이었다. 우리가 과학이 작동하는 방식을 이해한다면, 상식은 제2의 물결의 도전을 받아야 했다. 여기서 우리가 주장하는 것은 우리가 세계를 계속해서 이해하고자 한다면 상식이 다시 정리돼야 한다는 것이다. 수학에서는 한 번의 실수가 전체 증명 과정을 망쳐버린다. 과학 논리의 결함 때문에 과학의 정의를 발견하는 작업이 마지막 단계에서 후퇴했다고 생각하는 철학자들이 너무 많다. 과학의 유사 논리 법칙이, 차별되는 활동으로서의 과학을 망쳐버렸다고 생각하는 사회학자들도 너무 많다. 하지만 이 책에서 언급된, 비트겐슈타인의 영향을 받은 사회학에서는, 집단이 나아가는 방향을 기술하는 작업은 형태 면에서 논리적이지 않으며, 이상에 못 미치는 행동의 발견에 무효가 되지 않는다. 삶의 양식은 더 탄탄한 것이다. 삶의 양식은 논리에 균열이 생기듯 균열이 생기지 않는다. 선택적 모더니즘의 세계에서 퍼즐은 다시 맞춰졌고, 그 패턴은 퍼즐 조각들을 섞기 이전과 매우 비슷하다. 다른 것은 퍼즐 조각들이다. 에칭 유리가 아니라 손으로 빚은 점토다. 조각들은 꼭 들어맞지 않고 다소 깔끔하지 못한 모양으로 맞춰져 있다.

과학의 근본적인 형성적 열망

과학에는 너무나 핵심적이고 분명해서 놓치기 쉬운 하나의 근본적인 가치가 있다. 과학이라는 삶의 양식은 문제의 진실을 찾고자 하는 욕망과 그 진실을 찾을 수 있다는 믿음에 의해 작동한다는 것이다. 제2의 물결과 연관된 이 관점은, 문제의 진실은 찾을 수 없으며, 해석과 시각만이 존재할 뿐이며, 개인의 욕망과 행동을 문제의 진실을 찾으려는 시도를 통해 조종하는 것은 순진한 일이라는 관점이다. 제3의 물결이 극복하려고 하는 것은 이런 관점의 유해한 영향이다.

이것이 무엇보다 중요한 이 가치에 대해 우리가 말하고자 하는 것의 전부다. 남아 있는 간단한 일은 더 작은 점토 조각들에 대해 기술하는 것이다. 이는 과학이라는 삶의 양식을 떠받치고 있는 구체적인 형성적 열망들의 리스트를 작성하는 작업이다. 각각에 대해 우리는 대안이 될 수 있는 것들보다 더 가치가 있는지 물을 수 있다. 우리가 그 가치들을 대안이 될 수 있는 것들보다 선호한다면, 그때는 자연적인 세계에 대해서는 다른 종류의 전문성보다 과학을 더 가치 있게 여긴다는 것을 우리 자신에게 보여준 것이다. 전문가들 중에서 선택을 할 때, 우리는 과학의 형성적 열망을 공유하고, 그 열망에 기초해 자신의 일을 하려 하는 사람들을 선택하길 원할 것이다. 이것이 선택적 모더니즘의 핵심이다. 내용의 많은 부분이 잘 알려져 있고 평범하기까지 하다. 새로운 것은, 우리가 가치를 정당화하는 것이 아니라 가치를 선택한다는 것이다.

전통적인 과학철학에서 추출한 형성적 열망

관찰

작업은 이미 시작됐다. 논리실증주의는 과학을 떠받치는 가장 단순한 철학이다. 관찰을 의미심장한 종합명제(synthetic proposition, 세계에 대한 새로운 정보를 제공하는 명제)의 기초로 삼고 있기 때문이다. 불행히도, 논리실증주의는 정밀한 검토를 버텨내지 못했다. 무엇보다도, 관찰로 확실하게 검증할 수 있는 유일한 것이 '초록, 여기, 지금' 같은 순간적인 감각 원자인 것으로 드러났기 때문이다. '이것은 초록색 벽이다' 같은 더 복잡한 것은 다양한 감각 원자들의 덩어리를 가지고 일반화한 결과를 만들어내는 과정에 의존하며, 종합의 과정과 벽이라는 아이디어는 순수하게 관찰의 문제는 아니다. 예를 들어, 초록색 벽이라는 감각은, 다양한 색깔과 명도를 가진 많은 감각 원자들의 총합인 동시에 벽이라는 아이디어에 의존한다. 따라서 관찰만을 통한 검증은 철학적인 아이디어로는 부족하지만, 사회학적 아이디어로는 부족하지 않다. 우리가 알고 이해하는 과학은 세계에 대해 주장되는 것들의 기초로서의 관찰에 의존한다. 관찰이 바람과는 달리 순수한 것이 아니라는 사실을 알게 돼도, 열망과 실제적인 행동의 길잡이로서의 관찰의 의미는 사라지지 않는다.[16]

여기서 다시 한번, 우리의 포괄적인 제안이 효과를 내는 방법을 보여주는 또 하나의 모범적인 예가 나온다. 세계의 특징에 대해 알고 싶다면 세계의 특징을 관찰한 사람의 의견을 들을까, 아니면 관찰한 적이 없는 사람의 의견을 들을까? 관찰한 적이 없는 사람의 의견을 듣는 것을 선호하는 사람들도 있다. 그들은 꿈에서 답을 본 사람들이나 찻잎이나 짐승의 내장을 보고 세계의 특징에 대해 예측하는 사람들의 의견을 선호한다. 하지만 선택적 모더니즘은 관찰한 사람의 의견에 더 무게를 둔다. 관찰이 부정확하고 순수하지 않으며 착각을 일으킬 가능성이 있고, 관찰자와 관찰이 이루어지는 사회적 집단의 영향을 받기 쉽다는 것을 안다고 해도 여전히 그럴 것이다. 관찰을 한 사람의 결론이 그렇지 않은 사람의 의견보다 덜 정확한 것으로 드러나는 경우도 있다는 것을 안다고 해도 마찬가지다. 이런 가능성에도, 선택적 모더니즘은 관찰을 한 사람의 의견을 선호한다.

16. 세계를 잘게 쪼개는 문제의 기원은 최소한 플라톤까지 거슬러 올라간다. 세계를 쪼개는 새로운 방법에 대한 연구는 콜린스에 의해 이루어졌다 (Collins, 1985, 1992). 이 연구는 과학자들이 새로운 물체의 존재를 확립하기 위해 어떻게 실험을 이용하는지에 대한 연구다. 놀라울 것도 없이, 실험은 결정적이지 않지만, 그럼에도 일부 과학자들은 아직도 세상을 쪼개는 새로운 방법을 만들고 있다.

또한 제대로 된 선택적 모더니스트라면 지식을 얻을 수 있는 다른 방법들보다 관찰이 성공 가능성이 높다는 것을 언급함으로써, 관찰을 정당화하지 않으면서도 관찰에 대한 선호를 유지해야 할 것이다. 이것이 선택적 모더니즘의 방법이며, 이는 성공을 판단 기준 삼아 의존하는 것보다 더 강력하다. 관찰이 결함이 있고 믿을 만하지 않은 모든 이유에도 불구하고, 관찰이 다른 방법보다 더 성공적이지 않은 것으로 밝혀지는 경우가 있을 수 있다. 하지만 이 상황에서도 선택적 모더니즘은 영향을 받지 않을 것이다.[17]

예외가 있을 수 있다. 하지만 이 예외는 개인 차원에서이지, 집단 차원에서가 아니다. 문제는 없다. 아인슈타인은 자신의 이론과 충돌을 일으킬 수도 있는 1919년 개기일식 관찰 결과보다 자신의 이론을 믿은 것으로 악명이 높다. 자신의 이론이 맞다고 확신했기 때문이다. 하지만 물리학과 선택적 모더니즘 모두 이런 종류의 예외에 무너지지 않는다. 이론, 즉 다른 종류의 선험적 믿음이 일반적으로 관찰보다 선호될 수 없다는 것은 아직도 사실이다. 또는 이론, 예언, 점술이 관찰보다 선호된다면, 왜 그런지 설명해야 하는 부담은 그 선호하는 사람의 몫이다. 세상 전체가 환상이라고 믿는다면, 또는 오래된 책에 있는 신(Deity)이라는 단어가 관찰보다 선호돼야 한다고 믿는다면, 그때는 최소한 그 선택은 분명할 것이고 말할 수 있는 것이다. 결정만 남았다.

선택적 모더니즘에서, 논리실증주의는 관찰 가능한 세계를 이해하는 방법을 찾겠다는 우리의 열망을 기초로 삼아 존재한

---

17. 성실성이 부족하거나, 감각기관이 부실하거나, 또는 관찰 기술이 부족하다고 알려진 사람의 관찰 결과를 거부하지 말아야 한다는 뜻은 아니다. 관찰을 하지 않은 사람의 생각보다는 관찰을 한 사람의 생각을 선호하게 된다는 뜻이다.

다. 그리고 물론 항상 그랬다. 우리는 관찰 가능한 것에 관련해서는, 관찰하지 않는 것보다 관찰하는 것을 선호해왔다. 그것을 터놓고 크게 말하는 법을 잊었을 뿐이다.[18]

입증

이제 한 번의 관찰을 더 낫게 만들기 위한 시도인 입증에 대해 같은 제안을 해보자. 우리는 입증이 철저한 철학적 검토를 견뎌내지 못한다는 것을 알고 있다. 이것은 귀납의 문제다. 포퍼가 반증주의로 피해가려고 했던 귀납의 문제도 이것이다. 이 문제는 자세하게 살펴보았기 때문에 그렇게 피해가는 것이 효과가 없다는 것도 알고 있다. 콜린스는 그의 책 『변화하는 질서』 (*Changing Order*, 1985)에서 실험의 복제가 '실험자의 회귀'라는 상황을 맞을 수 있으며, 따라서 심도 깊은 과학적 논쟁을 끝낼 수 없었다는 것을 보여줬다. 하지만 앞에서, 그리고 그가 초기 저작에서 주장한 것처럼, 그래도 우리는 성공적으로 복제되지 못한 실험보다 성공적으로 복제된 것으로 보이는 실험의 결과에 더 비중을 두고자 하는 편이다. 우리는 자신들의 발견이 복제되는 것이 적절하다고 믿는 사람들의 의견에 더 무게를 둘 것이다. 반대의 세계를 상상해보자. 한 번의 실험이 반복된 실험보다 더 나으며, 부정적인 복제는 언제나 무시돼야 한다는 생각이 지배적인 관점인 사회를 생각해보라. 이 경우 모든 사람이 가장 먼저 하는 실험은, 아무리 깊이 없는 실험이라고 해도, 마지막 실험이 될 것이다. 세계에 대한 관찰은 순간적이고 일관성이 없을 것이다. 세계에 대한 물리학적 사실 또는 다른 어떤 사실이 안정적이거나 지속적이라고 생각하는 것은 아무 의미가 없을 것이다. 이렇게 상상력을 발휘하면, 디스토피아를 상상하

18. 진실을 만들어낼 때의 과학자들을 주의 깊게 관찰함으로써 비판의 힘을 가지게 된 제2의 물결에도 적용된다.

선택적 모더니즘

게 될 것이다. 과학자들이 반복되는 실험을 통해 그들의 발견을
확실하게 하려는 세상보다 디스토피아를 선호한다면, 더 이상
할 말이 없다.

독자들은 다른 세계를 상상해보라는 요구를 끊임없이 받
을 것이다. 소설가 혹은 SF 작가가 상상을 펼친다면 그래도 더
나을 것이다. 선택적 모더니즘의 형성적 열망이 품지 않은 세상
의 모습을 탐구하는 책들이 엄청나게 많이 있어야 한다. 이것이
과학과 인문학이 생산적으로 협력하는 새로운 방법이다.

반증

같은 제안을 반증에 적용할 수 있다. 관찰을 했다고 주장하는
사람들이 자신들이 틀렸음이 드러날 수 있으며 따라서 적극적
으로 테스트를 받겠다고 할 수 있는 조건들을 제시하는 세계,
아니면 그렇게 하는 것이 필요하지 않거나 부적절하다고 생각
하는 세계, 어떤 것을 택해야 할까? 후자는, 또다시 관찰 결과
를 바꾸거나 관찰 결과에 의문을 제기하는 방법을 우리가 모르
는 세계일 것이다. 모든 관찰은 드러냄일 것이다. 또다시, 반증
이라는 아이디어가 우리가 알고 있는 세상에 얼마나 핵심적인
지 보여주기 위해서 필요한 것은 상상력이다. 그리고 다시 말
하지만, 반증 자체가 완벽하지 않더라도 반증은 반드시 필요하
다.[19]

---

19. 이 점은 반증이 불가능한 지적 설계론에 대해 생각하는 방법에 구체
적인 영향을 미치기 때문에 상상에 대한 제약은 살짝 거둬진다. 우리는 지
적 설계론을 옹호하는 사람들에게 우리가 그들의 이론을 받아들이는 조건
으로 반증 가능성을 희생할 수 있는지 물어야 한다.

이제 과학을 특별하게 만든 원인을 발견하는 것이 목적이었던 과학사회학자들이 밝혀낸 형성적 열망에 대해 알아보자. 로버트 머튼이 과학을 구성하는 규범의 집합에 대해 기술한 것은 잘 알려져 있다. 머튼의 규범이 과학자들이 과학의 이름으로 하는 모든 것에 대한 기술로는 적당하지 않다는 것과 전체 프로젝트의 기반을 흔들어놓은 것으로 보이는 '반 규범'이 나중에 확인된 것도 그만큼 잘 알려져 있다.[20] 그렇지만 우리는 머튼이 과학적 연구의 본질에 대해 뭔가 중요한 것을 밝혀내긴 했다고 주장하고 싶다.

사실상 머튼의 오류는 '그렇다'로부터 '그래야 한다'를 얻으려고 하는 욕망에 있었다. 그는 과학이 지식을 얻는 가장 효율적인 방법이라는 것을 사실이라고 여겼다. 당시에는 의문의 여지가 없는 것으로 받아들여졌던 생각이다. 이 생각으로부터 그는 과학의 규범이 효과적이기 때문에 반드시 지켜야 한다고 주장했다.

과학의 제도적 목적은 공인된 지식의 확장이다. 이를 목적으로 사용되는 기술적인 방법은 지식에 대한 적절한 정의를 제공한다. 그 정의란 경험적으로 확인되고 논리적으로 일관성을 갖춘, 규칙성에 대한 표현(실제로는 예측)이다. 과학의 제도적 명령(관습)은 과학의 목적과 방법에서 비롯된다. 기술적, 도덕적 규범의 전체 구조는 최후의 목표를 이행한다. 경험적 증거의 기술적 규범은 적절하고 신뢰할

20. 머튼의 규범에 정반대가 되는 규범의 영향을 받는 행동들도 과학의 정당한 부분이 될 수 있다고 주장하는 '대항규범'에 대해서는 Mitroff(1974)를 참조하라.

선택적 모더니즘

수 있어서 정확한 예측이 계속되는 전제조건이 되며, 논리
적 일관성의 기술적 규범은 체계적이고 유효한 예측의 전
제조건이 된다.[21]

그러나 머튼에게는 모든 기초를 다 다루려는 성향이 있었으며
바로 뒤에 이 말을 했다.

과학의 관습에는 방법론적 근거가 있지만, 그 관습은 제약
적이다. 절차적으로 효율적이라서 그렇기도 하고, 바르고
좋다고 믿어져서 그렇기도 하다. 그 관습은 도덕적이면서
기술적 규범이기도 하다(p. 270).[22]

머튼이 규범의 원동력을 과학적 유효성이라고 생각한 것은 거
의 확실하다. 하지만 그는 과학자들이 규범을 그 이상의 것으
로, 즉 좋은 행동 규범으로 내면화했다고 말하는 듯하다. 이 책
에서는 근거가 다르다. 우리는 규범이 그 자체로 좋은 것이라는
생각만을 차용했다. 우리는 규범이 효과적이라고 주장하지 않
는다. 1970년대 이후 과학에 대한 이해가 크게 넓어진 상태에서
는 이 생각이 과학을 정당화하는 데 핵심적이라고 받아들여져
서는 안 된다고 생각하기 때문이다. 한편으로, 우리는 과학자
들, 적어도 일부 사회과학자들이 사용하는 과학 모델이 머튼이
발견한 규범에 직접 연결될 수 있으며, 제도로서의 과학을 움직
이고 사회 전반에 도덕적 리더십을 제공할 수 있는 잠재력을 가
진 것은 과학에 대한 과학자들의 생각이라고 믿는다.

21. 인용문의 원 출처는 Merton(1942)이다. 쪽수 참조는 Merton(1979:
270)이다.
22. 모든 기초를 다루려는 머튼의 성향에 대해서는 Shapin(1988)을 보라.

역사적 맥락에서의 머튼

1942년에 머튼은 짧은 글을 발표했다. 그 글은 과학을 유럽 파시즘에 대치시킨 것이 분명했다. 예를 들어, 그는 「보편성의 규범」이라는 제목으로 다음과 같이 썼다.

> 과학적으로 검증된 공식이 특정한 의미에서 색관적인 이치와 상호관계를 나타내는 상황은 유효함에 대한 배타적 판단 기준을 도입하려는 모든 노력을 방해한다. 유태인인 프리츠 하버가 고안한 암모니아 제조법인 하버법은 반유태주의 법인 뉘른베르크 법에 따라 틀렸다고 입증될 수 없으며, 영국인을 혐오하는 사람이라도 뉴턴의 중력법칙을 무효로 할 수는 없다. 쇼비니스트들이 외국 과학자들의 이름을 역사 교과서에서 지울 수는 있지만 그들의 공식은 과학과 기술에 없어서는 안 될 것으로 남게 된다. (지식에 마지막으로 더해진 것이) 100퍼센트 독일인의 것이든, 100퍼센트 미국인의 것이든, 어떤 외국인들은 모든 과학적 진보를 같이 이룬 사람들이다. 보편성의 명령은 과학의 비개인적인 특성에 깊이 뿌리를 내리고 있다(p. 270).

나중에 그는 러시아 공산주의와 보편성의 규범을 대조하는 각주를 덧붙였다.

> 「세계시민주의라는 부르주아 이데올로기에 대항해서」라는 사설[『철학의 제 문제』(*Vosprosy filosofil*), 2호, 1948]에서, '조국이 없고 과학의 실제 운명에 대해 심각하게 무지한 세계시민주의자만이 경멸적인 무관심으로 과학이 존재하고 발전하는, 여러 색깔을 가진 국가의 형태를 부정할 수 있다. 과학의 실제 역사와 그 발전의 구체적인 경로의 자리

에, 세계시민주의자는 일종의 초자연적이고, 무계급적인 과학이라는 조작된 개념을 치환시킨다. 말하자면, 국가의 다양한 색깔도 없고, 삶의 빛남도 없고, 인민들의 창조적인 작품에 나타나는 특정한 개성도 없고, 일종의 육체가 떠난 영혼으로 변화된 것이다. ······ 마르크스·레닌주의는 초계급적이고 비민족적이며 보편적인 과학과 관련된 세계시민주의적인 소설들을 산산조각 내고, 과학이 현대 사회의 모든 문화처럼 형태 면에서 민족적이고 내용 면에서 계급적이라는 것을 분명히 증명한다.' 이러한 관점은 별개의 두 가지 쟁점을 혼동시킨다. 먼저, 임의의 국가나 사회에서 문화적 맥락은 과학자들을 특정한 문제에 집중하도록 만들며, 어떤 문제에는 민감하게 만들고 과학의 최전선에 있는 다른 문제들은 그렇지 못하게 만든다. 이러한 현상은 오랫동안 관찰돼왔다. 하지만 이것은 기본적으로 두 번째 쟁점과는 다르다. 과학적 지식이 주장하는 것이 유효한지에 대한 판단 기준은 민족의 취향과 문화의 문제가 아니다. 유효성에 대해 경합하는 주장들은 곧 보편주의적 판단 기준에 따라 정리된다(1979: 271).

머튼은, 민주주의가 과학적 가치를 가장 잘 구현했기 때문에, 민주적인 사회는 효과적인 과학을 가장 잘 육성할 것이라고 생각했던 것이 분명하다. 무엇보다도, 그는 요하네스 슈타르크(Johannes Stark)가 1938년에 『네이처』에 게재해 퍼뜨린 아리아인 과학의 우월성에 대한 악명 높은 이론들에 반응하며 다음과 같은 글을 썼다.

아무리 현실에 불충분하게 적용된다고 해도, 민주주의의 정신은 보편주의를 지배적인 이행 원칙으로 포함하고 있다. 민주화는 사회적으로 가치 있는 능력의 발휘와 계발에 대한 제한을 점진적으로 제거하는 것에 다름 아니다. 성취에 대한 비인격적인 판단 기준과 신분을 고착화하지 않는 것이 열린 민주 사회의 특징이다(p. 273).

의심의 여지가 없도록 머튼은 글을 다음과 같이 마무리 시었다.

과학이 연구를 일상화된 사고방식과 충돌할 수 있는 새로운 영역으로 확장할 때마다, 또는 다른 제도들이 과학에 대한 통제력을 확장할 때마다 갈등은 두드러진다. 현대 전체주의 사회에서, 반합리주의와 제도적 통제의 중앙 집중화는 모두 과학적 활동을 위해 제공된 영역을 제한하는 데 이용된다(p. 278).

당시의 세계를 생각해보면, 파시스트나 공산주의자가 아닌 거의 누구라도 주장했을 법한 얘기다.

머튼의 과학 규범

머튼의 네 개 규범은 다음과 같다.

공유주의: 과학적 결과는 전체 과학자 사회의 공동 소유물이다.

보편주의: 모든 과학자는 인종, 국적, 문화, 성에 상관없이 과학에 기여할 수 있다.

탈이해관계: 과학자는 개인적 신념 또는 특정한 대의를 위한 행동주의와 결과를 얽히게 해선 안 된다. 과학자는 자신의 발견과 적당한 거리를 유지해야 한다.

조직적 회의주의: 과학적 주장은 수용되기 전에 비판적이
고 철저한 검토를 거쳐야 한다.

머튼은 철학자가 아니라 사회학자였기 때문에, 논리적 결함을
처음 발견했을 때도 계획은 무너지지 않았다. 하지만, 여전히
좋은 과학을 만들어내는 규범에 따라 과학자들이 행동하지 않
는다는 것이 알려진다면, 그의 계획은 공격받기 십상이었다.[23]
그리고 그렇게 되는 것 같았다. 규범에 맞지 않지만 성공적인
경우가 많이 나타났다. 예를 들어, 제2차 세계대전 기간 동안
최초의 핵무기를 만들어낸 프로젝트는 보편주의와 공유주의 규
범과는 거리가 멀었다.[24] 따라서, '그렇다'는 그가 생각하는 현
실이 아니었고, '그래야 한다'를 정당화할 수 없었다. 하지만 선
택적 모더니즘에 따랐다면, 머튼은 '그래야 한다'를 정당화해야
할 필요가 없었을 것이다. 선택적 모더니즘에 따르면, 머튼의
규범은 자체만으로도 분명하게 좋은 것이다.

공유주의

공유주의는, 과학적 지식은 공유되어야 하며, 모든 과학자는
그 지식에 평등하게 접근할 권리와 그 지식을 발전시키고 정밀
하게 검토할 집단적 책임을 진다는 생각이다. 과학을 위한 일
반적인 선(good)으로서는 가장 정당화하기 힘든 규범일 것이
다. 하지만 조직적 회의주의가 이 규범에 의존하는 한 이 규범
은 중요해 보인다. 다른 가치들에 적용할 동일한 논쟁 방식을

23. 나중에 과학이 머튼이 생각했던 모델과 전혀 다르다는 것이 밝혀졌을
때, 머튼은 '대항규범'의 개념을 인정하기까지 했다(Merton, 1976).
24. 선택적 모더니즘은 예외적인 행동으로 훼손되지는 않지만, 머튼의 아
이디어는, 사회학적인 생각이라고 해도, 훼손된다. 그의 생각은 가치의 효
용성에 의해 정당화되고, 따라서 가치가 효용성에 핵심적이지 않다면 정
당화는 불가능하다.

사용하기 위해, 과학적 연구가 기본 값으로 공유주의 규범에 기초를 두고 있었던 사회가 그 반대, 즉 비밀 유지에 기초를 두고 있는 사회보다 선호되는 이유를 찾을 수 있는지 물을 것이다.

공유주의의 규범은 과학자에게 정보나 조언을 요구하면 일반적으로 긍정적인, 최소한 도움이 되는, 응답을 받는 사회를 뜻한다. 이런 사회는 과학자들이 서로를 도울 의무가 없고 협력을 거부하는 이유를 제시하지 않는 사회보다는 당연히 더 선호될 것이다. 비밀 유지의 규범을 기초로 조직된 과학은 거짓말과 사기를 고질병으로 가지고 있는 과학이다. 이런 시스템이 지식과 정보의 공유가 올바른 일로 여겨지는 시스템보다 선호될 이유가 없다.[25]

보편주의

공유주의와 비교하면 '보편주의'를 정당화하는 것은 쉽다. 보편주의를 선택하려면, 관찰 가능한 세계에 대한 개인의 의견이 인종, 국적, 문화, 성에 따라 평가되는 사회에 살고 싶은지 물어보면 된다. 답은 분명히 '그렇지 않다'일 것이다. 최소한, 책임은 보편주의를 정당화하기 위해 다른 선택을 선호하는 사람이 지면 된다. 예를 들어, 자연과학의 세계는 오랫동안 남성을 중시했기 때문에 이제는 여성에게 의도적으로 더 비중을 실어 평형을 맞춰야 한다고 주장할 수도 있다. 하지만 이는 비중을 두는 것이 항상 성의 문제가 돼야 한다고 주장하는 것이 아니다. 보

25. Collins(2017)를 보라. 공유주의의 윤리는 참여자의 권리 보호, 상업적 비밀 유지와 완전하게 공존할 수 있다. 다른 책임들을 언급함으로써 이런 예외들을 정당화해야 한다는 사실을 공유할 수 있기 때문이다. 비밀주의가 규범이라면 이런 법칙은 필요 없었을 것이다. 무엇보다도 협력에 대한 기대가 없었을 것이기 때문이다.

선택적 모더니즘

편주의의 가치가 더 성공적으로 충족될 수 있도록 임시적으로
예외를 두는 것을 지지하기 위한 것이다.

탈이해관계

자연 세계에 대한 관점이 개인의 신념이나 정치적 행동에 따라
경중이 평가되는 사회에 사는 것을 선호할 수 있을까? 다시 한
번 답은 분명히 '아니다'이고, 기껏해야 가끔 있는 예외에만 정
당화가 필요한 '그렇다'가 될 것이다. 그렇지 않았다면 과학은
정치의 연속이 될 것이다. '과학적 발견'으로 불리는 모든 것은
정치적 의제에 맞추기 위해 설계될 것이기 때문이다. 언제나 또
어디서나 리센코 학설(Lysenkoism, 유전학에 반대하는 소비에
트 연방의 운동)와 그 비슷한 것들이 판을 칠 것이다. 그건 분
명 디스토피아다.[26] 현대의 많은 과학학적 분석은 모든 과학적
결론에는 정치가 입혀져 있다고 주장한다. 하지만 선택적 모더
니즘은, 그렇다고 해서 우리가 모든 과학적 행위를 정치적 행위
로 만들고 싶다는 열망을 가져야 한다는 뜻은 아니다. 그보다
우리는 계속해서 추구해야 할 순수한 과학의 영역을 찾지 못하
는 것에 실망해야 한다.[27]

조직적 회의주의

아무런 위험 부담 없이 변덕스럽게 주장이 제기되고, 물리학적,
생물학적 세계에 대한 회의주의가 권해지기보다 방해 받는 사
회에서 사는 것을 선호할 수 있을까? 역시 답은 '그렇지 않다'
로 보인다. 복제 가능성과 반증주의가 선호되는 이유와 같다.

26. 정치적인 선택이 우선순위에 들어오는 것은 완벽하게 적절하다. 3장
에서 자세히 다루었다.
27. 이전 주장들을 보려면 Martin, Richards and Scott (1991), Collins
(1996)를 보라.

또 정당화해야 할 수도 있는 어떤 예외도 생각하기 힘들다. 또한 비판을 억압하는 것, 특히 권력에 대한 비판을 억압하는 것은 디스토피아의 특징이다.

그 밖의 형성적 열망

삶의 양식으로서의 과학에 대한 비판적 성찰에서 탄생하는 과학의 구성 요소라고 할 수 있는 추가적인 형성적 열망과 가치는 많다. 다음의 규범들을 어기는 것이 어떤 방식으로든 과학을 더 좋게 만든다는 주장은 이해하기 힘들다. 어떤 규범들은 삶 전반에서 탁월한 가치가 되지만, 과학에는 '핵심적인' 가치가 된다.

정직성과 성실성

우리는 선택적 모더니즘을 전제로 형성적 열망에 대해 말하고 있기 때문에, 정직성이나 성실성 같은 기본적인 것들을 포함시킬 수 있다. 둘 다 머튼 이론에는 없는 것이다.[28] 물론 정직성이나 성실성은 사회 전반이 기능할 수 있게 하는 너무나 보편적인 가치이기 때문에, 과학만을 형성하는 것이 아니라는 주장이 가능하다. 하지만 증거를 찾는 과정에서의 성실성, 결과를 발표하는 과정에서의 정직성은 그저 중요한 가치 정도가 아니라, 과학에 핵심적이다. 증거가 조작되거나 고의로 틀리게 보고되는 경우 과학은 아예 행해지지 않게 된다. 다른 삶의 양식은 부정직함에 의해 같은 방식으로 부정되지 않는다. 스스로 과학자라 일컫는 모든 사람이 언제나 정직해야 한다는 뜻은 아니다. 더

---

28. 이 시점에서 '선 인식론'과 매우 가까워진다. 우리가 개인의 덕에 대해 말하고 있기 때문이다. 또한 Shapin(1994)을 보라.

높은 수준의 도덕 명령이 있을 수도 있다. 루트비히 플레크 (Ludwik Fleck)는 나치 강제수용소에 갇혀서 독일군에게 바칠 효과 없는 티푸스 백신을 만들었다. 그때 플레크는 과학을 한 것이 아니었다. 전쟁을 하고 있었다.[29]

해석의 위치

과학에서 비전문가보다 전문가를 선호하고, 자연 세계에 대한 지식을 얻는 방법으로 관찰하지 않는 것보다는 관찰하는 것을 선호하면 '적절한 해석의 위치'(locus of legitimate interpretation, LLI)가 지식의 생산자와 가까워야 한다는 생각을 하게 된다. LLI는 적절한 비판자와 해석자가 있는 곳이다.[30] 과학을 예술, 특히 모험적인 예술과 비교해보자. 예술은 소비되도록 돼 있고 LLI는 소비자 또는 소비자의 대리인인 비판자가 있는 곳이다. 한편, 과학자들의 형성적인 열망은 자신의 연구를 동료 중 가장 전문가에게 평가받고 싶어 하는 것이다. 대중은 중요성 에서는 무척 아래쪽에 있다. 대중이 과학을 이해하는 것의 중요 성은 재정적, 제도적 지원 확보의 문제이지, 기술적 평가의 문 제가 아니다. 이와 대조적으로, 예술의 가치는 완전히 비평가와 대중에 의한 평가의 문제다. 거부당한 과학자가 자신의 발견을 확인받기 위해 대중에게 호소한다면, 이미 그는 과학자로 행동

29. 언제 하나의 행동이 다른 행동에 편입되는지에 대해서는 미묘한 부분 이 있다. 맨해튼 프로젝트는 전쟁이라는 행동에 편입된 과학이었다. 플레 크의 경우는 스스로 과학적인 행동을 전쟁 같은 행동에 편입시킨 것이다. 나쁜 백신을 만드는 데는 과학기술이 필요하다. 하지만 선택적 모더니즘 은 결과에는 관심이 없다. 나쁜 백신을 만든 플레크의 행동이 과학의 형성 적 열망에 부합하지 않았다면, 과학이라는 삶의 양식은 드러나지 않았을 것이다. 이 점에 대해서는 더 철학적인 연구가 필요하다. 어떤 행동이 상 충되는 생각에 기반한 다른 행동에 어떻게 편입되는지는 Collins and Kusch(1998)를 보라.
30. Collins and Evans(2007)를 보라. 이 아이디어의 기원이다.

하고 있는 것이 아니며, 당연히 과학자 집단의 불신을 받게 될 것이다. 이제 과학적 발견에 대한 대중의 환호가 전문가들의 칭찬보다 더 가치를 인정받는 사회를 생각해보자. 또다시 그것은 디스토피아다.[31]

명확성

예술가들 자신은 예술 해석에서 역할이 없다. 반면, 과학자들은 충분한 관찰 기술을 가지고 과학의 조직적 회의주의를 제공하는 특이한 존재들이다. 예술의 해석은 다양할 수 있으며 예술가의 의도는 수많은 해석을 유도하는 것일 수 있다. 때로는 해석이 많을수록 좋다. 한편, 과학자는 단 하나의 가능한 해석, 정확한 해석만이 전달되기를 열망해야 한다. 여기서 알 수 있는 것은, 다른 문화 분야와는 달리 과학에서는 명확성이 반드시 지켜져야 하는 명령이라는 것이다. 다양한 해석이 권장되는 곳에서는 모호함이 미덕이 되지만, 열망이 하나의 해석만을 낳아야 하는 곳에서는 명확성이 선호돼야 한다. 모호함은 은밀함이기도 하다. 은밀함은 조직적 회의주의의 방해물이다. 자연 세계에 대한 지식을 추구할 때 관찰과 회의주의는 미덕이라는 사실로부터, 명확성 또한 미덕이라는 결론이 나온다.[32] 여기에 아이러니

31. 여기서 덕 인식론과 우리 이론이 얼마나 거리가 있는지 알 수 있다. 우리는 과학의 대중화라는 현재의 유행이 전부 좋은 것은 아니라는 점을 알아야 한다. 과학자들은 지구의 자원 착취를 위해 얼마나 많은 노력이 이루어지며, 천문학이 과학 내부의 명령에 의한 것이 아니라 대중이 과학에 품는 환상의 결과물에 불과하다는 것을 알고 있다. 우리가 쓰는 말로는, 이는 과학의 '적절한 해석의 위치'를 예술의 적절한 해석의 위치 쪽으로 몰아가는 것이다.

32. 조지 오웰은 모호성은 일상적이고 순간적으로 그 하수인들을 시켜 대량학살 같은 폭력을 계획하고 드러냄으로써 파시즘을 강화한다고 말했다 (Orwell, 1946). 현대의 인문학과 사회과학은 모호한 것으로 악명 높다. 마사 누스바움은 모호성이 신비스러운 카리스마와 추종자 집단을 만들어

란 없다. 과학은 과학적 주장을 적절하게 평가해줄 유일한 집단이 소수의 엘리트라는 것을 알면서도 최대치의 명확성과 접근성을 추구해야 하기 때문이다. 예술가들이 그들의 예술을 적절하게 평가해줄 사람들은 대중이라는 것을 알면서도 모호함이나 다양한 해석을 추구하는 것과 비슷한 맥락이다.

하지만 명확성은 그 자체가 미덕이다. 어떤 사회가 더 선호할 만한지 생각해보자. 관찰 가능한 세계에 대한 지식을 제공하는 사람들이 자신들의 주장이 모호해야 한다고 하는 사회인가, 명확해야 한다고 하는 사회인가? 명확성을 권장하는 사회가 미덕이 있는 사회이며, 모호함과 미스터리를 권장하는 사회는 디스토피아에 접근하는 사회라는 것은 분명하다.

개인주의

우리가 알고 있는 과학의 또 다른 특징은 개인주의이다. 원칙적으로 한 개인이 자연과 대화를 시작할 수 있고 나머지 사람들보다 더 분명하게 들을 수 있어야 한다는 것이다. 이는 관찰이 열쇠가 되고, 어떤 사람들은 관찰하기 더 좋은 위치에 있거나 더 나은 관찰자라는 사실로 알 수 있다. 과학자는 원칙적으로 다른 모든 사람들이 임금님의 말을 믿고 태양이 지구 주위를 돈다고 생각해도, 임금님이 벌거숭이라는 것, 지구가 태양 주위를 돈다는 것을 인정할 준비가 돼 있는 사람이어야 한다. 1979

내지 않고, 주장의 본질로부터 관심을 멀어지게 만드는 과정을 설명했다 (Nussbaum, 1999). 주디스 버틀러는 누스바움의 주된 공격 대상이다. 누스바움은 프랑스 포스트모더니즘은 모호한 언어를 정치적 전복의 수단으로 사용했다고도 주장했다. 이에 대해 버틀러는 모호한 글쓰기를 상식과 그 언어에 내재한 권력 관계를 수용하기를 거부하는 방법으로 정당화한 것으로 보인다(Butler, 1999). 이 책에서 우리는 파시즘을 강화할 생각도 없으며 전복적일 생각도 없다. 실제로 오웰처럼 우리는 서구 사회에서 가치가 있는 것을 지키려고 한다. 따라서 우리는 명확해야 할 것이다.

년에 토머스 쿤은 『본질적 긴장』(*Essential Tension*)에서, 과학에서는 개인이 강력한 다수에 맞설 권리가 있다고 생각하지만, 그럼에도 과학은 강력한 다수에 의해 지탱된다는 사실을 포착했다. 다시 대안을 생각해보자. 관찰 가능한 사물에 대한 개인의 주장이 다수의 생각과 충돌한다고 해서 고려조차 되지 않는 사회를 상상해보자. 또다시 디스토피아다. 쿤이 암시하듯이, 과학자 한명 한명의 생각이 똑같이 심각하게 받아들여진다면 그 또한 디스토피아다.[33]

연속성

과학은 영역 안에서 연속적이지, 불연속적이 아니다. 과학적 방법은 어디서든 동일하다는 주장을 담고 있는 그 옛날의 '통일과학' 테제를 말하는 것이 아니다. 방법은 주제에 따라 다르다. 사회과학이 자연과학과는 매우 다른 방법을 쓴다는 것은 뒤에서 설명할 예정이다. 하지만 형성적 열망과 여기서 설명한 삶의 양식의 특징 면에서는 과학의 모든 분야에 통일성이 존재한다. 하지만 이것도 우리가 말하는 형성적 열망 중 하나로서의 '연속성'은 아니다. 여기서 중요한 것은 과학의 영역에서 독창성이 주장되는 경우, 그것은 가치를 인정받는 기존 과학과의 단절이 아니라는 것이다. 새롭고 근본적으로 다른 것을 발견하는 과학자의 목표는 과학자 사회에서 다른 사람들을 설득해 이해하게 하고, 기존의 과학자 사회에 그 발견을 흡수시키는 것이다. 과학에는 근본적인 불연속성이 있다는 사실을 알고 있지만—토머스 쿤의 패러다임 이론이 이 사실을 가장 잘 보여줬다.—과학자들은 과학자로서 새로운 아이디어가 수용되는 데 필요한 변화를 최소화하려고 노력한다. 과학자들은 새로운 사회를 만들기보다

---

33. Collins, Bartlett and Reyes-Galindo(2016)를 보라.

는, 기존의 제도들을 최대한 많이 보존하길 원하며 자신들의 아이디어가 기존 과학자 사회의 찬사를 듣기를 원한다. 새로운 사회는 어쩔 수 없이 만들어지는 것이며, 기존 세력의 단호한 저항을 감내해야 한다. 이 점이 급진적인 변화를 달성하는 것을 본질로 삼는 정치 혁명가들의 목표와 완전히 다른 점이다. 세계를 관찰한다는 면에서 누구의 생각이 더 선호될까? 근본적으로 새로운 관찰이 과학과 들어맞고 과학의 기존 절차에 의해 유효성이 확인된다고 주장하는 사람일까? 과학의 절차와 기존 지식의 대부분이 뒤집혀야 이해될 수 있다고 주장하는 사람일까? 정답은 분명하다. 사람들이 별 문제 없이 지내는데도 혁명이 계속되는 사회는 안정성이 없을 것이다.[34]

개방성

과학은 절대 끝나지 않았다. 모든 과학적 주장은 반증 가능하며, 반증된 상태인지도 모른다. 과학 연구는 영원히 계속된다. 누구의 의견이 더 비중 있게 들릴까? 자신의 주장이 과학의 종말을 말해준다는 사람일까, 당분간 할 수 있는 최선은 이것이라고 말하는 사람일까? 다시 한번, 답은 자명하다.[35]

일반성

과학자들은 일반성을 가치 있게 여긴다. 어떤 주장의 적용 범위가 넓을수록 검증이나 반증이 쉬워진다. 사회과학의 사례 연구는 한 사례의 어떤 특징도 다른 사례들에 일반화할 수 없다. 따라서 그 사례를 연구하지 않은 사람에 의해서는 확인될 수 없다. 하지만 과학자들에게 이 의무는 특정 사례에 대한 다채롭고

---

34. 과학의 '주변부'를 특징짓는 '병적인 개인주의'에 대해서는 Collins, Bartlett and Reyes-Galindo(2016)를 보라.
35. 그리고 다시 한번 지적 설계론을 되짚어보라.

상세한 기술에 의해 간단하게 면해진다. 연구가 비판을 받게 하려면 비슷한 사례들에 적용되는 특정 사례의 특징을 기술하는 것이 훨씬 낫다. 일반적으로 주장의 적용 범위가 넓을수록 과학적인 가치는 높아진다.

전문성

과학의 기본적인 특징은 전문성에 주어지는 높은 가치다. 과학자들은 자신의 분야에서 최대한 전문가가 되는 것과 전문가들의 의견에 특별한 비중을 두는 것을 열망한다. 이 열망은 현실에서 구분하기는 쉽지 않지만, 전문가들의 권위를 보여주는 위치가 아니라, 전문가들이 할 수 있는 일로 그들을 평가하는 것이다. 이런 평가는 물론 과학의 적절한 해석의 위치와 관련돼 있다.

논리적 기계와 삶의 양식으로서의 과학

뒤의 표 2-2는 우리가 말했던 것들의 많은 부분을 요약해놓은 것이다. 처음 네 줄은 논리적 기계로 생각되는 과학과 삶의 양식으로 생각되는 과학의 일반적인 차이점을 설명하고 있다. 맨 위에서부터 보면, 초기 과학철학과 과학사회학은 과학이라고 부를 수 있는 구별되는 무엇인가가 있었다면, 그것은 깊고 안정적인 기초를 분명히 가졌을 것이라고 생각했다. 반면, 선택적 모더니즘은 도덕적인 선택과 전문가에 대한 선호가 얇은 것이라 생각한다면, 과학을 굳건하게 방어하는 것은 기초가 얇다고 주장한다. 전통적인 과학철학은 너무도 쉽게 사실 확인이나 발견을 과학의 목적으로 만들었으며, 확인된 사실에 대한 합의를 과학의 일부분이 제대로 실행되었는지 아닌지를 나타내는 지표

표 2-2. 선택적 모더니즘의 과학

	과학의 논리	삶의 양식으로서의 과학
1	뿌리 깊은 정당화	뿌리가 얕음
2	진실	전문성
3	사실	접근 방법과 규범
4	올바른 결정	최선의 결정
5	관찰	**관찰**
6	입증／복제 가능성	**입증／복제 가능성**
7	반증	**반증**
8	보편주의	**보편주의**
9	불편부당성	**불편부당성**
10	비판에 대한 개방성	**비판에 대한 개방성**
11		정직성과 성실성
12		적절한 해석의 위치
13		명확성
14		개인주의
15		연속성
16		개방성
17		일반성
18		전문성의 가치

로 삼았다. 반면, 선택적 모더니즘은 사실과 발견이 아니라 접근 방법이 과학의 열쇠라고 여긴다. 일이 수행되는 방법이 발견된 것보다 우리 사회에 더 핵심적이라고 생각한다. 공적 영역에서 과학과 기술이 의사 결정에 편입되는 경우, 전통적인 철학은 올바른 결정을 추구했다. 반면, 선택적 모더니즘은 정치의 속도가 과학을 기다리기에는 너무 빠르며, 목표는 장기적으로는 옳

지 않은 것으로 밝혀진다고 해도 할 수 있는 최선의 결정을 내리는 것이라는 것을 인지한다.

표 2-2의 다섯째 줄부터 나오는 두꺼운 글씨체 항목들은 과학의 논리에서 온 요소들이 어디서 더 부드러운 삶의 양식의 요소로 치환되는지 보여준다. 이런 치환을 일으킨 것은 제2의 물결 과학학이다. 표의 아래 몇 줄은 선택적 모더니즘과 제3의 물결 과학학에서 추가된 새로운 요소들을 보여준다.

최소한 일부 독자들에게라도 우리가 주고 싶은 자극은 선택적 모더니즘이 저자들에게 준 자극과 동일한 것이다. 안도감이다. 우리는 과학의 형성적 열망이 기준으로 삼기에 좋은 것이라고 항상 생각해왔다. 하지만 지난 반세기 동안의 과학학 연구는 왜 그런지를 설명하기 불가능하게 만들었고, 그렇다고 말하는 것조차 난처했다. 문제는 이상화되고, 논리적으로 보이고, 완전히 냉혹한 과학의 모델과 1960년대 전후부터 부상한 풍부한 설명 사이에서 선택을 해야만 했기 때문에 발생했다. 두 번째 전통에 몰입된 사람들조차 의학, 지구 온난화 등을 포함하는 어려운 문제들이 표면화되는 경우에는 그 전통이 가진 위험 요소들을 감지했다.[36] 불행히도, 유일한 대안은 오래되고 무분별한 과학에 대한 찬양밖에는 없어 보였다. 선택적 모더니즘 아래서 우리는 좀 느슨해질 수 있다. 형성적 열망은 비록 현실에

---

36. 콜린스와 에번스의 '제3의 물결' 논문이 나온 지 2년 후인 2004년, 예술과 인문학 분야에서 제2의 물결의 상징적인 인물 중 한 명인 브뤼노 라투르가 지구온난화에 대한 우려를 표명했다. 「비평은 왜 동력을 잃었는가?」(Why Has Critique Run Out of Steam?)라는 논문에서 그는 다음과 같이 썼다. "과학학으로 알려진 이 분야를 만들어내는 데 내가 참여한 것이 잘못인가? 우리의 의도를 잘못 표현했다고 말하면 충분한가? 당신의 의사와 상관없이 지구온난화가 사실이라고 말하는 것이 왜 입을 타게 만드는가? 왜 그 논쟁이 영원히 종결됐다고 말해버릴 수 없을까?"(Latour, 2004: 227)

선택적 모더니즘

서 완전히 실행될 수 없다고 해도 좋은 것이다. 실제로, 사회적 실천으로서, 형성적 열망은 이런 식으로 결코 실현되지 않는다! 이제 우리는 철학적인 법칙을 충분히 비판하고 과학지식사회학을 충분히 받아들이면서 그 열망을 지지할 수 있다. 형성적 의도는 그 자체로 좋은 것이며 낡고, 이상화되고, 완전히 냉혹한 과학이 배제될 때도 계속해서 좋은 것으로 남을 것이다.

까다로운 문제: 과학이 효과가 없을 때 방어하기

진지한 마음으로 도덕적인 선에 기대 과학을 방어하고자 한다면, 과학이 유용성이 없을 때도 방어할 수 있다는 것을 보여줘야 한다. 결정을 내리기 위해 조언을 구한다고 하면, 자신이 무슨 말을 하는지 알고 있는 사람들의 조언을 선호할까, 모르고 있는 사람들의 조언을 선호할까? 답은 자명해 보인다. 알고 있는 사람들의 조언을 선택한다. 하지만 사실 좀 복잡하다. '자신이 무슨 말을 하는지 알고 있다'는 표현은 많은 경우 대충 판단이 정확할 것 같다는 의미다. 하지만 여기서 우리는 그 표현을 글자 그대로의 뜻으로 쓰고 있다. 자신이 무슨 말을 하는지 알고 있는 사람은 문제가 되고 있는 것에 대해 알게 되기까지 공부를 했거나 많은 시간을 쓴 사람이다. 그런 사람은 문제가 되고 있는 것과 오랫동안 밀접한 관계를 맺었다는 의미에서 '알고' 있는 것이다. 그 사람은 사람들과 친해지는 방식으로 문제가 되는 것과 친해진다. 그 사람은 관찰 가능한 것이 문제인 경우 사물에 대한 관찰을 해왔던 사람이다. 하지만 그렇다고 해서 그 사람의 판단이 언제나 옳을 것이라는 뜻은 아니다. 남편은 아내를 알지만, 아내에게 애인이 있다는 것을 알면 놀랄 수 있다. 운전자는 도로 경험이 많을 수 있지만, 그래도 사고를 부르는 실수를 할 수 있다. 부동산 투기꾼은 집값 상승에 대해 잘 알고 있겠지만, 자신이 마이너스 자산 상태에 빠진 것을 모를 수도 있다. 무슨 말을 하고 있는지 안다는 것이 옳은 판단을 내리게 해주지는 않는다. 그건 주제에 대해 더 익숙하다는 뜻일 뿐이다. 익숙함이 옳음과 같다고 하면 전문가들은 절대 동의하지 않을 것이다.

모든 전문성이 평준화돼서 어떤 문제에 대해서도 모든 사람의 의견이 다 똑같이 좋다고 여겨지는 사회는 어떤 모습일까? 그런 사회는 디스토피아일 것이다. 상상해보자. 무엇인가를 알고 싶을 때, 아무나 물어볼 사람을 고른다. 더 가치 있거나 가치가 덜한 의견을 가진 사람이 있을 거라는 생각은 들지 않는다. 무엇이든 물어볼 사람을 고르려면 무작위로 하면 된다. 백과사전도 없고, 아마 책도 없을 것이다. 정보의 소스라는 개념이 없을 것이기 때문이다. 그것이 첫 번째 제안이다. 두 번째 제안은 계량경제학이라는 불확실한 과학을 예로 이용해 제안을 적용하는 것을 포함한다.

인플레이션율, 실업률 등에 대한 계량경제학적 예측은, 에번스의 『거시경제학적 예측』(*Macroeconomic Forecasting*, 1991)에 나와 있듯이, 상당히 부정확하다는 것이 알려져 있다.[37] 이 예측은 다른 분야에도 많이 적용되지만 대부분 믿을 만하지 않다. 어쨌든 우리는 이런 종류의 예측을 간단히 '계량경제학'이라고 부를 것이다. 앞에서 말한 것들을 고려해보면, 계량경제학자들도 옳은 말을 하지는 않을 것 같다. 하지만 우리가 계량경제학자들의 조언을 그냥 길거리에 지나다니는 사람의 의견보다 더 높게 평가하지 않는다면 세상은 어떻게 될까? 우리가 대학에서 이듬해 경제 성장 예측을 중심으로 한 인플레이션율과 실

---

37. Evans(1999)를 보라.

업률 예측에 대한 세미나를 연다고 하자. 누구를 강연자로 초청해야 할까? 계량경제학자들은 일반적으로 강연료가 비싸고 교통비까지 챙겨줘야 할 것 같다. 그러면 문 앞에 지나가는 첫 번째 사람을 초대해서 얘기를 들으면 안 될까? 우선, 길거리에 지나다니는 사람이 계량경제학자보다 예측을 더 못할 가능성이 높다고 하더라도, 학술 세미나라는 제도를 포기하는 것은 사회를 와해시키는 작업의 시작임을 이해할 수 있다. 의견의 비중이 의견을 가지고 있는 사람—자신이 무슨 말을 하고 있는지 아는 사람이라면—의 전문성에 비례해 높아지지 않는 사회는 선진국과 개발도상국 들의 제도와 절차와는 전혀 다른 제도와 절차를 갖게 될 것이다. 그러므로 길에 지나다니는 사람보다 계량경제학자의 내년 인플레이션율에 대한 이야기를 더 열심히 듣는 것은, 계량경제학자가 틀린 얘기를 한다고 해도, 좋은 일이다. 듣는다는 것은 과학적 가치의 중요성을 인정하는 것이며 전문성의 제도 전반을 보존하는 것이다.[38] 두 번째로, 다른 사람이 아닌 계량경제학자들로부터 내년 경제에 대해 계속해서 들음으로써, 우리는 그들을 소중하게 생각하게 되며, 그들이 직업인으로 살아갈 수 있는 가능성을 높여주고 있다. 그렇게 계속하다 보면 언젠가 그들은 지금보다 더 믿을 수 있는 존재가 될 가능성이 높아진다. 우리가 그들을 쓸어버리면 성공적인 계량경제학은 존재할 수 없게 된다.[39] 물론 이것이 선택적 모더니즘을 위한 근본적인 주장은 아니다. 선택적 모더니즘은 판단 기준으로

38. 경제 예측에 적용되는 전문성의 종류와 예측자들을 고객들이 어떻게 보는지에 대해서는 Evans(2007)를 보라.
39. 이 주장은 넬슨 굿먼(Nelson Goodman)의 『예술의 언어』(*Language of Art*)에 나온다. 이 책에서 그는 우리가 그럴 능력이 없다고 해도 왜 가짜 예술품과 진품의 차이를 유지시키고 싶어 하는지를 설명하고 있다. 이 둘의 차이점에 주목해보자. 이 주장은 Collins and Evans(2007)에도 실려 있다.

서의 과학적 유효성을 거부하기 때문이다. 하지만 제2의 수단을 확보하려고 하는 사람들에게는 좋은 판단 기준이 될 수 있을지 모른다. 물론, 경제를 더 잘 예측하는 경쟁 전문가 집단이나, 계량경제학자들의 예측 능력을 개선해줄 수 있는 전문가 집단이 있을 수 있다. 인간 행동의 더 넓은 측면을 분석하는 사람들이 이 역할의 후보나. 하시만 이것은 계량경제학이 과학으로서 스스로 개선될 수 있는 방법 중 하나를 짚어주는 것일 뿐이다. 전문가들이 능력 면에서 결코 우리를 만족시킬 수 없다고 믿게 돼서, 전문가 집단을 포기해야만 하는 때도 있는 것이 사실이다. 예를 들어, 연금술사들은 그런 식으로 사라졌다. 중요한 점은 이런 경우 대부분, 우리가 포기한 집단들은 길거리에 지나가는 사람들이 아니고, 다른 전문가 집단에 의해서 대체돼야 한다는 사실이다.

이 주장의 어려운 점은, 경제 예측을 포함한 예측들에 관해서 자신이 무슨 말을 하고 있는지 아는 사람들의 집단이 서로 경쟁하는 경우가 많다는 것이다. 점성술사들이 그 예다. 점성술사들은 전문가들이다. 여기서 사용하는 표현으로는, 그들은 무슨 말을 하는지 알고 있는 사람들이다. 경제 점성술사(그런 것이 있다고 가정한다면)는 행성과 별자리의 위치를 살펴 경제학적인 결과를 예측하는 법을 알고 있을 것이다. 경제학적인 결과를 예측하기 위해 이런 사람들을 선택하지 않고 어떻게 계량경제학자들을 선택하게 되는 것일까? 길거리에서 아무나 선택하지 않는다고 해도, 내년 인플레이션율을 예측하기 위해 계량경제학자 대신에 점성술사를 왜 선택하지 않는 것일까? 점성술사는 전문가다. 그리고 우리가 인플레이션율과 실업률을 예측하는 현재의 계량경제학자에 대해 얘기하고 있다는 것을 감안한다면, 점성술사들은 과거 실적이 좋고 계량경제학자들보다 예측을 더 못하지 않는다고 말할 수 있다. 답은—우리가 점성술

선택적 모더니즘

사가 아닌 계량경제학자를 선택하는 이유는—표 2-2 다섯째 줄부터 나오는 과학의 특징을 실현시키고자 하는 열망이 과학 전문가들에게는 있기 때문에 우리는 그들을 선호한다는 것이다. 계량경제학자들이 배타주의보다는 보편주의에, 개인적 이익의 추구보다는 불편부당성에 충실하다는 것을 우리는 알고 있다. 그들은 비판으로부터 자신을 보호하는 것보다는 조직적 회의주의를 지지한다. 그들은 드러냄보다 관찰을 신뢰한다. 그들은 자신들의 발견을 절대적인 것으로 발표하기보다는 주장이 어떻게 반증될 수 있는지 기꺼이 서술할 것이다. 그들은 대중의 찬사보다 계량경제학자들의 비판을 더 가치 있게 여길 것이다. 명확성이 모호함보다 낫다고 생각할 것이다. 그들은 집단적 합의를 유지하려고 노력하면서도, 그들 학문의 주류 밖에 개인들이 설 수 있는 공간을 허용할 것이다. 그들은 자신들의 학문 분야에서 이루어진 기존 연구와 자신들의 연구를 연속적으로 만들기 위해 노력할 것이다. 그들은 그들의 과학이 개방적인 것을 허용할 것이며 전문성을 가치 있게 여길 것이다. 불행히도, 모든 계량경제학자들이 이 모든 열망을 공유하는 것은 아니다. 게다가, 이런 열망 중 일부를 공유하는 점성술사들도 있다. 하지만 우리가 이런 가치들에 충실한 사람들의 조언을 원한다면, 점성술사들보다는 계량경제학자들로부터 우리가 원하는 것을 얻을 가능성이 훨씬 높다. 경험적 연구를 했을 때 그렇지 않은 것으로 밝혀지면, 그때는 계량경제학이 수정돼야 할 것이다. 우리의 주장은 기술적인 만큼 규범적이기도 하다는 것을 기억해야 한다.

물론 우리는 이런 가치들에 충실하지 않은 계량경제학자들이라면 피해야 한다. 다시 말하면, 선택적 모더니즘 아래서 계량경제학자와 점성술사 사이에서 선택을 하는 근본적인 이유는 무엇보다도 그들의 성공 가능성이 아니라 전문가 집단을 구성하는 사람들의 가치에 의존한다. 그리고 그 가치는 그들의 성공으로 정당화될 수 없다. 현재의 계량경제학에는 성공이 없기 때문이다. 기초가 얇더라도 이 선택이 확실한 이유다. 내년의 인플레이션율을 맞추지 못하는 것은 점성술사와 계량경제학자가 비슷하겠지만, 점성술사가 아닌 계량경제학자를 계속 선택할 수 있는 것은 선택적 모더니즘에서만 가능하다.

중간 결론

지금까지 우리는 두 가지를 이루려고 노력해왔다. 첫째는 기술적 측면의 '내재적 정치'가 어떤 의미를 가지는지 더 자세하게 구체화하는 것이다. 내재적 정치는, 전문가들이 우리가 설명한 가치들에 충실하면서 그들 간의 차이점을 해소하기 위해 노력한다는 뜻이다. 이 말은, 논쟁은 관찰과 이론을 참조함으로써 해소되는 것이며, 특정 결과가 미치는 영향이나 그 결과의 바람직함 여부에 관한 논쟁에 의존하는 것이 아니라는 것을 뜻한다. 만약 그렇지 않다면 정치적인 관심을 외부적인 것으로 만들고 '과학적으로' 행동하기를 그만두는 것을 의미할 것이다.

둘째는 훨씬 더 중요한데, 이런 가치가 좋은 가치라는 것을 입증하는 것이다. 관찰 가능한 것과 관련해서는 우리는 모두 과학 전문가들의 의견과, 다른 모든 종류의 전문가들과 비전문가들의 의견에 우선해 과학 전문가들의 가치를 공유하는 사람들을 선호해야 한다. 우리는 자신이 무슨 말을 하고 있는지 아는 사람들의 의견을 선호해야 하며, 또한 과학의 형성적 열망을 따르면서 자신이 무슨 말을 하고 있는지 알게 된 사람의 의견을 선택해야 한다. 이러한 선택은 그 밖의 다른 모든 선택이 디스토피아적 특성을 갖고 있기 때문에 이루어진다. 이것이 선택적 모더니즘의 의미다.

제3장
선택적 모더니즘, 민주주의 그리고 과학

선택적 모더니즘은 도덕적 선택에 기초를 두고 있으며 그 시도는 도덕적 선택이 좋은 선택이라는 것을 보여주기 위해 이루어져왔다. 이 장에서는, 공적 영역에서의 기술적 의사 결정이 가지는 '정치적인 측면'의 모델을 설명함으로써 선택적 모더니즘이 과학과 사회의 관계에 미치는 영향을 살펴볼 것이다. 이를 위해 먼저 선택적 모더니즘의 '범위', 즉 그것이 어떤 종류의 문화적 활동에 영향을 미치는지를 짚어볼 예정이다. 우리는 그 범위가 매우 제한적이라고 주장한다. 다음으로는, 선택적 모더니즘이 문화적 범위는 제한적이지만, 정치적 범위는 그보다 덜 제한적이라는 주장을 펼칠 것이다. 선택적 모더니즘은 민주적인 사회의 속성에 대해 할 말이 있고, 민주 사회에 제공할 것이 있기 때문이다. 이 마지막 주장을 하기 위해 우리는 과학과 사회의 관계를 다루는 새로운 법적 제도를 만들어냈다. 이 제도는 이런 생각들을 반영하고 기술적 측면과 정치적 측면이 조화를 이룰 수 있는 방법을 예시하는데, 그 이름은 '부엉이들'(the owls)이다.

선택적 모더니즘의 범위

선택적 모더니즘은 관찰 가능한 것들의 영역에서 이루어지는 과학을 지지하지만, 그것이 중심적인 생각은 아니다. 그 범위가 관찰 가능한 세계라는 것이다. 예를 들어, 선택적 모더니즘은 미학에 대해서는 할 말이 없다. 예술에서는 일을 하는 방법과 판단하는 방법이 다르기 때문이다. 종교가 관찰 가능한 것들에 영향을 미치는 주장을 하지 않는 한 종교에 대해서도 할 말이 없다. 따라서 과학과 종교가 창조와 진화를 두고 충돌할 때, 선택적 모더니즘은 과학을 선택한다. 선택적 모더니즘의 원칙들은 가장 정교한 형태의 창조론 및 지적 설계론과도 공존할 수 없기 때문이다. 지적 설계론은 앞 장에서 살펴본 과학의 형성적 열망 중 최소 네 개를 충족시키지 못한다. 반증 가능하지 않으며, 절대자가 궁극적인 정답이기 때문에 개방적이지 않으며, 관찰보다는 모호한 책과 계시에 뿌리를 두고 있으며, 전능한 창조자의 힘을 언급함으로써 자연적 원인에 의존하는 현재의 과학적 설명과도 연속성이 없다. 그렇다면 진화에 대해서 누구의 의견이 가장 중요할까? 반증 가능성, 관찰과 개방성에 따라 행동하기를 열망하는 사람일까, 그렇지 않은 사람일까? 과학을 선호한다면, 답은 분명하다. 자연 세계에서 관찰할 수 있는 것을 이해하는 방법으로 비과학을 선호할 경우에만 지적 설계론이 더 좋은 선택일 것이다.

하지만 선택적 모더니즘은 새로운 종교가 아니다. 설령 우주에 관한 생각일지라도, 우리의 모든 생각이 과학의 방패 뒤로 숨어야 한다고 강요하지 않는다. 과학의 법칙과 우주 자체가 창조자에 의해 만들어졌을 수 있다는 생각은 선택적 모더니즘과 공존할 수 없는 것은 아니다. 인간이 죽은 후에 영혼이 천국에 간다는 생각도 선택적 모더니즘과 공존할 수 없는 것은 아니다. 창조자가 선하다는 생각도 선택적 모더니즘과 공존할 수 없는 것은 아니다. 선택적 모더니즘은 이런 것들에 대해 할 말이 없을 뿐이다. 이런 것들은 관찰의 문제가 아니기 때문이다. 선택적 모더니즘은, 과학자들이 과학자로서, 반복 가능하고 관찰 가능한 결과가 존재할 때를 제외하고는, 정신적인 것(또는 예술과 그와 비슷한 것)과 관련이 있는 것들은 입증하거나 반증하려고 해선 안 된다고 말한다. 이런 의미에서 선택적 모더니즘은, 관찰이 불가능한 것은 의미가 없는 것이라고 생각하는 논리실증주의나 많은 다른 종류의 실증주의와는 거리가 멀다.[1] 이런 것들 중 하나에서라도 관찰 가능한 결과가 발견된다면 선택적 모더니즘과 과학적 연구의 선호 대상이 될 것이다.

따라서 선택적 모더니즘은 정신적인 문제들을 관찰 가능한 것으로 만들려 하는 사람들을 반대하지 않는다. 통제된 조건 아래서 죽은 지 얼마 안 된 사람이 메시지를 보낼 수 있는지 확인해 사후세계가 있는지 알아보려고 하든, 침대에서 쉬고 있는데 옷장 위에 놓은 암호가 보이는 유체이탈 경험을 시도하든, 카드로 미래를 읽어내려고 하든, 무작위로 번호를 뽑아 염력을 시험하려고 하든, 안 될 것이 뭐가 있겠는가? 이런 실험들은, 우리 경험에 비추어보면, 실패할 것이 거의 확실하다. 또 겉으로 그럴듯한 결과가 나온다고 해도 사람들이 설득되지 않을 것은 더더욱 확실하지만 과학적인 무언가가 진행되고 있을지도 모른다. 과학자가 이런 실험을 해서는 안 된다고 말하는 것은 관찰 가능한 세계의 한계가 이미 정해져 있으며, 모든 종류의 설명이 이미 다 알려져 있고, 우주의 구성물들은 마지막으로 그 수가 다 파악됐다고 말하는 것과 같을 것이다. 이 모든 것은 개방성이라는 형성적 열망에 위배되는 것이다. 선택적 모더니즘이 주장하는 것은, 이런 것들이 연구되려면 과학의 형성적 열망에 따라 연구돼야 한다는 것이다. 초과학적인 현상을 믿는 사람과 회의적인 시각을 가지고 있는 사람들 어느 쪽에나 사기꾼들이 있다. 그들은 과학 연구의 중심에 있는 얼마 되지 않는 순진한 사람들을 장막으로 둘러싼다. 이들은 존중해주면 안 된다.

1. Halfpenny(1982)는 실증주의의 10여 가지 의미를 설명했다.

하지만 순수한 사람들은 그들의 연구가 아무리 희망이 없다고 해도 존중받아야 한다.

선택적 모더니즘이 초과학적인 현상에 대한 연구를 반대하지 않는다는 것이 그 연구를 적극적으로 장려한다는 뜻은 아니다. 종류에 상관없이, 과학적 연구를 장려하거나 좌절시키는 것은 선택적 모더니즘이 하는 일이 아니다. 선택적 모더니즘의 목적은 기술적 결정이 이루어지는 과정에서 과학적 조언 및 다른 전문가 조언이 어떻게 비중을 평가받고 사용돼야 하는지 어느 정도 방향을 제시해주는 것이다. 이 책의 나머지 부분에 나올 주장은, 실제적인 정책 문제와 관련해서는 초과학적 문제에 대한 실험들이 무시돼야 한다는 것이다. 이런 실험들은 이미 '유통기한'이 지난 지 오래됐기 때문이다. 초과학적인 것은 그 소재를 제대로 통제한다는 것을 보여주지 못하면서도 아주 오랫동안 흥행하면서 돈을 벌어왔고, 정책 결정자들이 진지하게 고려해야 하는 목록에서 사라졌다.[2]

정책 명령(policy imperative)은 과학적 명령과 다르다. 따라서 정치적 측면은 기술적 측면과 달라야 한다. 과학과 정치는 연결돼 있기는 하지만 서로 바꿀 수 있는 것이 아니다. 정책적 명령은 훨씬 더 범위가 좁으며 개방성에 충실해야 할 필요가 없다. 결정은 상대적으로 빠르게 이뤄져야 하고, 속성상 일단 이루어지면 종결되기 때문이다. 하지만 정책이 종결된다고 해서 과학도 종결돼야 하는 것은 아니다. 의미는 이렇다. 공적 자금이 할당될 때, 정책 결정자들이 당연하다고 여기게 된 과학은 더 이상 우선순위가 아니라는 것이다. 다른 사람들은 우선순위가 다를 수 있으며, 그런 연구에 사적으로 자금을 지원할 수도 있다. 그건 완전히 그들의 선택이다. 이상한 것들을 관찰 가능

---

2. 또한 Collins, Bartlett and Reyes-Galindo(2016)를 보라.

선택적 모더니즘

하게 만드는 생각을 하거나, 다른 모든 사람들이 가치가 없다고 판단해 포기한 것을 계속 붙잡고 있는 사람들을 과학자들이 공격할 이유가 없다. 과학자들이 그들을 공격하는 것은 관찰이 불가능한 결과를 가진 사이비 종교의 믿음에 일상적인 과학이 의존한다고 오해를 받을 때다. 사이비 종교의 믿음은 과학이 모든 현상을 설명할 능력이 있거나, 모든 가능한 설명이 이미 준비가 돼 있다는 믿음이다. 이런 공격을 하는 사람들은, 종교 간의 경쟁에서처럼, 과학은 경쟁하는 사고 체계가 없어져야 생존할 수 있다는 생각을 하는 것으로 보인다. 이것은 선택적 모더니즘과는 거리가 멀다. 소수의견을 가진 사람과 어디에도 속하지 않는 사람들이 존재하지 말아야 할 이유는 없다. 사실, 그런 사람들이 존재한다는 것은 과학이 건강하다는 것을 보여준다. 주류 과학자들과 정책 결정자들은 그런 사람들을 무시하면 된다. 그들을 공격할 필요는 없다. 공격의 필요를 느끼는 사람들은 자신들이 과학의 가장 강력한 지지자라고 생각하지만 실은 과학의 가치들에 충실하지 않고 과학을 배신하는 사람들이다. 물론 가상의 위험에 대한 공포를 이용해 의학 논쟁을 벌이는 사람들을 포함해, 사람들을 현혹하는 이단아(maverick)에는 대처해야 할 필요가 있다. 하지만 그건 소통을 개선해서 해결해야 할 정책적 문제이지, 데이터가 더 필요한 과학적 문제가 아니다. 위의 방법 중 어느 것도 성실성이 없는 과학자들의 문제에 대해서는 언급하지 않고 있다. 그들에게는 가능한 모든 방법을 동원해 대처해야 한다.

사회과학

사회과학은 적절한 과학인가? 그렇다. 최소한 특정한 방법으로 수행된다면 그럴 수도 있다. 특정한 방법이 과학을 정의한다고 흔히 생각되지만, 그건 그렇지 않다. 단 하나의 방법이라는 것은 없다. 복수의 과학적 방법이 존재할 뿐이다. 하지만 앞의 장들에서 열거된 과학의 형성적 열망들이 있으며, 사회과학자들이 그 열망들에 충실할 때 그 열망들은 과학을 이루게 된다. 그렇게 말한다면, 자연과학과 사회과학의 방법들은 크게 다르다. 수학적 분석이 과학의 본질이라는 말은 사실이 아니다. 수학이 물리학의 본질이라는 말은 더더욱 사실이 아니다. 과학적 방법이 반드시 '객관적'이어야 한다는 말도 사실이 아니다. 필요한 것은 관찰이 반복과 반증 등이 가능해야 한다는 것뿐이다. 따라서 사회학에서 완벽하게 좋은 분석 방법은 '참여자 이해'다.[3] 목표는 인간의 집단에서 일어나는 일들의 암묵적인 방식, 즉 삶의 양식을 이해하는 것이다. 이것은 자연과학자들은 쓸 수 없는 '주관적인' 방법이다. 원자나 세포를 이 방법으로 이해할 수는 없기 때문이다. 하지만, 심지어는 물리학에서도 모든 관찰은 처음에는 주관적이다. 누군가는 뇌와 몸을 써서 단위를 읽어야 한다. 물리 실험에서, 읽어야 할 데이터는 처음에 금속과 플라스틱에 새겨져 있다. 반면, 사회과학의 경우에는 읽어야 할 데이터는 사회적 존재의 집단적 뇌와 몸에 새겨져 있어서 특별한 종류의 '단위 읽기'를 해야 한다. 그럼에도 이런 이중적으로 주관적인 방법을 사용한 결과는 사회에 대한 일반화가 되며, 결과가 충분히 일반적이고 명확한 형태로 기술되기만 하면 그 결과는 다른 사람들이 같은 방법을 써서 확인할 수 있다. 다른 사람들이 같은 결과를 못 얻는다면 뭔가 잘못된 것이다.[4] 처음 관찰 결과가 주관적인 것에 의존한다고 해도 그것이 현재 진행되

3. Collins(2007)는 수학이 집단적인 수준에서는 물리학의 핵심을 이루지만 물리학자의 일상생활에는 중요하지 않다는 것을 보여준다. Collins(1984)는 과학으로서의 참여자 관찰, 이해에 대해 설명했다.
4. 특정한 상황의 특정 조건들을 기술하는 것 이상의 일을 한다고 자부하는 이런 종류의 민족지학 또는 인류학은 과학이 아니다. 결과가 반복될 만큼 일반적이지 않기 때문이다.

선택적 모더니즘

고 있는 과학이다. 다시 말하면, 자연과학과 사회과학은 방법 면에서 근본적으로 크게 다르지만, 원칙 면에서는 가치나 과학으로서의 자격에 구분되지 않는다. 모든 사회과학이 이렇다고 말하는 것은 아니다. 특히 사회학자를 포함해서 스스로를 사회과학자로 부르는 사람들은 많은 경우 자신들의 분야가 과학이 아니라 인문학에 속해 있는 것처럼 연구를 수행한다. 거기서의 가치는 다를 수 있기 때문이다. 우리가 주장하는 원칙은 의식적으로 자신을 과학자로 공언하고 싶어 하는 사회과학자들에게만 해당된다. 과학보다는 전통적인 인문학 분야에서 더 많은 연구를 하는 사회과학자들은 다른 방법으로 연구하는 것을 선택하고 있다.5 따라서 여기서 설명하고 있는 과학은 사회과학의 영역에 영향을 미치며, 선택적 모더니즘도 그렇다.

　여기서 말하는 사회과학에 대한 사회학적 접근 방법의 또다른 특징은 선택적 모더니즘을 더 자세하게 설명하는 데 도움이 될 수도 있다. 사회적인 삶은 매우 설명하기 힘든 것이다. 최소한 현재의 지식으로는 그렇다. 삶의 양식은 완전한 설명이 가능해 보이지만 더 깊게 분석하는 것은 그렇지 않아 보인다. 삶의 양식은 분석의 기본 단위인 사회적 우주의 기본 구성 요소로 보인다. 원자를 더 작은 입자로 쪼개는 식으로 삶의 양식을 쪼개는 것은 힘들어 보인다. 인간 개인을 삶의 양식의 하위 분류 형태로 생각하는 것은 잘못된 것이다. 이 책의 관점은 개인이 참여하는 삶의 양식이 개인을 구성한다는 것이다. 그 반대가 아니다. 즉 삶의 양식이 인간을 이루는 입자라는 뜻이다. '집단적인 암묵적 지식', 즉 삶의 양식의 암묵적 구성 요소는 최소한 당분간은 이해가 불가능해 보인다.6

　5. 인문학과 사회과학에서의 과학적 접근 방법의 차이점은 Collins(2012)를 보라. '주관적인' 사회과학 방법에 대해서는 Collins(2013a: ch. 16)를 보라.

일부 과학적 근본주의자들은 이런 관점을 거의 사악하다고 여길 수도 있다. 그들은 모든 인간의 행위와 행동은 진화와 생물학, 신경과학으로 설명이 가능해야 한다고 주장할 수 있다. 그들은 연구가 다 끝난 것은 아니지만 우리가 이미 그들의 관점을 알고 있으며 모든 과학자는 그 관점을 지지해야 한다고 주장할 것이다. 하지만 그건 선택적 모더니즘이 아니다. 선택적 모더니즘은 과학적으로 설명이 불가능한 미스터리의 존재와 공존할 수 있다. 선택적 모더니즘은 그 미스터리의 관찰 가능한 결과를 과학적으로 연구하는 것을 장려한다. 예를 들어, 독자들도 할 수 있는 관찰―삶의 양식은 환원 불가능하다는 생각의 관찰 가능한 결과이기도 하다.―은 맞춤법 검사기가 언어를 이해하지 못한다는 것이다. 언어는 집단의 성질이지 집단을 구성하는 개인들의 성질이 아니기 때문에 그렇다. 이 주장을 확인하기 위해, 워드프로세서에 다음과 같이 쳐보자. "내 맞춤법 검사기는 내가 이 문장에서 '이상한'을 '이상헌'으로 잘못 쓰고 싶어 하는 것을 이해하지 못한다." 맞춤법 검사기가 진짜로 이 문장을 이해하지 못하는 것을 알 수 있을 것이다. 여기서 해결할 수 없는 문제는 맞춤법 검사기가 이해하도록 만들고, 언어 사용 방법이 계속 변화하는 가운데 그 이해가 계속될 수 있도록 만드는 것이다. 우리 인간이 그렇게 할 수 있는 유일한 방법은 사회에 완전히 참여하는 것이다. 하지만 우리는 그렇게 할 수 있는 기계를 만드는 방법을 모른다. 기계가 언어를 잘못 다뤄서 관찰 가능한 결과가 발생하는 것은 우리가 인간의 삶의 양식에 맞출 수 있는 기계를 만들 수 없으며, 언어는 삶의 양식의 특징이라는 사실에서 기인한다.[7] 보다시피 선택적 모더니즘은 과학

---

6. 집단적 암묵적 지식에 대해서는 Collins(2010)를 보라.

7. 더 자세한 내용은 Collins(2010)에서 '사회적 데카르트주의' 부분을 참조하라.

선택적 모더니즘

주의와는 거리가 멀다.

선택적 모더니즘은 그러나 언젠가 이런 미스터리가 설명되고 '삶의 양식의 하위 분류 단위'가 발견될 가능성을 열어두고 있다. 그렇게 되길 원한다면 그건 과학자들에게 달려 있다. 실제로, 개방성이 과학의 형성적 열망이라는 것을 생각하면, 선택적 모더니즘은 더 과학적인 설명을 찾는 것을 장려한다. 선택적 모더니스트들은 모든 과학적 설명은 연역적인 방법으로 가능하다고 굳게 믿는 것이 과학적 삶의 양식의 특징이라고 생각하지 않는다. 오히려 이런 생각은 과학적 근본주의로 보인다. 모든 것을 과학적으로 설명하고자 열망하는 사람들이 있다면, 그 열망은 선택적 모더니즘과 공존할 수 있다. 하지만 그들이나 그들과 비슷한 사람들이 반드시 성공하리라는 확신과는 공존할 수 없다. 진화론, 생물학, 신경과학을 조합하기만 하면 인간의 모든 행동을 설명할 수 있다는 생각은 훨씬 더 강력한 형태의 과학적 근본주의이며, 선택적 모더니즘은 이를 거부한다. 2장에서 언급했듯이, 논리실증주의는 선택적 모더니즘 하에서만 살아남을 수 있으며, 살아남는 것은 논리실증주의 긍정적인 부분에 한정돼 있다. 확증이 불가능한 명제는 무의미하다는 논리실증주의의 원칙은 거부된다.

선택적 모더니즘과 정치적 측면

선택적 모더니즘은, 공공 정책의 문제에 특정한 과학적 또는 기술적 쟁점이 존재할 때, 관찰 가능한 세계에 대한 의문에 어떻게 답을 하는가와 관련이 있다. 제3의 물결의 용어를 사용하면 이것은 기술적 의사 결정의 '정치적 측면'이다. 우리는 이제 어떤 것이 정치적 측면이고 어떤 것이 정치적 측면이 아닌지 설명할 것이다. 우선 선택적 모더니즘이 기술관료주의와는 매우 다르다는 것을 보이면서 시작할 것이다. 지금까지 설명한 것으로도 분명해 보일 수 있지만, 오해의 소지가 없도록 학술적 맥락에 따라 우리의 주장을 다시 반복할 것이다.

선택적 모더니즘은 기술관료주의가 아니다

기술관료주의는 20세기 초반에 사회 운동의 하나로 부상했다. 공학자와 과학자 들이 주축이 된 기술관료주의는 시장 경제학의 예측 불가능성에 대한 합리적 대안을 제공한다는 기치를 걸고 나왔다. 초창기 소스타인 베블런(Thorstein Veblen) 같은 존경 받는 유명 인사가 참여했던 기술관료주의의 대중적 인기는 오래가지 않았다. 1930년대 전성기를 맞은 이후에는 정치적으로 주변부로 밀려났다.

하지만 기술관료주의의 기본 아이디어는 훨씬 생명력이 길어 현재도 공적 영역에서의 기술적 의사 결정 토론에서 중요한 역할을 하고 있다. 이 아이디어의 힘은, 과학이 정책 결정에서 특별한 위치를 차지할 가치가 있는 우월한 형태의 지식―유사 수학적 또는 논리적 수준의 확실성을 지닌 사실―을 생산한다는 1970년대 이전 제1의 물결 과학 모델에서 나왔다. 이와는 대조적으로 이 모델에서는, 정치적 선호와 다른 가치들을 포함한 비과학적 지식은 '합리적' 방식으로 정당화될 수 없기 때문에 중요성이 떨어진다고 생각됐다.

기술관료주의는 두 가지 방법 중 하나로, 기술적 의사 결정에 영향을 미친다고 생각됐다.[8] 이상화된 과학과 기술은 증거가 뒷받침하는 과학적 원칙에 따라 사회를 계획하고 조직하면서 정치를 대체하며, 기술 전문가들은 정책 결정자가 된다. 이런

---

8. 예를 들어 Weinel (2010), Lane (1966), Brint (1990), Fischer (2000), Millstone (2009)을 보라.

유형의 기술관료주의는 현실에는 거의 존재하지 않는다.[9] 이와 대조적으로, 전문가들은 조언을 하고 정치인들은 결정을 하는 온건한 형태가 많은 민주 사회에 존재한다. '결단주의적 모델'로도 불리는 이런 형태의 기술관료주의는 사실과 가치의 구분에 기초한 노동의 분류를 제도화하며 전문가가 상당한 힘을 행사할 수 있게 한다.[10] 이렇게 되는 이유는 정책 결정자들이 전문가들이 설정한 한계 안에서 움직이며 그 전문가들이 제공하는 선택지 중에서 고르기 때문이다. 기술관료주의적 요소는 분명하다. 전문가들은 의제를 설정하고 정치적인 판단은 전문가들의 판단에 기생한다는 점이다.[11]

이것이 과학기술학 내에서 관심의 초점이 돼왔던 기술관료주의의 두 번째 형태다. 문제는, 제2의 물결이 과학적 전문성의 속성에 대해 밝혔음에도, 민주 체제가 전문가 조언 의존도를 계속해서 높임으로써 현실에서 점점 더 기술관료적으로 변해왔다는 것이다.[12] 이 생각은 전문가들이 막후 의제 설정 작업과 문제 프레이밍을 통해 과도한 힘과 영향력을 행사한다는 잘 알려진 주장의 기초가 된다.[13]

선택적 모더니즘은 전문성의 자리를 계속 유지시키면서 이런 비판을 수용한다. 선택적 모더니즘은 기술관료주의를 거부하지만 전문성의 가치는 인정한다. 과학을 논리적이고 합리적

9. 경제 위기의 여파로 '기술관료주의적 정부'가 세워진 예가 있었다. 이탈리아의 마리오 몬티가 그 예다. (http://blogs.lse.ac.uk/europpblog/2013/06/11/the-rise-of-governments-led-by-technocrats-in-europe-illustrates-the-failure-of-mainstream-political-parties.)
10. Krimsky(1984), Millstone(2009).
11. Krimsky(1984).
12. 윈은 이런 맥락에서 많은 글을 썼다. 예를 들어 Wynne(1992a, 2003, 2008)을 보라.
13. 예를 들어, Wynne(1982), Irwin(1995), Jasanoff(1995), Epstein(1996), Welsh(2000), Wickson and Wynne(2012)을 보라.

인 과정을 적용해 생산한 진실의 집합이 아니라 삶의 양식으로 보기 때문이다. 과학적 지식의 내용보다 과학이라는 삶의 양식의 기초를 이루는 가치에 집중하는 것은 선택적 모더니즘을 차별화하는 요소 중 하나다. 선택적 모더니즘은 '사실-가치'(fact-value) 구분을 재생산해 과학적 전문성과 다른 기술적 전문성을 방어하려고 시도하지 않고, 과학적 가치와 민주적 가치를 구별한다. 즉 가치-가치 구분인 것이다. 또한 수단이 아닌 도덕을 바탕으로 과학을 방어한다. 이는 선택적 모더니즘이 가치를 더 약한 형태의 정당화 수단으로서가 아니라, 궁극적으로 더 강한 정당화 수단으로 평가한다는 것을 뜻한다. 선택적 모더니즘의 핵심 주장은, 공적 영역에서의 기술적인 의사 결정은 민주적인 가치와 과학적인 가치 모두를 키울 수 있는 제도를 필요로 한다는 것이다.[14]

그림 3-1에는 그 관계가 요약돼 있다. 그림에는 과학적 가치와 그 가치를 지지하는 제도가 작은 타원으로 표시돼 있다. 이 제도가 작동해 정책 제안과 권고가 생겨난다. 삼각형으로 표시된 부분이 그것이다. 큰 타원은 민주적 가치를 나타내는데, 과학적 가치와 부분적으로 겹친다. 민주적 가치와 그 가치를 지지하는 제도도 시민 사회, 공적 토론과 더불어, 수많은 정책 제

14. 이 가치-가치 구별은 내재적 정치와 외부적 정치의 차이점에서 기원한 것으로, Collins and Evans(2002)에서 처음 제기되었다. 내재적인 정치는 그 실천이 얼마나 엄정하고 성찰적인지에 상관없이 모든 과학적 노력에 불가피하게 남아 있는 정치적 영향을 말한다. 바꿔 말하면, 제거하기 위해 모든 실제적인 노력을 한 후에도 남아 있는 정치다. 반면, 외부적 정치는 데이터에 대한 인식론적 결론에 이르기 위해 정치적 관심과 이해관계를 드러내놓고 이용하는 것을 뜻한다. 과학지식사회학은 내재적인 정치가 불가피하다는 것을 보여준다. 선택적 모더니즘은 내재적 정치는 제거할 수 없어도 외부적 정치는 제거돼야 한다고 주장한다. 과학의 형성적 열망은 가능 여부에 상관없이 이 모든 정치를 제거하는 것이다. 이것이 중심적 가치이며, 따라서 가치-가치 구별이 된다.

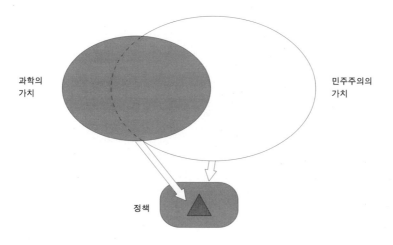

과학의
가치

민주주의의
가치

정책

그림 3-1. 공적 영역에서의 기술적 의사 결정

안과 권고를 생산하는데, 그림에서 네모로 표시된 부분이다. 이 네모로 표시된 집합의 부분집합이 전문가의 권고다. 선택적 모더니즘은 정책 옵션 중 어떤 것을 법으로 제정할 것인지 결정할 때, 그 제도는 삼각형의 존재를 분명하고 공정하게 인정해야 한다.[15]

선택적 모더니즘이 기술관료주의와 차별화되는 점은 전문가 조언의 존재를 인정하는 것이 전문가 조언을 지지하거나 수용하는 것과 같지 않다는 것이다. 선택적 모더니즘 하에서 정책 결정자들은 전문가들이 제안한 정책을 받아들일 의무가 없으며, 원한다면 그 제안 모두를 거부해도 된다. 뒤 페이지의 그림 3-2는 기술적 전문가들의 제안이 거부되는 합법적인 정책 결과를 보여준다. 정치적인 결정은 항상 기술적 제안에 우선하기 때문에 선택적 모더니즘은 기술관료주의로 환원될 수 없다.

15. 『전문성에 대한 재고』에서 말했듯이, "민주주의가 모든 영역을 지배할 수는 없다. 그렇게 하면 전문성이 파괴된다. 또한 전문성은 모든 영역을 지배할 수 없다. 그렇게 하면 민주주의가 파괴된다."

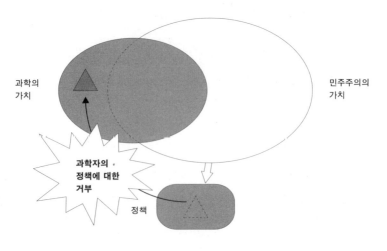

그림 3-2. 선택적 모더니즘이 기술관료주의가 아닌 이유

하지만 정치적 제도가 기술적 선택에 우선하는 방식에는 중요한 법칙이 있다. 공개적이어야 하고 그렇게 된다는 것을 분명하게 밝혀야 한다는 것이다. 기술적 합의는 정치적 결정을 쉽게 만들 목적으로 숨겨지거나 왜곡돼서는 안 된다. 이는 고려되는 정책 제안의 범위를 줄이지는 않지만 정책 결정자들이 내놓을 정당화의 방법을 제한할 수는 있다.[16]

이 과정은 1990년대 후반 안전성 논란이 있다는 이유로 에이즈에 걸린 임산부들에게 항레트로바이러스제를 보급하지 않기로 한 남아프리카공화국 전 대통령 타보 음베키의 결정에서 잘 드러난다. 사실 과학적 논란은 없었다. 음베키가 심각하게 걱정한 것은 고작 주류 과학자 사회에서 밀려난 비주류 과학자들의 온라인 활동이었다. 음베키의 결정에는 더 정치적인 다른 이유가 있었을 수도 있다. 아마 그는 남아프리카공화국이 서구 제약회사의 노예로 전락하는 것을 바라지 않았을 수 있다. 국

16. 이 생각은 마르틴 바이넬(Weinel, 2010)이 발전시켰으며, 그는 이것을 '최소한의 기본 입장'이라고 불렀다.

선택적 모더니즘

가가 약을 공급할 재정적 능력이 없다고 생각했을 수도 있다. 성생활이 문란하고 질병에 찌든 나라라는 신식민주의적 이미지를 받아들이고 싶지 않았을 수도 있다. 선택적 모더니즘에 따른다면, 이런 것들도 정책을 도입하지 않을 타당한 이유가 됐을 수 있지만, 음베키는 이런 이유를 대지 않았다. 논의의 진행을 위해서, 이런 것들이 음베키가 그렇게 결정한 진짜 이유였다고 가정했을 때 우리가 할 비판은, 약효의 기술적 불확실성을 이유로 항레트로바이러스제를 보급하지 않기로 한 결정을 정당화하는 것은 정치적 절차의 영향력을 약화시킨다는 것이다. 이 경우에 정치적 절차는 실제로 약이 안전하다는 매우 강력한 합의가 있었음에도 마치 과학적 논란이 존재하는 것처럼 만들어서 음베키가 정치적 결정에 대한 책임을 지는 것을 피해가도록 허용했다.

여기에 선택적 모더니즘과 브라이언 윈(Brian Wynne) 같은 사람의 관점에 분명한 차이점이 있다. 그는 음베키의 결정이 다음과 같은 이유로 정당화됐다고(또는 최소한 될 수 있었다고) 생각했다.

측근의 말에 따르면, 그는 HIV와 에이즈 사이에 인과관계가 없다고 말한 것이 아니라, 명제적 의문 자체에 매우 다르고 엇갈리는 무언가가 있다고 말했다. 즉 HIV가 에이즈로의 인과적 진전을 하는 과정은 빈곤, 영양실조, 면역체계 결핍, 위생 불량, 기타 빈곤과 관련된 환경에 의해 가속되는데, 이런 조건들은 폭리를 취하는 글로벌 기업들이 조장하는 서구의 비싼 상업 약들로 개선되지 않으며, 오히려 투자 유치에만 이용된다는 것이었다. 그는 많은 요소로 구성된 상황에서 눈에 띄는 다른 요소들을 우선순위에 놓을 필요가 있다는 점을 강조하고 있었다. 그것은 분명히 논쟁의

여지가 있는 입장이었다. 현실에 반하는 믿음에 대한 미신적인 표현이 아니었다.[17]

하지만 음베키가 내린 선택의 이유는 이럴지 몰라도, 실제로 그는 이런 식으로 선택을 정당화하지 않았다. 기껏해야 원은 음베키의 행동에 산섭적인 사후 합리화를 세공한 깃뿐이다. 디 중요한 것은, 이런 종류의 설명은 사람들에게 동기를 부여해줄 수 있는 것과 사람들이 공공 생활을 하면서 말하고 행동하는 방법이 다르다는 점을 인식하지 못한 것이다. 우리가 살고 있는 사회를 구성하는 것은 물론 후자다. 우리가 다른 사람들의 마음을 들여다볼 수 없기 때문에 특히 그렇다. 선택적 모더니즘이 사람들이 생각하는 방법을 통제하는 방법에 관심이 없는 이유다. 대신, 선택적 모더니즘의 목표는 공무원들이 행동하고 그 행동을 정당화하는 기준을 높이는 것이다. 선택적 모더니즘은 전문가들이 중요한 기술적인 문제에 의견이 엇갈리는 경우가 많다고 추론한다.[18] 하지만 기술적 합의가 강력하든 약하든, 정치적인 배경을 설명하기만 한다면 정책 결정자들은 그 합의를 무시할 수 있다. 기술관료주의를 어떻게 정의하든, 그것은 기술관료주의가 아니다.

과학과 사회의 샌드위치 모델
선택적 모더니즘이 기술관료주의가 아니라면 무엇일까? 선택적 모더니즘이 어디서 민주주의와 만나고, 어디서 만나지 않는

17. 원의 2008년 자료는 로버트 에번스가 랭카스터대학교에서 강연한 후 이루어진 관련 분야 과학자들 사이에 오간 이메일 내용을 정리한 것이다. 내용을 공개해준 원에게 감사한다. 남아프리카공화국의 에이즈 정책에 대해서는 Fassin(2007), Mahajan(2008)을 보라.
18. 예를 들어 Nelkin(1971, 1975), Collingridge and Reeves(1986), Jasanoff(1990)를 참조하라.

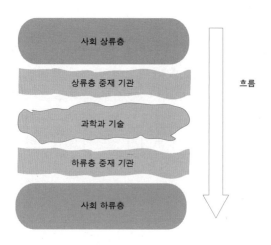

그림 3-3. 과학과 사회의 샌드위치 모델

지 알 수 있는 간단한 방법은 샌드위치를 비유로 드는 것이다
(그림 3-3).[19]

　이 비유는 사회를 샌드위치의 '빵 조각'처럼 위와 아래로
나누는 것이다. 가운데 들어가는 소가 위 조각에 의해 모양과
방향이 정해지는 과학이고, 이것은 자신의 '발견' 및 다른 결론
을 아래 조각에 공급한다. 샌드위치에는 빵 조각과 소 사이에
마요네즈(또는 버터) 층이 있다. 이 층은 사회와 과학 사이에서
중재 역할을 하는 제도들이다. 위 조각 쪽 층은 사회가 과학에
영향을 미치고 방향을 제시해주고 조절을 가하는 방법을 제공
하며, 아래 조각 층은 과학적 연구의 결과가 더 넓은 사회와 공
유되는 방법을 제공한다.

　선택적 모더니즘은 샌드위치의 아랫부분, 특히 소와 아래

19. 제2의 물결 분석자들은 샌드위치를 믹서에 넣고 갈아버린 뒤 과학과
정치는 분리할 수 없는 것이라 주장한다. 우리는 사물을 가능한 한 분리된
상태로 유지함으로써 훨씬 더 많은 것을 얻을 수 있다고 말한다. 선택적
모더니즘은 조형적 의도를 가지고 있다.

조각 쪽 마요네즈와 주로 연관돼 있다. 사실 선택적 모더니즘은 샌드위치의 윗부분에는 별로 할 말이 없다. 사회가 어떤 종류의 과학을 원하고 공포의 원천이 어디에 할당될지 결정해야 하는 것은 분명하다. 역사적으로 서구 사회와 그 사회의 길을 따르는 사람들은 천문학, 고에너지 물리학, 우주과학 같은 거대과학을 선택해왔다. 질병의 환경적 원인의 반대편에서 유전적 원인에 대한 연구, 즉 우주 프로그램 같은 암 연구에 상당히 기우는 경향도 있다. 이 책의 저자들이 마음 가는 대로 한다면, 순수 과학과 의학의 다른 측면에 지원이 몰리고 있고 이들의 목소리는 거의 들리지도 않는 상황에서, 다른 선택을 했을 수도 있다.

특정한 사회적 문제를 중심으로 조직되며 과학의 수행 방법 또는 과학적 문제에 틀을 씌우는 방법에 영향을 미치고 싶어 하는 이익집단, 즉 '대중'(publics)의 목소리를 듣는 방법은 사회마다 다르다. 위에 있는 중재 제도는 전문성 기반의 기여를 국지적 지식 기여와 이익을 목적으로 한 경쟁적인 기여들로부터 분리해 위쪽의 의사 결정 부분으로 옮겨야 할 필요가 있다. 전문성 기반의 기여와 국지적 지식 기여는 기술적이며, 이익을 목적으로 한 경쟁적인 기여들은 완전히 정치적이다. 하지만 선택적 모더니즘은, 다른 분석자들이 위의 층들에 대해 말한 것의 많은 부분이 선택적 모더니즘과 공존할 수 없는 것은 아니라는 것 외에는, 위의 층들에 대해서는 할 말이 거의 없다. 우리 입장을 다음과 같이 정리한다.

실제 위험 상황에는 [항상] 여러 개의 요소들이 있다. 따라서 그때 문제는 이 요소들 중 어떤 것이 공익 정책 결과를 다루는 데 적당한지가 된다. …… 그것은 과학위원회 혼자 결정하는 문제가 아니다. 그것은 민주주의와 관련된 문제다. 과학적 지식이 특징이 되지만 그 과학적 지식에 의해

틀이 씌워지거나 결정돼서는 안 되는 문제다. 의미와 관심은 민주적 절차를 통해 표현되는 민주적 환경 안에서 생겨나야 한다. 이 의미와 관심은 물론 과학을 특징으로 해야 하지만, 과학이 공공의 관심과 의미를 정의해서는 안 된다. 민주적이고 정치적인 어떤 것의 특징이 과학이 돼서는 안될 이유가 없다.[20]

위쪽에 위치한 제도의 층은 아래쪽 제도의 층과는 다르게 구성돼야 한다. 대중의 정서와 이익 집단에 관한 전문가들과 그들이 민주적 정치에 적응하는 방법이 포함돼야 하기 때문이다. 선택적 모더니즘은 '클럽 샌드위치'일 때만 위쪽으로 직접 끼어들수 있다. 어떻게 과학 연구에 자금을 대고 그 과학 연구의 프레임을 짤 것인가에 관한 위쪽의 결정 자체가 과학적 지식에 의존한다는 말이다. 이 경우, 위 조각 위에 과학과 기술이라는 소를 하나 더 얹고, 결과를 이 정보가 필요한 다른 제도에 연결시켜주는 마요네즈도 한 층 더 있게 된다.

우리는 이제 아래쪽 마요네즈 층과, 기술적 조언을 가시화하고 민주적 제도와 그 시민들에게 설명 가능하게 하는 제도로 관심을 돌린다. 실행 원칙은 그림 3-3에 잘 나와 있다. 아래쪽 빵 조각은 소가 잘 들어맞고, 모든 기술적 조언은 공정하고 정확하게 표현돼야 한다는 제약만 지켜진다면, 그 소를 감당할수 있다는 것이다.

---

20. 브라이언 윈의 최근 인터뷰(2013)에서 인용했다. 이 내용을 있는 그대로 받아들이면 왜 윈이 제3의 물결 또는 선택적 모더니즘에 그렇게 반대했는지 알기 어려워진다. 과학이 정책 결과에 관여하지 못하게 하면서 과학을 민주적인 과정에 집어넣은 문제와 같은 이슈이기 때문이다.

과학에 대한 새로운 이해: 부엉이들

지난 반세기에 걸쳐 일어난 일은 우리가 더 풍성하고 생산적인 방식으로 과학에 대해 성찰하는 법을 배웠다는 것이다. 옛날에는 과학에 대해 기술할 수 있는 모든 권리가 과학자들에게 있었고, 철학자들은 그들에게 전해져 내려온 신화적인 세계를 이해하려는 노력을 했다. 지금은 과학에 대한 기술과 성찰이 직업적 전문 분야가 됐다. 성찰적 분석을 하는 특수한 훈련을 받은 사람들이 과학을 기술하는 방법 그리고 내부에서 실제로 과학을 수행하는 사람들 사이에서 벌어지는 갈등은 흥미를 끄는 주제지만 대개는 잘못 이해되고 있다. 따라서 리처드 파인만은 "과학철학은 과학자들에게 조류학이 새들에게 쓸모가 있는 정도로 쓸모가 있다"고 비꼬듯이 말했다. '과학철학'이라는 말에서 우리는 '전반적인 과학에 대한 연구'라는 뜻을 읽을 수 있다. 비꼬았든 아니든, 파인만이 맞았다. 과학자들은 과학적 지식에 대한 분석 없이도 과학을 수행하는 법을 알고 있다. 과학에서 앞으로 나아가는 방법은 과학자의 암묵적 지식의 일부다. 하지만 파인만은 자신이 생각했던 것보다 훨씬 더 정확하게 맞았다. 뚜렷이 구별되는 삶의 양식으로서의 과학을 보존하기 위해 과학자들은, 정해진 방식에 따라, 과학을 성찰적으로 분석하는 사람들의 말을 무시해야 한다. 사회구성주의를 불신하지 않고는 좋은 과학을 수행할 수 없다.[21] 결국 중요한 것을 결정하는 것은 사회적 집단이라고 사회과학자들이 주장해도, 과학자 개개인은 자신이 진실을 추구하고 있으며 그 진실을 찾을 가능성이 있다고 믿어야 한다. 또한, 이 책 전체의 주제를 이루는 과학의 형성적인 열망이 탄탄해지기 위해서는 과학자들이 사회구성론

21. 예를 들어 Brush(1974), Collins(1982)를 보라.

자들을 반드시 무시해야 한다. 사회 구성이 중요하다면, 정치적인 목적을 위해 직진하지, 왜 과학적 성실성을 가지고 행동하겠는가? 앞에서 말한 대로, 우리는 제1의 물결 아래서 과학을 이끌었던 도덕적 명령을 보존하는 것이 절실하게 필요하다.

훨씬 더 혼란스러운 것은, 과학에 대한 이 오래된 관점을 보존해야 할 필요가 과학적 사회과학과 자연과학에 똑같이 있다는 것이다. 성실성을 가지고 힘차게 과학에 대한 사회적 분석을 수행하려면 분석자는 발견을 하면서도 자신이 발견한 것을 자주 무시해야 한다. 사회과학자가 사회적으로 구성된 것으로서의 과학을 분석할 때는 사회적 생활의 진실이 발견되고 있다고 믿어야 한다. 집단 수용이나 집단 거부에 대한 해석을 내놓겠다는 생각을 해서는 안 된다.

과학적 성실성을 지닌 사회과학자는 칸막이가 있는 공간에서 사는 법을 배워야 한다. 과학을 수행하는 데 필요한 칸막이와 과학을 분석하는 데 필요한 칸막이가 따로 있어야 한다. 칸막이가 있는 공간에서 사는 것은 사회과학 훈련에서 필수적인 것이기 때문에 그렇게 어렵지 않다. 사회과학자는 연구 대상의 세계와 분석자의 세계를 '번갈아 오가는' 법을 배워야 한다.[22] 자연과학자는 이와는 대조적으로 자신의 세계만 책임지면 된다. 따라서 철학과 새에 관한 파인만의 주장에는 그가 언급하지 않은 논리적 귀결이 있다. 새들에게 비행의 속성을 설명해달라고 요구하지 않는 것처럼, 과학의 속성을 이해하려고 과학자에게 물어보지 말아야 한다는 것이다. 과학의 속성에 대해 성찰하는 것은 과학자의 일이 아니기 때문이다. 과학에 대한 성찰을 피하는 것이 과학자의 일이다.

하지만 우연히도, 모든 과학자들이 성찰하는 능력 면에서

22. Berger(1963), Collins(2013a: ch. 16)를 보라.

같지는 않다. 아주 소수의 과학자들은 과학을 쪼개서 분석하는 능력 면에서 사회학자들과 비슷하거나, 그들보다 낫다. 제2의 물결은 루트비히 플레크, 토머스 쿤, 마이클 폴라니(Michael Polanyi), 제럴드 홀튼(Gerald Holton), 피터 메더워(Peter Medawar) 같은 과학자가 없었더라면 우리가 지금 알고 있는 모습과 같지 않았을 것이다.

쿤이 없었더라면 제2의 물결은 결코 비상하지 못했을 것이며, 그 외 다른 사람들이 없었더라면, 주요 아이디어나 풍부하고 핵심적인 사례 연구가 되지도 못했을 것이다. 물론 지난 반세기 동안의 과학사회학 연구를 이해했지만 주요한 기여를 하지는 않은 다른 자연과학자들도 있다. 하지만 성찰적인 기여자들과 성찰적이지만 기여를 하지 않은 사람들 모두 동료들 사이에서는 아직도 소수로 생각되고 있다. 그럼에도 그들은 과학의 세계와 정책의 세계 사이에서 중재 역할을 하는 제도를 재정비하는 데 없어서는 안 될 원천 역할을 하고 있다. 파인만은 논쟁에 새를 끌어들였고, 우리는 그의 비유를 빌려 쓸 것이다. 과학에 대한 사회학적 분석까지도 제대로 이해하는 자연과학자들을 우리는 '부엉이들'이라고 칭할 것이다. 부엉이들은 현명하기도 하지만 머리를 거의 360도 돌릴 수가 있다. 부엉이들은 두 방향을 자유자재로 볼 수 있고, 그것을 쉽게 구분할 수 있다.[23]

물론, 깊은 성찰적 이해가 부족해 평범한 사람이 추상예술에 대해 말할 때처럼 할 말이 많은 과학자들도 아직 많다. 옛날에 우리는 현장 과학자들이 과학에 대해서 모든 것을 안다고

23. 부엉이들은 신화와 전설에서 다양한 의미를 지닌다. 영국에서 부엉이는 현명함의 상징으로 생각된다. 그리스 신화에서 부엉이는 지혜의 여신인 아테네의 메신저 역할을 하기도 한다. 그러나 다른 많은 문화권에서 부엉이는 죽음이나 질병 등 더 부정적인 의미를 지닌다. 안타깝지만 우리는 이런 의도를 가지고 있지 않다.

　　　　　　　　　　　선택적 모더니즘

생각했다. 이제 우리는 대부분의 현장 과학자들이 과학에 대해—과학을 어떻게 하는지는 논외로 하고—거의 아는 것이 없다고 생각한다. 그리고 다시 말하지만 그건 좋은 일이다. 과학의 가치를 보존하는 데 도움을 주기 때문이다. 이런 대다수의 과학자들은 '독수리'라고 부를 것이다. 독수리는 직진하는 것이 다른 무엇보다 쉽다고 생각하는 유능한 사냥꾼이다.[24]

독수리 중에는 발톱이 예리한 과학 근본주의자들이 있다. 이들을 '매'라고 부르자. 과학은 일종의 힘(광고와 선전)을 통해 명성의 많은 부분을 이뤘다. 천문학자들이 천체의 운동을 예측하는 데 성공하자 과학의 명성이 크게 올라갔다. 상대성 이론이 남아 있는 오류들 일부를 수정한 것은 사람들에게 환호를 불러일으켰다. 양자론은 '역사상 가장 정확한 과학 이론'으로 선포됐다. 위대한 사상가들의 우주론적 통찰이 매주 팝스타 같은 과학자들에 의해 공개됐다. 새로운 유사 종교인 진화론은 다윈을 신으로 모시며 요란한 지지를 받았다. 진화론은 인간의 형태뿐 아니라 행동도 설명할 수 있다는 말도 나왔다. 매들은 위대한 종교들의 리더십을 박탈하고 도덕철학에서의 공백을 메커니즘으로 채우겠다고 공언했다. 그들의 길에 인공지능 옹호자들은 인간은 기계이며 새로운 시계태엽 장치 우주의 세세한 부분을 채우는 데 도움이 된다고 주장했다. 매들은 종교재판하듯 과학적 이단을 맹공격했으며, 마술사를 고문 기술자로 고용하기도 했다. 우리가 '콘도르'라고 부를 철학자·변증론자이다. 그들은 매가 남긴 썩은 고기를 먹고 산다. 유사 학문적 근거를 대며 연대를 제안하며 의심과 치밀함을 무시해 철학의 개념 자체를 저버리는 경우가 많다.[25]

24. 깊이 생각하는 능력이 부족한 과학자들의 면모가 '과학 전쟁'이 진행되는 동안 드러났다. 이 기간 동안 자연과학자들은 사회과학자들의 과학에 대한 분석을 맹렬하게 공격했다.

복잡성이 없는 좁은 영역에서 성과를 낸 것을 언급하며 과학을 광고하는 것은 당첨자만 부각시켜 로또 광고를 하는 것과 비슷하다. 그렇게 하면 조만간 사람들이 반응한다. 로또는 대부분 당첨이 안 되고 과학은 대부분 뉴턴, 아인슈타인, 플랑크, 다윈의 방식으로 문제를 풀어내지 못하기 때문이다. 영웅적인 업적들이 과학 이야기책에서 묘사된 것과 실제로 똑같았다고 해도, 그 업적들은 우리가 일상생활에서 부딪히는 과학적 문제와는 관련이 없다. 뉴턴, 아인슈타인, 플랑크, 다윈과 현재 이 정도 위치에 있는 사람들은 지구온난화에 대해 어떻게 해야 할지 말해주지 않는다. 그들은 암을 치료할 수도, 다음 주 날씨를 예측할 수도, 내일 주식 시장이 폭락할지 예측할 수도 없다.

기적, 종교재판, 현실 왜곡, 예언자 등을 담고 있는 종교의 도해 연구를 생각해보자. 이미지 중 하나가 과학을 수호하는 의미를 담고 있다고 해도, 그것도 결국은 과학의 의미를 전복하는 것이다. 과학적 근본주의를 무시하는 것은 부분적으로 '포스트모던' 안티테제가 성장하는 원인일 수도 있다.

과학의 독수리들과 매들의 특징은 이들이 과학적 가치를 결과로 판단하려 한다는 것이다. 과학적 무당파에게 대다수의 의견에 상관없이 개인주의적 관점을 고수하는 것이 옳은 일인 것처럼, 대다수에 속해 있는 사람에게는 무당파에게 진실이 없다고 확신하는 것이 옳은 일이다. 불행히도, 이 확신은 과학에 대한 분석을 거꾸로 읽게 만든다. 독수리와 매는 과학적 발견에 대한 다양한 해석적 유연성을 받아들이지 못하고, 그들이 생각

25. '과학 전쟁'에서 철학자·콘도르들은 사회과학자들을 가장 악랄하게 공격했으며(공격은 지금도 유지된다), 과학의 이설들을 공격할 때도 그에 못지않았다. 그들은 철학자이지만 철학을 이해하지 못하는 것으로 보였다. 최소한, 그들은 복잡한 과학 문제를 풀어내는 논리를 정제해낸 사람들이 동료들에 대해 가진 철학을 이해하지 못했다.

선택적 모더니즘

하기에 확실한 것과 다른 결과를 얻는 과학자는 실수한 것이 틀림없다고 생각한다.

이것은 마술사 혹은 그와 비슷한 사람들을 끌어들여 주류 과학을 위해 더러운 것을 치우게 하는 행위를 정당화하는 것이다. 결함이 있는 방법과 주장을 옹호하는 사람들은 사기꾼이나 무능력자가 틀림없으며, '청부살인업자'에 의해 처리될 수 있다고 미리 알려져 있다고 믿어진다.[26] 물론 이 생각은 삶의 양식으로서의 과학을 전복시킨다. 예를 들어, 초심리학은 오래전에 유통기한이 지났지만, 보상도 없고 가망 없어 보이는 일에 인생을 건 골수 초심리학자들이 사기꾼이나 무능력자는 아니다. 그들은 좋지 않은 직업을 선택했을 뿐이다. 그들이 스스로를 불신한다면 주류 과학자들은 그들을 무시할 것이다. 수많은 과학자들이, 그들의 철학적 선구자와 더불어, 이런 이유로 신뢰를 받지 못하고 있다는 것은 슬픈 일이다. 하지만 분명한 것은 그들이 신뢰 받을 수 없다는 사실이다.

완결성에 대해서는 사회과학자들의 새와 비슷한 속성에 대해 언급해야 할 것 같다. 제1의 물결에 속한 사람들은 독수리와 매의 연장선상에 있으며, 약해 보이는 새들을 서로 경쟁적으로 공격하는 데 많은 시간을 보낸다. 제2의 물결을 고수해 제3의 물결의 핵심을 보지 못하는 사람들도, 자연과학의 독수리, 매, 콘도르와는 반대 방향이긴 하지만, 역시 오직 한 방향만을 보는 독수리들이다. 따라서 이들은 자연과학자들의 발견을 사회과학자들의 발견으로 대체하고자 한다. 이와 대조적으로, 제2의 물결과 제3의 물결 둘 다를 고수하는 사람들은 하나를 다른 하나로 대체하기보다는, 과학에 사회학적 분석을 더하고 싶어

---

26. 예를 들어 '놀라운 랜디'로 불린 마술사 제임스 랜디는 『네이처』에 동원돼 사람들이 동종요법을 불신하게 만들었다. 많은 과학자들은 랜디를 초자연적인 권위자로 취급했다.

한다. 머리를 한 바퀴 돌릴 수 있고 두 방향을 볼 수 있다는 점에서, 그들 역시 부엉이 같은 사람들이다. 부엉이 같은 과학자들이 '앞으로' 보는 것과 '뒤로' 보는 것은 사회과학자들이 '앞으로' 보는 것과 '뒤로' 보는 것의 반대를 의미하지만, 두 경우 모두에서 가장 중요한 것은 180도 돌아서 볼 수 있다는 것이다.

경험 기반 전문가와 약자

이런 성찰적인 새들이 모여 어떻게 유용한 결정을 내릴까? 현재로서 과학기술학자들이 기술적 의사 결정에 기여한 가장 전형적인 유형은 대중을 대표하고 기득권층 과학의 권위에 대항해 약자를 방어한 것이다. 이것은 사회과학자들의 기여보다는 훨씬 덜 유용하다. 그 가치는 능력에 상관없이 상대적 약자를 지지하고 경험 기반의 전문성과 보편화된 일반인 전문성 사이의 혼란으로 더 약화된, 과학기술학 내부—더 일반적으로는 아마 사회학적 사회과학이겠지만—의 일반적인 정서 때문에 줄어들었다. 이 불안감은 홍역·볼거리·풍진 혼합 백신인 MMR 백신이 자폐와 연결돼 있다는 앤드루 웨이크필드(Andrew Wake-field) 박사의 주장으로 촉발된 'MMR 백신 논란'을 사회학자들이 잘못 분석한 일로 예시된다.

그 주장을 뒷받침하는 과학적 증거는 없었지만, 이 발언의 직접적인 결과로 영국 내 MMR 백신 접종률은 그 후 몇 년간 급격하게 떨어졌다. 부모들이 MMR 백신의 투여에 동의하지 않았기 때문이었다. 신문들은 한편으로는 연관 관계가 있다는 증거가 없음을 보여주는 역학조사 결과를 무더기로 소개하고, 다른 한편으로는 자식들이 백신 접종 일주일 정도 후에 자폐 증상을 보였다는 부모들을 기사에 싣는 '균형 잡힌' 시각으로 대중의 공포를 증폭시켰다. 유명한 사회과학자들은 백신 접종 선택은 부모의 의견보다 전문가의 의견이 더 영향을 미칠 수 있

는 것이 아니라고 주장해 접종을 반대하는 부모들의 편을 들었
다. 그들은 정확하게 기존의 역학조사 통계 안에 숨겨진, 아주
적은 수의 아이들이 알려지지 않은 이유로 MMR 백신 접종에
취약했다는 것이 사실일 수도 있다고 주장했다. 하지만 사회학
자들의 주장이나 자폐증이 MMR 백신이 아닌 다른 수많은 잠
재적 원인 중 하나와 연결될 수도 있다는 주장 둘 다 증거가 없
긴 마찬가지였다. 한편, 접종률이 '집단 면역'을 유지할 수 있는
수준 아래로 떨어진 결과는 잘 알려져 있다. 홍역 감염의 위험
이 증가했고, 백신을 맞지 않은 아이들과 특히, 다른 문제가 있
어서 백신을 못 맞은 아이들이 가장 위험했다.[27] 사회학자들은
그럼에도, 부모들에게는 아이들을 백신으로 유도되는 자폐증
가능성에 노출시키기 전에 백신의 연관 가능성을 더 많이 연구
하라고 요구할 권리가 있다고 말했다. 그러나 그들은 이번 경우
가 널리 퍼져 있지만 근거가 없는 공포 때문에 대중이 정책을
요구하는 선례가 되었을 때 의료 행위와 자원에 어떤 비참한 영
향이 미칠지는 알지도 못했고 신경 쓰지도 않았다.

　　이상한 일은 이 사회학자들이 제1의 물결에 모델을 둔 많
은 과학을 요구했다는 것이다. 문제를 해결하기 위해 부모들이
더 (완전한) 과학을 접할 권리가 있다는 것이다. 사회과학자들
은 과학이 불완전하다는 그들의 인식론적 기원과 제1의 물결의
신화적 특성을 망각한 것 같았다. 제2의 물결에 따르면 과학은
모든 사람에게 적용할 수 있는 의학 모델을 만들 수 있을 정도
로 세계에 대해 자세하게 알 수 없으며, 만든다고 해도 가까운
미래에는 가능하지 않다.

　　우리는 과학사회학을 이렇게 포퓰리즘적으로 이용하는 데
서 벗어나야 한다. 그렇게 하는 것은 너무 쉽고 대중의 정서에

27. MMR 논란에 대한 요약과 부모가 예방 접종 결정에 대해 어떻게 생
각하는지에 대한 토론은 Collins and Pinch(2005: esp. ch. 8)를 보라.

너무 많은 영향을 받는 것이다. 다행히도, 과학이 민주 사회가 항상 싸워야 하는 대상이 아니라 오히려 민주 사회의 특징이라는 것을 알게 되면, 그런 해로운 정서와 혼란에서 벗어나 사회과학의 자원을 활용하기가 더 쉬워진다. MMR 백신에 대해서 혼란스러워하거나 무책임했던 이 사회학자들을 포함해서, 사회과학자들은 경험 기반 전문성의 이해라는 면에서 소중한 기여를 했다. 전문성에는 자격과 실적으로 드러나는 것보다 많은 것이 있을 수 있다. 주류로부터 단절됐지만 경험에 기반을 둔 적절한 전문성을 가지고 있는 집단들도 있을 수 있다. 앞에서 얘기한 2,4,5,T 사용에 우려를 나타냈던 농장 노동자들이 좋은 예다. 제초제가 실제로 사용된 환경에 대한 실제적인 전문성은, 자격을 갖춘 과학자들이 무심했음에도 농장 노동자들과 그 가족들에게 노출된 위험을 최소화하는 방법에 대한 토론에 적절한 기여를 했다. 문제의 진실이 무엇이든, 이 이야기는 과학자 사회와 과학자들의 기술적 연구 결과에 실제로 영향을 받으면서 살고 있는 사람들의 관계에 대해 중요한 사실을 알려준다. 기술적 혁신이 어떻게 실제로 적용되는지는 사용자만이 알고 있다. 그래서 전문가 사용자들이 정책 결정자들의 의사 결정 시 작점인 기술적 합의에 기여해야 하는 단체에 소속돼 있는 것이다. 이런 비주류 주장들이 사회에 도움이 되도록 해야 한다. 그리고 그렇게 되도록 만들 수 있는 준비가 가장 잘 돼 있는 사람은 사회과학자다. 과학의 독수리들은 과학적 제도의 지지가 없는 주장은 듣지 않으려 하기 때문이다.

구전문화로서의 과학

지난 몇 십 년 동안 수행된 과학에 대한 사회적 분석의 또 다른 중요한 기여는 경험이 풍부한 전문가들이 보유한 인정된 전문성의 영역을 넓히는 것과는 반대 방향에 위치한다. 사회과학자

선택적 모더니즘

들은 과학이 본질적으로 구전문화라는 사실을 알고 있다. 이는 과학적 전문성이 범위가 좁다는 것을 의미한다. 지식이 있는 집단은 책, 신문, 인터넷 같은 미디어에 의해 구성되는 것이 아니라, 강렬하게 암묵적 지식을 전달하는 대화에 의해 구성된다. 또한 그런 대화는 속성상 오랜 기간의 대면 접촉을 하는 사람들만 할 수 있는 것이다. 그런 전문가 집단의 구성원은, '거대과학'이라면 몇백 명이 될 수도 있겠지만, 대여섯 명이 안 될 수도 있다.[28] 전문성의 범위가 좁다는 것은 '흰 가운을 입은 과학자'(모든 분야에 지식이 있는 것처럼 보이는, 영화에 나오는 과학자—옮긴이)가 특정 주제에 관한 합의를 도출하거나 심지어는 이해하는 데 별 쓸모가 없다는 뜻이다. 과학적 지식을 생산하고 이해하는 것은 전문가다. 반면 다방면에 재능을 가진 사람은 일반인들보다 더 많이 알지는 못하는 사람이다. 인터넷과 저널은, 심지어 주류 저널이라 해도, 과학적 합의에 대한 잘못된 인상을 심어줄 수 있다.[29] 주류 저널에 실리더라도 많은 내용을 무시하는 과학자들이 대부분이다. 어떤 내용을 읽고 어떤 내용을 무시해야 하는지 알 수 있는 능력은 구전문화에 몰입함으로써만 얻을 수 있다. 이렇기 때문에 일반 대중이나 제너럴리스트들이 배제되는 것이다.

과학이 구전문화라는 개념은 제2의 물결의 연구로 새롭게 이해하게 된 많은 것들을 나타내준다. 우리는 이제 과학이 제1의 물결 하에 있는 철학자들이 설명하려 했던 절차들의 집합이 아님을 안다. 우리는 과학이 사람들과 그들의 능력에 대한 평가가 필수적으로 중요한 역할을 하는 사회적 행동들의 집합이라

28. 핵심 집단은 Collins(1985, 1992)를 보라. 전문성의 편협성에 대해서는 Collins(2017: ch. 14)를 보라.
29. 1차 출처 지식과 상호작용적 전문성의 차이는 Collins and Evans(2007), Collins(2014a)에서 찾을 수 있다.

는 것을 안다. 이는 우리가 실험적 복제, 통계적 분석, 데이터에 대한 자유로운 접근 등을 요구하는 것에 담긴 의미를 이해하는 방법에 엄청난 변화를 준다. 이런 것들은 독수리들에게만 맡겨서는 안 된다. 양 방향을 보는 데 필요한 구획화의 기술을 독수리들은 훈련 받은 적이 없기 때문이다.[30]

정책 조언을 위한 새로운 제도

사회과학은 그러나 훨씬 더 많은 것에 기여한다. MMR 같은 경우를 생각해보자. 선택적 모더니즘은, 이런 경우 대중과 정치인은 기술적인 의견의 합의를 의사 결정의 기초로 삼아야 한다고 말한다. 하지만 MMR과 달리 대부분 이런 경우 전문가들 사이의 심한 불일치가 특징인데 어떻게 합의에 이를 수 있을까? 새로운 치료법이 의학계에서 개발됐다고 상상해보자. 초기의 위험한 백신 같을까? 탈리도마이드나 아스피린 같을까? 이중 맹시험(double blind test)이 별 문제 없이 다 끝났다고 가정하자. 자 이제, 결정이 내려지기 전에 과학자 사회로부터 얻을 수 있는 지식은 다 얻었다. 하지만 제2의 물결은 이 지식이 얼마나 틀리기 쉬운지 보여줬다. 그리고 상황이 아주 특이하지 않는 한 과학자 사회 안에서조차 의심거리가 될 만한 게 있기 마련이다.[31] 사전예방원칙도 별 도움이 안 된다. 기껏해야 '새로운 약은 절대 쓰지 마라' 정도밖에는 할 말이 없을 뿐이기 때문이다. 그렇다면 무엇을 합의라고 여겨야 할까?

논란이 벌어지고 있는 기술자 사회부터 살펴보자. 이 집단

---

30. 아래의 통계 관련 내용을 참조하라.
31. MMR의 경우는 백신 접종에 반대하는 진영에서 제대로 된 과학적 증거를 제시하지 못했다는 점에서 특이하다.

은 핵심적 집합을 이루는 과학자들과, 같은 정도의 특화된 지식을 가지고 있고 논란이 되는 전문용어들을 이해할 수 있는, 적합한 경험 기반의 전문가들의 합에 불과하다. 우리가 생각해내려고 하는 정책 결정 메커니즘이 무엇이든, 그 메커니즘은 항상 이들 전문가들의 판단에 종속될 것이다. 하지만 그렇다고 해서 과학자들에게만 최선의 과학을 구성하는 것에 관한 결정을 맡긴다는 것은 아니다. 과학자들은 대부분 독수리들이기 때문이다. 독수리들 사이에 부엉이들이 섞여 있을 수도 있지만, 몇 마리 안 될 것이다. 그 부엉이들이 목소리를 낼지도 모른다는 기대를 가지고, 이 결정을 주류 과학자들에게 맡기는 것은 너무 위험부담이 크다. 과학자들의 압도적인 다수를 이루는 독수리들은 그들의 연구를 믿어야 하고 격렬하게 그 연구를 지켜내야 한다. 이건 편견이 아니다. 과학의 속성이다.

이렇게 한번 보자. 현재로서 가능한 최선의 과학—'현재의 과학적 합의'로 바꿔 불러도 된다—을 구성하는 것이 무엇인지에 관한 결정은 실제로 '무지의 장막' 뒤에서 내려져야 한다. 합의를 구성하는 것이 무엇인지 결정하는 과학자는 불편부당하게 결정을 내려야 한다. 이 말은 이상적인 세계에서라면, 과학자는 문제에 대해 자신이 어떤 입장을 취해야 하는지 알려고 하지 않는다는 뜻이다. 하지만 독수리들에게 장막을 씌우는 것은 힘든 일이다. 당연하지만, 독수리들은 진실을 사냥하고 발톱으로 그것을 잡기만 하면 절대 놓치지 않도록 돼 있기 때문이다. 그리고 과학자-부엉이조차 독수리처럼 행동하는 데 많은 시간을 허비한다. 특별한 상황을 제외하고는 불편부당함은 기술자 사회 바깥에서 와야 한다. 또한 불편부당성이 기술자 사회 밖에서 온 것으로 보인다면 더 많은 정당성을 확보할 수 있을 것이다. 이 불편부당성을 가장 잘 제공할 수 있는 것은 사회과학자들이다. 그들은 제2의 물결과 제3의 물결이라는 두 개의 렌즈를 통해 과학을 이해하고 과학자-부엉이처럼 두 개의 방향으로 볼 수 있다.

우리가 주장하는 것은 공적 영역에서의 기술적 주제에 관한 현재의 과학적 합의로 생각돼야 하는 것이 무엇인지 결정하는 일을 하는 새로운 종류의 제도다. 누가 좋은 과학을 하고, 누가 적절한 경험 기반 전문성을 가지고 있는지 알아보는 일이다. 이 일은 과학적인 일이며 과학의 형성적 열망에 따라 수행될 것이다. 하지만 이 일은 자연과학자 혼자서 할 수 있는 것이 아니다. 여기서 말하는 과학은 합의의 속성에 관한 과학이다. 과학은 논의의 대상인 기술적 주제가 아니라, 논의의 대상인 기술적 주제에 대한 합의의 내용과 힘이다. 문제가 되는 것은 사회과학적 사실이지, 자연적 사실이 아니라는 의미다. 기술관료주의적 모델이라고 할 수 있는 제1의 물결 아래서 무엇을 최선의 과학으로 보아야 하는지를 결정했던 사람들은 실제로 과학 분야에서 연구하는 과학자들이었을 것이다. 그들은 사회과학적 주제는 없고, 기술적인 주제만 가지고 논의했을 것이다. 하지만 그건 실수였다. 'X'라는 주제를 가지고 누가 좋은 과학을 하는지 결정하는 것은 'X'라는 주제에 관해 진실이 무엇인지 결정하는 것과는 사뭇 다르다. 과학에서 적절한 해석의 위치는 지식의 생산자들과 가까운 거리에 있다. 하지만 이 말은 지식 생산자들이 누가 좋은 과학의 특정 부분을 수행했고, 누가 나쁜 과학의 특정 부분을 수행했는지 결정하는 데 적절한 사람이라는 뜻일 뿐이다. 우리가 얘기하고 있는 논란에서는 생산자들의 관점이 다양할 것이다. 좋은 과학은 양쪽 모두에 있을 것이다. 어떤 독수리들은 'A'라는 과학자가 최선의 과학을 했으며 진실은 'P'라고 생각할 것이다. 또 어떤 독수리들은 'B'라는 과학자가 최선의 과학을 했으며 진실은 'P가 아님'이라고 생각할 것이다. 모든 과학자들은 자신만의 관점을 고수할 것이고 또 그래야 한다. 그리고 그들의 관점이 장기적으로 옳다고 증명될 것이라고 모두 확신할 것이다. 하지만 단기적으로, 정책 결정자들은 어떤 과학적 관심을 선택할 것인지 결정해야 한다. 이 결정은 과학사회학에 달려 있다. 우리에게는 이 새로운 지식을 이용해 현재의 과학적 합의의 속성과 강도 모두를 평가하는 전문가 조언에 대한 새로운 접근 방법이 필요하다. 과학학의 지난 50년은 과학의 사회적 구성에 대한 깊은 성찰적, 분석적 이해를 하기 위한 시간이었다. 즉 과학이 어떻게 진행되는지 알게 되는 시간이었다. 이러한 이해는 과학적 합의의 속성과 강도를 정의하고 인식하는 데 도움을 주어야 한다. 제1의 물결 하에서 과학적 진실밖에는 없었다. 하지만 지금은 합의의 등급이 있다. 현재의 과학적 합의의 속성과 강도를 인식하는 것이 새로운 제도가 해야 할 일일 것이다.

물론, 오래된 의문은 사라지지 않을 것이다. '누가 감시자를 감시할 것인가?'이다. 누군가는 과학적 합의를 평가할 전문가를 선택해야 한다. 하지만 수렴급수—감시자, 감시자를 감시하기, 그 감시자를 감시하기—처럼 이 제도는 우리가 해결 방법에 접근하도록 해줄 것이다. 이 새로운 제도는, 기존의 권력관계와 얽혀 있고 독수리들이 과학적 문화를 거의 완전하게 지배하고 있는 사회에서는 현실적이지 않을 수도 있다. 하지만 우리가 여기서 의도하는 것은 일종의 추상적인 정치철학이다. 처음부터 우리가 설계하고 있던 사회라면 상황이 어땠을까? 이것은 존 롤스(John Rawls)가 전쟁포로 이야기에서 대답하려고 했던 정치철학의 문제와 같은 종류의 문제다.[32] 마음대로 할 수 있다면, 이 새로운 조언 집단의 구성은 부엉이 같은 사회과학자

32. 식량의 공정한 분배를 위해서 롤스는 급식을 나누는 사람은 자신의 몫을 고를 수 없도록 하는 것을 제안했다. 롤스는 그렇게 하면 최대한 공평하게 식량을 나눌 수 있다고 주장했다.

와 부엉이 같은 과학자를 섞을 것이다. 이 두 부류를 합쳐서 '부엉이들'이라고 부를 것이다. 부엉이들의 임무는 현재 상태의 전문가 지식을 살펴보고 그 결론을 정치인들에게 넘기는 것이다. 받아들이든 무시하든 상관없다. 부엉이들은 어렵고, 아마도 불가능할 수 있는, 진실을 알아내는 일이 아니라, 합의에 대해 보고하는 상대적으로 쉬운 일을 맡게 된다. 부엉이들의 제일 중요한 역할은 대중에게 특정한 논쟁에 대한 구두 합의가 문헌과 인터넷에서 볼 수 있는 믿음이 안 가는 내용과 왜 다른지를 설명하는 일이 될 것이다.

가짜 과학 논란

부엉이들이 새로운 기여를 할 수 있는 예가 있다. 이미 간략하게 논의된 것이다. 남아프리카공화국의 전 대통령 타보 음베키는 재임 당시 에이즈에 걸린 임산부에게 항레트로바이러스제를 보급하지 않기로 결정했다. 음베키는 상원의회 연설에서 다음과 같이 말했다.

> 무엇보다도 이 약물(AZT)의 독성이 강해 사실상 건강에 위험이 된다는 주장을 담고 있는 과학 보고서는 매우 많습니다. …… 이 문제를 더 잘 이해하기 위해서 나는 의원 여러분께 인터넷에서 볼 수 있는 그 많은 보고서들을 읽어보시기를 촉구합니다. 그렇게 하면 우리 모두가 이 문제에 대해서 같은 정보를 가지고 접근할 수 있습니다.[33]

사회적 활동으로서의 과학에 대해 연구하면서, 사회과학자들과 성찰적인 과학자들은 과학적 논란에 일정한 패턴이 있다는 것

33. Weinel(2007: 752)에서 인용했다.

선택적 모더니즘

을 알게 됐다. 우리는 인간의 창의성이 매우 뛰어나서 비판자가 작정하면—과학적 결론을 내는 데 얼마나 오랜 시간이 걸렸는지 상관없이—언제든 과학적인 결론에 의문을 제기하는 이유를 댈 수 있다는 것을 알고 있다. 하지만 우리는 좋은 과학에서 무당파의 생각은 정당한 대우를 받는다는 것 또한 알고 있다. 좋은 과학자들은 무당파의 주장을 최소한 잠깐이라도 심각하게 고려해본다.

좋은 과학에서, 완전히 미치지 않은 무당파의 생각은 검증을 받고, 가끔은 인정을 받기도 하지만 대부분은 반박된다. 그 결과는 보고서로 작성된다. 토론이 끝난 후, 반박 의견이 우세하게 되면, 무당파들은 잊힌다. 무당파들은, 완전히 이해할 수 있고, 고귀하고, 독수리 같은 이유로, 그들이 반박 당했다는 것을 거의 받아들이지 않는다. 그들은, 언제나 그렇지만, 반박 주장이나 반박 실험에서 빈틈을 찾아내 반박에 대한 반박을 발표하려고 한다. 하지만 주류 저널은 이들의 주장을 실어주지 않는다. 그래서 그들은 주변부 저널이나 인터넷에 발표를 한다. 이 주변부에서 발표된 내용을 타보 음베키가 보고 있었던 것이다.

그가 의원들에게 읽으라고 권한 주장들은 주류 문헌에서 한때 생명력을 가졌지만 이미 유통기한은 끝난 것들이었다. 이런 것들을 부엉이들이라면 실시간으로 지적할 수 있을 것이다. 부엉이들은 실제로 논란은 진행되고 있지 않다고 말할 수 있다. '가짜' 논쟁이라는 것을 짚어낼 수 있는 것이다. 가짜 논쟁이라는 것을 알기 위해 과학을 꼭 이해해야 하는 것은 아니다. 물론 과학을 이해하는 것이 유용하긴 하지만, 꼭 필요한 것은 과학의 사회적 과정에 대해 이해하는 것이다. 유통기한이 지났다는 것이 무당파가 틀렸다는 뜻은 아니다. 과학적 합의의 의미를 결정해야 할 현실적 필요성을 생각해볼 때, 무당파는 현실과는 맞지 않는다는 뜻이다. 무지의 장막 뒤에서라면 무당파도 이 점을 이해할 것이다. 부엉이들은, 정치인들이 과학적 합의를 염두에 두고 정책을 만들고자 한다면 이 특정한 과학적 의견 불일치에 관련해서 인터넷과 무당파의 주장을 무시해야 한다고 말할 수 있다. 이 말은 자연과학자들과 사회과학자들이 같이 만든 과학적인 과학사회학에 속하는 발견이 될 것이다.[34]

다시 말하면, 과학에 관한 양쪽 주장 중 어느 쪽이 맞다고 말하는 것은 부엉이들의 일이 아니다. 사회과학자들은 자격을 갖추지 못했다. 무당파 과학자들은 제대로 대우를 받은 지 오랜 시간이 지났지만, 그 어떤 사회-과학자-논평가보다 훨씬 더 나은 과학자들이다. 음베키의 사례에서, 무당파 중 하나는 노벨상 수상자인 피터 듀스버그(Peter Duesberg)다. 그는 미국 버클리대학교 분자세포생물학과 교수로 다른 상도 많이 탔다. 역시 노벨상 수상자인 캐리 멀리스(Kary Mullis)가 그를 도왔다. 그들은 맞는 것으로 밝혀질 수도 있다. 과학적인 자격을 갖춘 과학자-부엉이들조차 이런 문제에 대해 과학적 주장을 할 때는 독수리 같은 편견을 완전히 억제했는지 자신하지 못한다. 하지만 집단 차원에서 부엉이들은 비교적 확신을 가지고, 어떤 시기가 되면 과학적 동의는 무당파의 의견을 더 이상 고려하지 않게

34. 이는 또한 그전에 생각했던 것보다 훨씬 까다롭지만 명확해지고 있는 통계의 영역에 속한다. 부엉이들 또한 과학자들이 과학의 형성적 열망에 따라 행동해온 정도를 고려할 것은 말할 필요도 없다. 사회과학자들과 탐사 저널리스트들은 이러한 차별을 만들어내는 데 가장 능숙하다. 차별을 만들어내는 것이 이들이 물려받은 전통의 핵심이기 때문이다. 따라서 저널리스트들은 담배 업계가 일부 과학자들을 매수해 실제로 주류 사회에서는 논란이 일지 않았는데도 논란이 존재하는 것처럼 만들었다는 사실을 알아냈고. 사회과학자들은 기후변화에 '회의적인' 싱크탱크들이, 해당 과학계가 기후변화의 원인에 대해 합의를 이루었음에도 불구하고, 주요 정유사의 연구비 지원을 받은 증거를 찾아냈다. 합의의 속성에 대해 결정할 때는 이 모든 것이 고려돼야 한다. 제4장과 제5장에서 구체적인 사례가 다뤄질 것이다.

될 것이라고 말할 수 있다. 단기적으로—장기적으로는 다를 수
있다—가장 좋은 결정을 내리는 것이 임무인 정책 결정자들은
진실이 아니라 합의를 가지고 시작해야 한다.

합의 지표

합의의 강도는 다양하다. 정책 결정자들에게 합의의 정도를 아
는 것은 그 속성을 아는 것만큼 필수적이다. 합의의 정도를 결
정할 때는, 합의의 핵심에서 얼마나 벗어났는지를 측정할 수 있
는 눈금을 그리는 어려운 일을 해야만 한다. 우리는, 물리학자
라면 받게 되는 상대성 이론을 반박하는 수많은 편지들이 물리
학에서 합의를 도출하거나 합의를 축소하는 데 영향을 미쳐서
는 안 된다는 것을 알고 있다. 받아들일 수 없는 것과 더 고려
해보아야 하는 것 사이 어딘가에 경계가 있다. 과학적인 의견
불일치의 구조에 대해서는 배경 연구가 필요하다. 물리학을 주
제로 한 과학적 무당파의 분류에 대한 연구가 이미 진행 중이
다.[35] 요즘, 물리학 발견은 'arXiv'라는 전자 출판 전 서버에서
많이 발표된다. 논문 저자들은 동료 평가 전에 이 서버에 연구
결과를 올린다. 하지만 arXiv는 경계를 설정하는 데 계속 문제
를 겪고 있다. 어떤 것이 중요한 기여이고, 어떤 것이 아닌가?
arXiv는, 수준은 '주변부' 정도지만 과학 논문이 가져야 할 특
징은 있으며, 저자가 대학 교수인 논문들을 분류하기 위해 '일
반 물리학'이라는 범주를 만들어야 했다. arXiv 안에는 세 개의
범위가 있으며, arXiv 밖에도 최소 두 개 범위가 더 있다. 평범
한 출판물 중 최첨단의 과학적 전문성이 담긴 논문들이 분류되

---

35. 이 문제에 대한 연구가 RES/K006401/1과 브리티시아카데미펠로십
의 자금 지원을 받아 카디프대학교에서 진행되고 있다. Collins(2014b),
Collins, Bartlett and Reyes-Galindo(2016), Collins and Galindo(2016)
를 보라.

는 범위도 있다. '심사 가능한' 모든 논문이 분류되는 범위도 있다. 그 밖에 질이 떨어지는 '일반 물리학' 범주가 있다. 그 한참 더 밖에는 형태는 과학 논문임에도 거절당하는 논문들이 있다. 이런 논문 중 한 편에 대해 어느 물리학자가 말했다. "전문가의 솜씨다. 내용도 좋고, 방정식도 대부분 설명됐고, 그림도 분명하다. 과학 논문을 쓸 줄 아는 사람이다." 이런 논문들은 '주변부' 저널로 분류되거나 자비 출판된다. 문제의 논문에 대해 다른 주류 물리학자는 이렇게 말한다. "이 논문이 실린 저널은 arXiv의 출판 단계까지 가지 못한 논문들을 그동안 실어왔다. 이 논문은 동료 평가에서도 거절된 것이다."[36] 사회과학의 기여는, 어떤 것도 너무 쉽게 무시돼서는 안 된다는 것과, 더 넓은 집단은 출판물이 과학 논문의 형태와 최소한의 과학적 역량을 가지고 있다고 해서 그 출판물이 과학이라는 구전문화 안에서 진지하게 고려돼야 한다고 생각하지 않는다는 것을 확실히 하면서, '주변부의 생태학'을 이해하는 것이다. 이 마지막 범위 밖에, 이상한 생각들이 모여 있다고 흔히 생각되는 블로그 수준에 가까운, 출판되지 않은 생각들이 존재하고 있다. 여기서 사회과학자들의 인증 역할이 가장 중요할 수 있다. 인터넷에서 과학처럼 보이는 것을 읽는 사람들에게 겉모습은 정성들여 만든 것처럼 보이지만 그 내용이 꼭 과학이 아닐 수도 있다고 강조하는 일이다.[37]

지금 기술한 연구가 어떤 것을 집어넣고, 어떤 것을 빼야 하는 결정과 직접 연결되는 것은 아니다. 하지만, 사람들이 그

---

36. 이 사례의 분석은 Collins, Bartlett and Reyes-Galindo (2016)를 보라. Collins (2014c)를 인용하였다.

37. 이는 사회과학자가 연구 대상이 되는 집단을 잘 알고 있어 좋은 판단을 내리는 데 필요한 암묵적 지식을 가지고 있을 때 가장 효과적이 될 것이다. 비슷한 생각은 Gorman and Schuurbiers (2013)를 보라.

선택적 모더니즘

렇게 많이 얘기하는 '동료 평가'가 문제의 표면도 거의 다루지도 못하는 반면, 주변부의 생태학에 대한 정확하고 사회과학에 기초를 둔 기술은 최소한 출발점은 된다. 정책 결정이라는 목표를 위해서는, 끝까지 가는 것을 피해서는 안 된다. 부엉이들은 합의의 강도에 등급을 매겨야 한다. 예를 들면, A에서 E로 나눌 수 있다. A는 완전하거나 거의 완전한 합의이고, E는 거의 또는 전혀 합의가 이뤄지지 않았음을 뜻한다. 정치인들은 더 큰 위험 부담을 지고 있으며, E 등급의 합의를 받아들이지 않을 때보다 A 등급 합의를 받아들이지 않을 때 설명하는 것을 더 부담스러워 해야 한다. 예를 들어, 타보 음베키는, 그렇지 않은 척했지만, 과학 내부의 A 등급 합의를 받아들이지 않았을 때 엄청난 위험 부담을 졌다. 반면, 정치인들은 계량경제학들의 E 등급 합의를 받아들이지 않을 때 거의 위험 부담을 지지 않는다. 실제로, E 등급 합의에 대한 위험은 그 반대다. 이 경우 정치인들은 자신의 정치적인 선택이 과학적 합의에 기초를 두고 있다고 주장하면서 그들의 정치적인 선택을 정당화하려 한다. 과학적 합의의 정도를 과장하는 것은, 실제로는 합의가 됐는데도 합의가 안 됐다고 속이는 것만큼 유권자들의 신뢰를 잃는 일이다. 문제는 과학적 결론을 나타낸다는 것에 대해 투표로 결정할 수는 없다는 것이다. 부엉이들은 이 두 가지 합의 개념 남용에 제한을 가할 것이다.

부엉이들의 임무

부엉이들의 일은 영국이나 다른 나라 정부의 과학 자문가, 특히 영국 정부의 수석과학고문 같은 고위 과학 조언자들의 역할을 넘어서고, 그들의 활동 범위를 확장하는 것으로 생각할 수 있다. 많은 과학적 전문 영역에 걸치는 일을 하기 위해서, 이 조언자들도 과학자 단체들로부터 조언을 얻어야 한다. 여기서

제안되는 것과 정부의 과학 조언자들의 역할의 차이는 다음과
같다.

1. 조언자들은 그들 자신이 독수리 성향을 가진다.
2. 조언자들은 과학에 대한 사회과학적 이해에 특별하게 의지
    하지 않는다.
3. 조언자들은 합의에 공식적이고 가시적인 방식으로 등급을
    매길 수 없다.
4. 조언자들은, 이러한 매우 합당한 이유로, 새로운 제도보다
    공적 정당성을 더 적게 가진다.

부엉이들은, 특정 기술적 쟁점에 대한 합의의 속성과 정도에 조
언을 하면서, 본질적으로 수석과학고문의 일을 한다. 하지만 이
들은 임명 절차를 철저히 검토해 정치적 중립성을 확보한 방식
으로 임명되는 법적인 위원회가 되며, 위원회의 보고서와 결론
은 공공 기록물이 되어야 한다. 부엉이들의 일은 전문가 조언에
대한 기존의 접근 방법과는 다를 것이다. 이들은 더 폭넓은 고
려와 지식에 기초해 결론을 내릴 것이기 때문이다. 합의의 등급
이 정해질 때는 과학자-부엉이들과, 부엉이들이 자문을 구하는
전문가 독수리들[38]에 의해 제공되는 과학 지식을 기초로 그 과
정이 이루어질 것이다. 등급은 또한 사회과학자 부엉이들과, 부
엉이들이 기여를 부탁할 수도 있는 사람들에 의해 제공된 사회
과학을 기초로 할 것이다. 이런 사회과학의 기여는 요약하면 다
음과 같다.

---

38. 이들은 '독수리 떼'를 구성한다. 기후변화에 관한 정부간 패널(International Pannels of Climate Change, IPCC)은 진정한 독수리 떼다. 다른 예로는 미국의 연방정부의 과학기술자문단인 JASONS를 들 수 있다.

1. 정책 결정과 진실 판단의 차이점에 대한 이해
2. 따로 행동하는 과학자들에 의해 역할이 간과될 수 있는 경험 기반 전문가의 가시성을 이해하고 높이는 것
3. 암묵적 지식을 기초로 한 구전문화로서의 과학과, 다양한 전문성의 속성을 포함한 그 결과물에 대한 이해
4. 과학적 논란이 전개되는 방법과 '유통기한'의 이해
5. 과학의 경계 영역을 차지하고 있는 사람들의 관점에 어느 정도의 비중과 정당성을 부여할 것인지에 대한 이유

과학적 합의의 속성과 등급에 대해 결론을 내리는 것은 토론의 문제일 수밖에 없다. 우리가 여기서 제안하는 것은 그 토론이 과학이 평가되고 그 평가가 포퓰리즘까지 가지 않는 정치적인 정당성을 가장 잘 확보할 수 있는 적절한 제도에 의해 수행돼야 한다는 것이다. 부엉이들의 일은 투명하고 그 일의 결과인 합의와 등급에 대한 의견은 공적인 것이 될 것이다.

이런 계획 하에서 무당파의 역할은 분명할 것이다. 그들의 역할은 제안하는 것이며, 그 제안을 처리하는 것은 부엉이들과 정치인의 역할이다. 예를 들어, 유전자 조작 농산물이 개발도상국에서 생명을 구할 수 있기 때문에, 유전자 조작 농산물에 반대하는 과학자들은 의견을 공개해서는 안 된다는 주장이 제기돼왔다. 하지만, 위험할 수 있다고 다른 사람들이 생각한다는 이유로 과학자가 세계에 대한 사실로 생각되는 것에 대한 지지를 철회하는 것은 과학의 유산을 저버리는 일이다.[39] 과학적 무당파에게 정책 결정의 임무를 맡기지 않는 것은, 그 정책 결정으로 무당파들 자신의 연구를 못하게 된다는 것을 의미한다고 해도, 적절하고 현명한 것이다.

39. 다음 두 문단에 나오는 많은 논점들은 뒤에 선택적 모더니즘의 입장과 헤더 더글러스의 입장을 대조하는 부분에서 더 자세하게 다뤄질 것이다.

문제를 이렇게 다루면, 과학과 정치의 관계에도 모호함이 없어진다. 과학 실천에 대한 제2의 물결의 심도 있는 분석으로 얻을 수 있는 가장 중요한 결론 중 하나는, 과학과 정치는 섞일 수 있을 뿐 아니라, 항상 섞인다는 것이다. 또한, 이 상황은 제3의 물결 아래서도 지속되지만, 그 형성적 열망은 과학과 정치를 분리하는 것이어야 한다.[40] 정치를 기름처럼, 과학을 물처럼 다루겠다는 결심이 모든 제도적 수준에 적용돼야 한다. 기름은 사회의 정치라는, 병에 담긴 물 위에 떠 있도록 해야 한다. 정치적인 결정은 과학적 합의에 의해 확정될 수 없으며, 과학적 합의도 정치적인 선택에 맞도록 '왜곡'돼서는 안 된다. 병을 흔들었을 때, 정치인과 과학자가 함께 일하는 제도에서 기름과 물은 분리된 상태를 유지해야 한다.[41] 병을 더 세게 흔들었을 때는, 직업으로서 과학자를 시작하지만 권력에 '말하는' 법을 배우게 되는 정부의 과학 조언자 같은 개인들은 자신을 덩어리가 섞여 있는 유화 도료로 만들어야지, 용액이나 혼합물로 만들어서는 안 된다.[42] 조언자의 의무는 조언에서 과학자적, 전문가적 부분이 차지하는 부분을 정치가 차지하는 부분과 분리하는 것이다. 최소한 그런 열망을 가져야 한다. 이 방법으로만 과학자적, 전문가적 삶의 양식이라는 생각이 유지될 수 있으며, 이 방법으로만 과학적 조언을 하는 것이 선택적 모더니

40. 반복하건대 Collins and Evans(2002, 2007)는 과학의 내재적 정치 행위와 외부적 정치 행위를 구분한다. 내재적 정치 행위는 피할 수 없지만 그런 행위가 있다고 인식될 때마다 평가절하돼야 한다. 반면 외부적 정치 행위는 과학 활동의 특징이 되어서는 안 된다.

41. 자사노프(Jasanoff, 1990)의 '과학자문위원회'(science advisory committees), 거스턴(Guston)의 '경계 조직'(boundary organizations), 바이커(Bijker), 발(Bal) 그리고 헨드릭스(Hendricks)의 네덜란드건강위원회(Gezondheidsraad), 칼롱(Callon), 라스쿰(Lascoumes) 그리고 바르트(Barthe, 2010)의 '하이브리드 포럼'(hybrid forum)이 그 예다.

42. Wildavsky(1979)를 참조하라.

즘과 공존할 수 있다. 따라서 정부의 연구자들은 공무원과 과학자 양쪽 역할을 동시에 하면서 각각의 규범적인 기준에 따라 행동하고, 각각의 기준에 따라 판단해야 한다. 어떤 수준의 제도에 대해서도, 형성적 열망이라는 아이디어는 과학적으로 행동할지 정치적으로 행동할지에 대해 의심이 들 때 적용될 수 있다.

무엇보다, 정치인들은 분리를 잘해야 한다. 정치인들은 과학적 합의의 결과로 보이는 어떤 정책이라도 분명하고 투명하게 받아들여야 하며, 그 정책들을 뒤집고 그들만의 정책을 세울 때도 같은 정도로 분명하고 투명하게 해야 한다. 부엉이들은 정책을 만들기 위해 설명하려고 하지 않을 것이다. 하지만 합의가 강할 경우 어떤 정책들은 특정 과학적 합의 안에 내재하게 된다. 정책을 뒤집기 위해서는 정치적인 용기가 필요하지만, 저항하는 것은 부엉이들의 일이 아니다. 부엉이들은 정책 결정자들이 현재의 과학적 합의에 대해 얼마나 알고 있는지를 확인하는 데만 관심이 있다. 합의의 내용을 거부하는 것이 얼마나 위험한 일인지 알려면, 정치인과 정책 결정자들은 합의가 얼마나 강력한지 알면 된다. 부엉이들이 그들에게 말해줄 것이다. 이 계획 하에서 정치인들은 자신들의 정치적 선호에 따라 전문가들의 대립되는 의견들 중에 선택할 자유가 없는데도 여전히 그들이 과학적인 조언을 따르고 있다고 주장할 것이다. 그들은 경제학적 합의가 없는데도 있는 것처럼 더 이상 행동할 수 없을 것이며, 과학적인 합의가 있는데도 없는 것처럼 행동하지 못할 것이다. 그리고 대중은, 더 넓은 전문성을 바탕으로, 과학적 증거와 과학의 절차에 대해 설명할 단체를 가지게 되는 것이다. 과학적 조언을 발굴하고 선택하는 것은 더 이상 정치인의 일이 아니다. 그건 부엉이들의 일이다. 따라서 정치인들이 정치적인 선호에 맞춰 과학자들을 선택하는 것은 더 어려워지는 반면, 정부가 잘못된 정보에 기반을 둔 대중의 정서에 저항하는 것은 더 쉬워진다.

여전히 답이 필요한 문제

플라톤의 '누가 감시자를 감시할 것인가?'라는 문제를 풀어야 앞으로 나아갈 수 있다고 믿는다면 그렇지 않을 수도 있지만, 이 모든 것이 이론상으로는 근사할 수 있다. 하지만 여전히 부엉이들의 구성원을 어떻게 발굴하느냐라는 실제적인 문제가 있다. 어려운 점은, 논의되고 있는 과학의 측면에서, 부엉이들의 전문성 수준 문제다. 우리는 부엉이들이 과학의 전 분야를 다루는 단일한 상설 위원회가 되는 것처럼 말했다. 하지만 우리가 과학학을 하면서 알게 된 것 중 하나는 과학적 전문성은 좁고 깊다는 것이다. 다시 말하지만 '흰 가운을 입은 과학자' 같은 것은 없다. 부엉이 구성원은 다양한 주제를 다루어야 하기 때문에, 두루 전문성을 갖춘 부엉이들을 찾아내는 것이 현실적인 어려움이 될 수밖에 없다.

부엉이들의 과학자 구성원의 경우, 아주 예리한 부엉이 성향의 과학자가 얼마 안 된다는 것을 감안해도, 위원회 구성원으로서 더 부엉이 같은 과학자를 뽑는 일을 하면서도 첨단 전문 분야 연구를 계속할 수 있는, 피터 메더워 정도 되는 뛰어난 과학자가 있긴 할 것이다. 어렵겠지만 해결 방법이 있을 것이다.

사회과학자 구성원의 경우는, 과학 전문 분야에 대한 깊은 지식을 갖고 있는 사람이 거의 없기 때문에 구성원을 뽑기가 훨씬 더 힘들 것이다. 요즘은 대다수의 사회과학자들이 과학 안이 아니라, 밖에서 과학을 비판한다. 단기적으로는 부엉이들 위원회의 사회과학 쪽 구성원들이 수도 적고, 최적이 아닐 수도 있

선택적 모더니즘

다. 이 문제는 장기적으로 봐야 한다. 우리는 사회학자들의 사례 연구에 대한 시각에 역사학자들에겐 당연하다고 받아들여지는 기술적 깊이가 더해지길 기대한다. 과학사회학을 역방향으로 돌려야 할 필요가 있다. 장기적으로 우리는 사회에서 핵심적인 기능을 수행할 이런 종류의 사회과학자가 더 많이 필요하다.

우리는 과학적, 기술적 영역에서의 합의의 속성과 힘에 대해 결정을 내릴 부엉이들이라는 새로운 제도를 창안했다. 하지만 기존 제도를 그대로 두고 사회과학과 자연과학의 부엉이들을 투입하기만 해도 될 수도 있다. 이 부엉이들은 자신에게 가장 잘 맞는 기술적 분야에서의 합의의 속성을 정의하는 것이 자신의 일이라는 것을 이해하고 그 일의 일부로 합의에 등급을 부여하는 일을 하면 된다. 이 아이디어는 점진적으로 기존 제도에 도입하는 방법을 쓰면 더 쉽게 구현될 수 있다. 하지만 이 일은 성형수술을 하듯 조금씩 변화를 주는 것과는 차원이 다른 일이며, 급진적인 요소가 없이는 확실한 실행이 어려울 수도 있는 일이다.

결론

이 책의 주요 작업은 이제 끝났다. 우리는 형성적 열망을 기초로 과학을 평가하는 것에 대해 충분히 설명했고, 과학의 세계와 정책 결정의 세계 사이에서 다리 역할을 할 수 있는 새로운 제도를 창안했다. 그 과정에서 결정의 기술적 측면이 현실에서 어떤 모습을 하고 있는지도 설명했다. 기술적 측면은 이런 형성적인 열망을 유지하면서 문제의 사실을 확인하기 위한 과학자와 전문가 들의 시도다. 구체적인 방법과 일이 준비되는 방식은 경우에 따라 다를 것이며, 과학자 사회 외부로부터 오는 경험 기반의 전문성에 대한 필요성도 그럴 것이다. 이런 다양한 실천 방식을 하나로 묶는 것은 관련된 모든 사람들의 행동에 영향을 미치는 과학적 가치들이라는 공통 집합이다.

우리는 또한 이 생각으로부터 나온 것들을 설명했다. 우리는 과학과 정치가 서로를 굴복시키지 않으면서 상호작용하는 방법을 보여주기 위해 정치적인 측면도 자세히 설명했다. 또한, 규칙이 아닌 가치 혹은 절차는 선택적 모더니즘의 범위와 한계를 이해하는 열쇠다. 선택적 모더니즘 하에서 정치적인 측면의 특징은, 과학을 문화적 자원으로서 중요하게 인식하는 사회에서 민주적 제도는 최고의 지위를 가진다는 것이다. 이는 기술적인 측면의 중요성을 인식한다는 뜻이지, 기술적 측면에 지배당한다는 뜻은 아니다. 또한, 순수하게 과학만 하는 과학자들은 정책 결정에서 과학적 조언의 비중을 판단할 수 있는 가장 적당한 사람들이 아니라는 사실을 받아들인다는 뜻이기도 하다. 그 이유는 과학이 제1의 물결의 진실을 만들어내는 기계가 아니라, 제2의 물결이 설명한 복잡하고 논란의 여지가 많은 사회적 실천의 집합이기 때문이다. 전문가 조언에 대한 새로운 접근 방법인 부엉이들은 과학에 대한 이러한 새로운 이해를, 정책 결정자들과 시민들에게 가능한 한 최고의 과학적 합의에 대한 평가를 제공하기 위한 기초로 삼는다. 부엉이들이 이러한 이해를 가지고 어떤 일을 하는지는 물론 우리가 말할 것이 아니다. 우리의 주장은 단지, 그들의 선택이 무엇이든 그 선택은 가능한 가장 좋은 증거에 의한 것이어야 한다는 것이다. 이 말에 동의한다면, 당신은 선택적 모더니스트다.

제3부 학술적 맥락

Academic Context

제4장
맥락으로 본 선택적 모더니즘

앞의 장들에서 설명된 분석과 아이디어는 과학과 민주주의를
다루는 광범위한 학술적 연구에 의지하고 있다. 이 장에서 '연
속성'의 가치에 대한 우리의 연구를 소개하고 이 연구가 다른
논쟁과 어떤 관계가 있는지 설명할 것이다. 그 구조와 방식은
기존의 문헌 검토보다 더 자전적일 것이다. 광범위하고 체계적
인 검토보다는 우리와 관계가 있던 학자들과 그들의 연구에 주
로 집중할 것이기 때문이다. 그것이 우리가 걸어온 학문적인 길
이다.

선택적 모더니즘과 제2의 물결

과학학의 물결들을 구분함으로써 이 복잡하고 학제적인 분야
는 각각 다른 때에 두드러졌던 세 개의 커다란 사고 체계로 단
순화됐다. 불행히도, 제3의 물결이 제2의 물결 다음에 왔기 때
문에, 많은 사람들은 제3의 물결이 제2의 물결을 반박하고 대
체하기 위한 것이라고 생각하고 있다. 그건 사실이 아니다.
2002년 우리는 다음과 같이 썼다.

우리 주장의 주요 견해는 전문성에 관한 규범적 이론이 제
2의 물결과 공존 가능하다는 것을 보여준다는 것이다. 제1
의 물결과 제2의 물결의 관계는 제2의 물결과 제3의 물결
의 관계와 같지 않다. 제2의 물결은, 주의 깊은 관찰과 상
대주의적 방법론(또는 철학)에 기초해 과학을 더 풍부하게

설명함으로써 제1의 물결을 대체했다. 제2의 물결은 제1의 물결이 지적으로 파산 상태라는 것을 보여줬다. 하지만 제3의 물결은 제2의 물결이 지적으로 파산 상태라는 것을 보여주지는 않았다. 이런 이상한 상황에서, 제2의 물결과 제3의 물결은 같이 발전하고 있기까지 하다. 제3의 물결은 제2의 물결만으로는 지적으로 일관성 있게 다룰 수 없는 문제들에 적용될 수 있다. 제3의 물결은, 과학과 기술은 우리가 한때 생각했던 것보다 훨씬 더 평범한 것이라는 제2의 물결의 발견을 받아들이면서, 과학과 기술을 위한 특별한 근거를 찾아내는 작업을 포함한다.[1]

과학은 불완전하고 가치들이 많이 포함돼 있기 때문에 과학에서는 당연히 불완전성과 정치적인 가치를 지지해야 한다는 것이 제2의 물결의 입장이라고 할 수 있다. 그 입장에서 보면 과학의 위상을 높이고 과학을 정치적인 영향력으로부터 분리시키는 것은 제1의 물결로 회귀하는 것이었다. 그러나 선택적 모더니즘은 제3의 물결에 속해 있는 발전 과정이며, 제3의 물결에는 제2의 물결에 대한 과학의 설명과 공존할 수 없는 것이란 없다. 이 두 물결이 다른 것은 그 영향력에 대해서만이다.

　　제2의 물결과 제3의 물결의 공존 가능성을 공고하게 하기 위해, 우리는 '인식론적 불공정성'이라는 용어를 사용할 것이다. 이는 선의를 가지고 알리는 사람이 그 위치가 부인되는 상황을 묘사하기 위해 미란다 프리커(Miranda Fricker)가 만들어 낸 말이다. 프리커에 따르면, 이런 불공정한 상황은 지식에 대한 주장이 그 지식의 사회적 원천 때문에 무시될 때 나타난다.

1. 출처는 「과학학의 제3의 물결」이다(Collins and Evans, 2002: 240). 분석 집단의 '지적 파산'은 도덕적 파산 혹은 어떤 종류라도 구성원의 파산을 의미하지는 않는다.

예를 들어, 여성이나 유태인 노동자가 제시했다는 이유로 증거 능력이 떨어지는 경우다. 즉 사회 통념 때문에 사회적으로 소외된 집단이 그들의 경험에 대해 (아직) 충분히 서술하지 못하는 경우를 말한다.[2] 이 용어 자체가 과학사회학에서 많이 쓰이지는 않지만, 경험 기반의 전문성이 배제되거나 거부돼왔다는 인식이 핵심을 이루는 과학사회학 사례 연구들은 많다.[3] 제2의 물결의 영향이라고 대략적으로 말할 수 있으며, 우리가 완전히 동의하는 통찰과 관심 대상이라고 말할 수 있는 것의 예를 들어보자.[4]

환경 문제에 관한 공청회에서 동료 평가 혹은 공식적인 판단 기준은 다른 종류의 전문성을 제치고 증거의 신뢰성을 판단하는 기준으로 사용될 수 있다.[5] 공청회는 일반적인 근무 시간에 열리는데, 이렇게 되면 하루 종일 일을 하는 사람은 참석하기 힘들다.[6] 화학물질의 안전성에 대해 판정을 내리는 전문가 위원회는 안전 장비와 안전 교육이 제대로 제공되지 않을 수 있다는 사실을 간과할 수도 있다.[7] 모델을 만들기에는 변수와 잠재적인 상호작용의 수가 너무 많아, 과학자들에게는 합리적으로 보이지만 현실을 반영하지 못하는 추론을 내리게 되는 수도 있다.[8] 실험실 동물 연구를 통해 발견한 것이 인간에게는 적용

2. Fricker(2007).
3. 예를 들어 Shapin(1994), Irwin(1995)을 보라.
4. '대략적으로'라고 말한 이유는 어떤 저자들은 이런 식으로 분류되기를 원하지 않으며 우리도 억지로 그들을 우리 방식으로 분류하기를 원하지 않기 때문이다.
5. Lynch and Cole(2005)을 보라.
6. Wynne(1982)을 보라.
7. Irwin(1995), Yearly(2000), Jenkins(2007), Callon, Lascoumes and Barthe(2010)를 보라.
8. Wynne(1992a), Functowicz and Ravetz(1993).

되지 않을 수도 있음에도 추론이 이루어지는 경우도 있다.[9] 평균적인 남성을 대상으로 한 기술과 절차가 여성과 어린이들에게 적용되는 수도 있다.[10] 속성이 잘 파악이 안 된 매개 변수들에 의존하는 수도 있는데, 이 경우 분석이 데이터 분포 전체보다는 과거 데이터로 얻은 중심 결론에만 의존한다면 이 불확실성은 무시되기가 쉽다.[11] 실제로, 어떻게 과학 전문가들이 자신들이 알지 못하는 것들의 중요성을 무시하는지, 어떻게 기존 전문가들이 과격하고 폭이 좁게 문제의 틀을 짜는지 밝혀내는 것이 과학기술사회학의 중요한 발견에 포함된다.[12] 하지만 이 모든 것은 공통적으로 제2의 물결과 제3의 물결의 많은 부분을 이룬다.

같은 정도로 선택적 모더니즘과 공존 가능한 것은 사업상의 이익을 위해 과학이 어떻게 왜곡되는가를 보여주는 문헌들에서 찾을 수 있다. 선택적 모더니즘은 전통적인 과학의 가치를 왜곡하는 것에 단호하다. 우리는 이제 많은 정책 영역에서 정교한 PR이 전문가 지식의 위상에 대한 의심을 증폭시킨다는 것을 알고 있다. 나오미 오레스케스(Naomi Oreskes)와 에릭 콘웨이(Eric Conway)의 『의혹을 팝니다』(*Merchants of Doubt*)는 담배 산업, 국방, 화석연료 로비를 추적하고, 정책 결정에 영향을 미쳤을 수도 있는 과학 연구에 비판을 가했다.[13] 이 책에 따르면 담배 제조사들은 담배와 암을 연결시킨 연구에서 제기된 사용

9. Demortain (2013).
10. 자동차 안전벨트와 에어백 규정에 관한 역사는 Wetmore (2015)를 보라. 어린이와 여성의 부상 보고서를 통해 자동차 연구자들은 인체의 다양한 형태와 크기의 범위를 고려하게 됐다. www.ncbi.nlm.nih.gov/pmc/articles/PMC3400220
11. Taleb (2010).
12. Callon, Lascoumes and Barthe (2010).
13. Oreskes and Conway (2010).

자 부담 원칙과 연구의 불확실성을 이용해 '논란'을 지속시키는 전략을 사용하고 있다. 주류 과학자 사회에서는 이미 한쪽으로 기울었는데도 '양쪽'의 의견을 대중에게 노출시키기 위해 로비스트와 전문가 증인이 동원된다. 같은 전략이 로널드 레이건의 전략방위구상('스타워즈 방어 체계')의 실행 가능성에 대한 우려를 희석시키고, '간접 흡연', 산성비, 오존층 파괴, 지구 온난화에 대한 과학적 연구의 의미를 훼손하는 데 사용됐다. 고의의 정도는 약하지만 매스미디어도 과학을 왜곡하고, 과학과 기술에 대한 여론을 악화시킨다.

여기서의 입장과 전형적인 제2의 물결의 분석의 차이는, 선택적 모더니즘 하에서는 인식론적 불공정성이 가난한 사람들뿐 아니라 상대적으로 혜택을 못 받고 힘이 없는 사람들에게도 동등하게 가해진다는 것이라고 말할 수도 있다. 선택적 모더니즘 아래서는, 잘못된 정보를 가지고 있는 대중도 엘리트 과학자들에게 인식론적 불공정성을 가할 수 있다. 최근 영국에서 이뤄진 MMR 백신 접종, 기후변화, 인간 복제 관련 기사에 대한 대중의 이해를 분석한 연구로 다음과 같은 사실이 발견됐다.

사람들이 통상적으로 알고 있던 것은 지속적으로 다루어지고 있는 과학 기사의 이런 측면과 맞아떨어진다. 이 점에서, 언론 보도의 구체적인 내용이나 정교함은 보도의 일반적인 주제보다 덜 중요하다. 이는 어떤 정보가 대부분의 사람들에게 효과적으로 전달되는 것도 중요하지만, 보도 자체가 대체로 정확하다고 하더라도 광범위한 오해를 불러일으킬 수 있다는 것도 의미한다.[14]

14. Hargreaves, Lewis and Speers(2003: 2).

MMR의 경우, 이 연구에 의해서, 부모들의 우려를 동등하게 (더 높지 않다면) 취급한 신문 기사의 '형평성'이 가진 왜곡 효과를 보여주는 확실한 증거가 발견되었다. 물론 여기에 그 주장을 증명할 과학적이고 인식론적인 증거는 없었다. 2002년 10월 대표 조사에서 응답자의 23퍼센트만이 "현재 과학적 증거의 중요성을 고려하면, MMR과 자폐증 사이에 연관성이 없다고 볼 수 있다"는 성명이 맞았다는 것을 알고 있었다고 대답한 것을 보면 알 수 있다. 반면, 53퍼센트는 언론을 뒤덮은 '형평성 있는 보도'에 따라 '양쪽에 같은 정도의 증거가 있다'는 생각을 한 것으로 추정된다.[15] 비슷한 우려가 네덜란드에서도 보도된 적이 있다. 이번에는 인두유종바이러스(HPV) 백신에 대한 것이었는데, 'HPV 백신의 접종이 생각보다 늦게 시작된 이유가, 백신 접종에 반대하는 네덜란드비판적백신접종협회(Dutch Association for Critical Vaccinations) 같은 단체가 인터넷과 백신 접종 센터에 잘못된 정보를 뿌렸기 때문'이라는 내용이었다.[16] 바꿔 말하면, 회의론자들이 언론의 관행을 악용해, 기사에서 '양쪽의 주장'이 보도돼야 하고, 실제로는 논란이 없었는데도 활발한 논란이 이루어지고 있다고 주장할 수 있었다는 말이다.

결국, 어느 정도 아이러니하게도, 회의론자들은 새로운 전략을 짜고 있다. 담배산업연구위원회(Tobacco Industry Research Committee) 초창기에, 초점은 과학 자체에 맞춰져 있었다. 과학적 연구에 내재한 불확실성과 회의론을 이용해 의심을 부추기는 방법이었다. 오레스케스와 콘웨이가 보여준 것처럼, 요즘의 논쟁은 과도한 규제와 국가의 통제로부터 자유를 지킨다는 측면이 점점 더 강조되고 있다. 과학, 특히 기후변화가 인

---

15. Hargreaves, Lewis and Speers(2003: 42).

16. Laurent-Ledru, Thompson, Monsonego(2011). 그리고 Sheldon (2009)도 보라.

간에 의한 것이라는 주장을 지지하는 환경과학은, 자유시장 경제에 위협이 되고 있으며 미래의 진보에 제동을 걸고 있다. 한때 민주적 현대성의 극치로 여겨지던 과학은 이제 민주주의의 적으로 여겨지고 있다.[17] 우리는 우리가 선호하는 사회를 선택해야 하며, 선택적 모더니즘은 그 선택의 속성을 분명하게 해준다.

제2의 물결의 차이점

제2의 물결과 제3의 물결의 차이점은 과학의 속성에 관한 것이 아니다. 그 차이점은 과학이 사회적 활동이며, 지식은 사회적 집단 안에서 구성된다는 것을 인식한 결과에 관한 것이다. 제3의 물결은 사회적 집단들이, 그 구성원이 가진 경험과 그들이 따르는 규범과 가치에 따라 구분된다고 주장한다. 또한 제3의 물결은 기술적 결정의 기술적 측면과 정치적 측면을 구분할 수 있으며, 서로 다른 사회적 집단과 개인 들의 기여가 어디에서 이루어져야 하는지를 알아낼 수 있다고 주장한다. 2,4,5,T 같은 몇몇 경우에서 이 주장은 기술적 측면 또는 정치적인 측면, 또는 두 측면 모두 더 포괄적이어야 한다는 결론에 이르게 할 수도 있다. 이 주장은 또한 MMR 논란처럼, 다른 경우에서는, 의미 있는 기술적 의견 불일치는 없으며 기술적이 아닌 정치적인 결단이 필요하다는 결론을 이끌 수도 있다.

반면, 제2의 물결은 더 포괄적이어야 한다는 결론 외에는 다른 결론을 주장하기 힘들다. 부분적으로는, 경계를 세우는 것보다 무너뜨리는 데 더 관련성이 많은 해체에 대해 지적으로 전념한 결과이기도 하다. 또한 관련된 사람들의 정치적 선호에 관

17. 1장에서 살펴보았듯이, 과학이 파시즘과 공산주의에 대항해 민주주의를 방어하는 데 이용된 경우 과학은 국가의 통제를 찬성하고 개인의 자유를 위협하는 존재로 자리매김되었다.

런돼 있을 수도 있다. 실라 자사노프(Sheila Jasanoff)가 썼듯이, "많은 과학기술학자들은 제도, 실천, 과학과 기술의 결과물이 적절하게 기술되고 명확하게 분석되기 위해서만이 아니라, 권력 관계를 재조정하기 위해서도 새로운 방식으로 특징지어져야 한다고 생각한다. 예를 들어, 권력의 행사를 더 성찰적으로, 더 책임감 있게, 더 포괄적으로, 더 평등하게 하는 방식이다."[18] 어려운 점은 권력의 재조정은 '책임감 있는'이나 '성찰적인'보다는 '포괄적인'이나 '평등한'에 우선순위를 두는 것처럼 보이는 경우가 많다는 것이다. 따라서 제2의 물결을 분석하는 사람들이 매스미디어의 과학 왜곡과, 관련된 기술 포퓰리즘의 위험을 받아들이지 못하고 있는 것처럼 보이는데 이는 실망스러운 일이다. MMR 논란을 분석하는 데 가장 깊이 참여한 사회과학자들은, 대중을 보호하는 것이 잘못되고 위험하다는 사실을 받아들이기를 거부한다. 그래서 이들은 영국 보수당과 합세해 부모들이 치료법을 선택할 권리를 보호한다. MMR 백신에는 불리한 과학적 증거가 전혀 없는 반면, 비싸고 이윤이 많이 남는 일회성 투여 백신은 효과가 더 적다는 증거가 많은 상황임에도 그랬다.[19]

원유 채취 플랫폼인 브렌트스파(Brent Spar)의 처리를 두고 벌어진 논란도 비슷하다. 이 구조물을 바다에서 처리해야 하는지, 육지에서 처리해야 하는지가 쟁점이었다. 당시에는 모두 이 구조물을 육지에서 처리하는 것보다 바다에 가라앉히는 것이 환경적으로 가장 좋은 선택이라는 데 동의했다. 여기서 문제는 당시에 제공된 기술적 조언의 내용이 이제는 바뀌었다는 것

---

18. Jasanoff(2013: 101)에서 인용하였다.
19. 예를 들어, 더 오랜 기간 동안 더 많이 병원에 가야 하기 때문이다. 어린이들은 더 오랫동안 보호를 받지 못하는 상태가 되고, 필요한 접종을 모두 받지 못할 가능성이 더 커진다.

이 아니다. 그보다는, 사회과학자들이 당시 바다에서 처리하는 것을 반대했으며, 지금은 반 정도 종교적인 이유로 반대하고 있다는 것이 문제다. 바다에서 처리를 하게 되면 '오염'이 발생할 수 있으며, 한번 이렇게 처리하게 되면 추후에 더 많은 원유 채취 플랫폼을 같은 방식으로 처리하게 되는 데다, 핵폐기물을 포함해 다른 폐기물의 처리 방법에도 영향을 줄 수 있다는 주장이었다. 이 논쟁은 문제의 틀을 짜는 올바른 방법과 특히, 공리주의적인 주장은 어떤 경우에도 용인돼야 하는지 사이의 논쟁이라고 생각할 수 있다. 공리주의적인 주장이 적절한 것으로 보인다면, 다음은 기술적 조언이 문제가 된다. 그렇지 않다면, 그때는 정책 결정은 유사 종교적인 도덕적 입장에 기초를 두게 되고, 이 특정한 원유 채취 플랫폼이 바다를 오염시키는지 아닌지에 관한 기술적 논쟁은 부적절하게 된다. 유사 종교적 측면에서 문제의 틀을 구성하면, 이런 논쟁에서 선택적 모더니즘의 관심은 원유 채취 플랫폼을 하나 이상 바다에서 처리함으로써 어류에 미치는 이익이나 손해를 고려할 가능성이 차단되는가이다.[20]

MMR과 브렌트스파 같은 문제에 이렇게 접근하는 방법이 용인돼서는 안 된다는 것이 아니다. 그보다는, 선택적 모더니즘의 주장은, 모든 적절한 도덕적 입장과 기술적 조언을 얻을 수 있도록 최대한 상상력을 동원해 문제의 틀을 구성해야 한다는 것이다. 이 정보를 알고 있으면, 다음에 무엇을 할지 선택하는 것은 여론, 경제적 비용 등 다른 요소들과 함께 전문가 판단을 고려하게 될 정치적 판단으로 남게 된다. 선택적 모더니즘이 주장하는 것은, 공적 영역에서의 기술적인 의사 결정은 경우에 따라 다르게 이뤄져야 하며, 특정 결과에 대한 미리 정해진 선호에 따라 이루어져서는 안 된다는 것이다. 방금 언급한 두 경우

20. Huxham and Sumner(1999), Nisbet and Fowler(1995).

에서, 관련 사회과학자들은—과학의 속성에 대한 전문가들처럼—기술적 합의가 더 이상 자신들의 편이 아니라는 것을 인식하고, 이 사실이 토론에 참여한 그들과 다른 사람의 생각에 어떻게 영향을 미쳐야 하는지 이해할 수 있어야 했다. 물론, 그렇다고 해서 그들이 개인 차원에서 능력껏 사회 운동에 참여하거나 정치적인 대의를 지지하면 안 된다는 뜻은 아니다. 우리가 여기서 말하는 것은 사회과학자들이 사회과학자로서 말할 수 있고 말해야 하는 것에 관한 것이다.

같은 문제를 제기하는 더 일반적인 방법, 즉 제2의 물결과 제3의 물결을 구분하는 방법은 제2의 물결의 구성주의적 접근 방법과 밀접한 관련이 있는, 공동 구성이나 시민 인식론의 측면에서 보는 것이다. 공동 구성이라는 말은 더 일반적인 용어이며, 과학기술학에서 이 용어는 지식 생산의 실천이, 세계를 구성하는 객체들과 그 객체들에 의미를 부여하는 사회적 제도와 규범을 동시에 생성하는 방법을 말한다. 이 접근 방법의 주요 지지자인 자사노프는 다음과 같이 이 접근 방법이 가진 통찰을 요약했다.

공적 이성은 인식론적이자 규범적인 성취다. …… 언제 어디서든 이성이 권력을 지지하고 정당화하게 되면, 이성은 권력이 어떻게 책임을 져야 하는지에 대한, 문화에 바탕을 둔 이해에 영향을 받게 된다. 세계를 지배하기 위해 그 세계를 어떻게 알아낼 것인가에 대한 판단과 우리가 알고 있는 세계를 어떻게 가장 잘 지배할지에 대한 판단을 분리하는 것은 불가능하다. 따라서 민주 사회가 전문가에 의한 지배에 적응하는 방법—예를 들어, 개인의 미덕을 강조해서 그렇게 할지, 공식적인 기술적 자격을 요구해서 그렇게 할지—은 조언을 하는 위원회의 구성, 지식 논란의 형태와

학술적 맥락

빈도, 종결에 영향을 미치기 위한 방법 선택에 영향을 미친다.[21]

이런 생각이 어떻게 적용되는지는 2,4,5,T의 안전성에 우려를 나타낸 농장 노동자의 사례를 보면 잘 알 수 있다. 이 경우, 우리는 주장의 비중을 판단하고 다양한 지식 주장의 위상을 판단할 전문가 위원회(예를 들면, 대립적, 법적 접근 방법과 반대되는)가 만들어지는 것을 본다. 또한 위원회의 활동에서, 사회적 제도가 과학적 전문성이 육체 노동자의 전문성보다 우월하다고 생각된다는 것(사회적 위계를 재생산하는 규범적 주장)을 확인하는 동시에, '사용하기 안전한' 2,4,5,T가 공동 구성되는 것(세계에 대한 존재론적 주장)을 본다. 이 경우, 제2의 물결과 제3의 물결은 실제로 일어난 일에 대한 해석 면에서는 넓은 의미에서 비슷하다. 둘 다 이 과정이 참여자들의 과학적, 사회적 세계를 동시에 구성한다는 것과 그 과정이 이미 존재하고 있는 권력과 위치의 위계에 의존한다는 것에 동의한다. 이 두 물결은 또한 결과가 농장 노동자들에게 부당했으며, 농장 노동자들의 의견에 더 비중을 둘 수 있는 전문성에 대해 더 성찰적이고 포괄적인 정의가 필요했다는 데 동의한다. 그렇게 됐다면, 존재론적 특징과 규범적인 특징이 둘 다 바뀌었을 것이다(예를 들어, 2,4,5,T는 '위험한' 물질이 되었을 것이고, 육체 노동자들은 과학자들과 인식론적으로 동등한 존재가 되었을 것이다).

반면, MMR의 경우를 보면, 이 두 접근 방법은 다르다. 제

21. 자사노프는 『자연에 대한 설계』(*Designs on Nature*)로, 이러한 접근법에 관해서 아마도 가장 유명한 학자일 것이다. 이 책은 영국과 미국, 독일의 다른 기관들이 어떻게 생명기술공학에 관한 매우 다른 법을 이끌게 되었는지를 증명한다. 이 책은 해당 분야의 고전으로 올바르게 인식되고 있다. 인용은 Jasanoff(2012: 19)이다.

2의 물결 하에서는, 그렇게 큰 논란이 어떻게 그렇게 빈약한 증거를 가지고 시작됐는지에 대해 탐구하는 서술적 분석을 수행하는 것이 완전히 불가능하고 타당하지도 하지 않았다. 이는 1990년대 말 영국에서 과학, 정부 기관, 언론의 역할, 개인 증언의 효력에 대한 신뢰 또는 신뢰의 부족에 대해 말하고 있다. 공동 구성적 용어로 말하면, 과학을 포함한 전통적인 전문성과 권위의 원천이 전보다 덜 신뢰를 받고, 갈수록 위험에 처하게 되는 식의 순환이 더 심해졌다는 뜻이기도 하다. 과학적 논란을 어떻게 설명할 것인가에 대해 제3의 물결과 제2의 물결은 생각이 같기 때문에 이런 현상에 대한 설명을 그대로 받아들인다. 차이점은 그다음이 어떻게 될지 의문을 가질 때만 분명해진다. 즉 '그래야 한다'를 찾을 때다.

제2의 물결 순수론자는 다음에 오는 것은 아무것도 없다고 주장할 것이다. 이는 이성에 대한 대중의 기준이 특정 시간과 장소에서 어떻게 세워지는지를 설명하고, 그 이상은 아무것도 없다는 대칭적이고 중립적인 서술이다. 실제로, 제2의 물결 분석은 MMR 백신을 '위험한' 물질이라고 확정하고, 기존의 제도가 도전받아야 하며 언론에서 충분한 관심을 끌면 누구라도 전문가로 취급될 수 있게 하는 규범적 질서를 더 공고하게 만드는 데 이용됐다. 반면, 제3의 물결 접근 방법을 따르는 선택적 모더니스트라면, 농장 노동자들의 경우와는 달리, MMR 백신이 유해하다는 주장은 존재하지 않으며, 논란에 찬성하는 사람들이 만든 도덕적이고 지적인 질서는 지지할 수 없다고 주장했을 것이다. 요약하면, 선택적 모더니즘은 그 역할의 일부를 공동 구성의 특별한 형태를 주장하는 것으로 보는 것이지, 단순히 다양한 사회에 존재하는 서로 다른 공동 구성의 형태를 설명하는 것으로 보지 않는다. 여기에 선택적 모더니즘과, 제2의 물결의 많은 분석자들이 지난 반세기 동안 일어난, 과학의 속성에

학술적 맥락

대한 이해의 혁명의 결과로 여기게 된 것과의 분명한 차이점이 있다.[22]

이 책의 앞부분에서 설명한 것처럼, 선택적 모더니즘은 제2의 물결이 받아들여진다고 해도 과학의 형성적 열망이 변화 없이 그대로 유지돼야 한다고 생각한다. 과학적인 연구를 할 때 우리는 과학의 가치가 실현될 수 없다고 해도 과학의 가치를 고수해야 한다.[23] 제2의 물결에서 발견된 논리적인 결함이, 과학이 여전히 특별한 삶의 양식이 아니었다는 것을 의미하도록 해서는 안 된다. 무엇보다도, 사회과학자들은 삶의 양식이 유사 논리 법칙들을 모아놓은 것이 아니라는 것을 알아야 한다. 제3의 물결은 전문성이 경험에서 비롯된다는 것과 과학을 중요한 문화적 자원으로 만드는 것은 집단적 경험에 구현된 가치들이라는 것을 강조함으로써 이 잘못된 생각을 바로잡는다. 세 물결의 철학과 그 물결들이 기술적 측면 안에서 행동에 미치는 영향은 뒤 페이지의 표 4-1에 정리돼 있다. 제2의 물결에서 과학이 비과학적인 가치로 침식당한다는 사실이 새로운 형태의 행동을 하게 만든다는 것에 주목하자. 반면, 제3의 물결은 과학의 형성적 열망을 유지하며, 구성원들의 행동을 통해 도덕적 비전을 떠받치고 그 전형적인 예가 되는, 차별되는 문화적 제도로서의 과학의 역할을 수호한다. 표 4-1은 제3의 물결 아래서 어떻게 행동할 것인지를 보여주며, 한편으로는 제3의 물결의 철학이 제2의 물결과 거의 같다는 것도 보여준다.

22. 에이즈 치료 활동가에 관한 엡스타인의 연구 방식에서 드러난 차이점에 대해서는 다음을 보라. Collins and Evans(2002), Callon, Lascoumes and Barthe(2010).
23. Collins(1996)를 참조하라.

표 4-1. 과학의 세 가지 물결: 철학과 행동

제1의 물결		제2의 물결	
철학	행동	철학	행동
과학은 완벽하거나 완벽하게 만들 수 있다	과학 양성	과학은 완벽하지 않으며 완벽하게 만들 수도 없다	과학의 완벽하지 않음을 수용한다
과학은 가치 중립석이거나 가치 중립적일 수 있다	과학 양성	과학은 가치 중립적이 아니다	가치를 인정한다 이해관계를 선택하고 널리 알린다
과학은 탈정치적이거나 탈정치적일 수 있다	과학 양성	과학은 탈정치적일 수 없다	다른 방법에 의한 정치로서의 과학을 인식하고 정치를 선택한다
발견은 입증될 수 있다	과학 양성	이상은 이룰 수 없다	
과학 법칙은 반증 가능하다	과학 양성	이상은 이룰 수 없다	
실험은 복제 가능하다	과학 양성	실험자의 회귀	
머튼의 규범		규범 위반	규범은 잊거나 대항 규범을 도입한다

선행 연구자들과 동시대인

월터 리프먼, 존 듀이, 위르겐 하버마스, 존 롤스 그리고 더 최근에는 헤더 더글러스(Heather Douglas), 필립 키처(Philip Kitcher)는 공적 영역에서 민주적 제도와 전문가 제도의 균형을 어떻게 가장 잘 맞출 수 있을지를 다루는 주요한 주장들을 해왔다. 여기서 우리는 그들의 주요 아이디어를 설명하고 우리 입장에서 유사점과 차이점을 개괄할 것이다.

정치 이론과 과학기술사회학

정치철학과 과학기술학이 제시한 과학에 대한 사회구성론적 시각 사이의 관계를 탐구하는 학자들은 많다. 예를 들어 스티브

학술적 맥락

제3의 물결

철학	행동
과학은 완벽하지 않으며 완벽하게 만들 수도 없다	과학이 완벽해질 수 있는 것처럼 행동한다 과학을 선택하고 양성한다
과학은 가치 중립적이 아니다	이룰 수 없어도 가치 중립을 열망한다 이해관계를 인식하고 그 이해관계의 가치를 줄이는 것을 시도한다
과학은 탈정치적일 수 없다	이룰 수 없어도 정치적 중립성을 열망한다 정치적 편견을 인식하고 그 가치를 줄이는 것을 시도한다
이상에는 결함이 있다	입증을 시도한다
이상에는 결함이 있다	반증을 시도한다
실험자의 회귀	복제를 시도한다
규범이 위반되지만 중심적인 경우	규범을 열망한다

풀러(Steve Fuller)는 반대 의견을 표현하는 것은 참아야 하는 것이 아니라 적극적으로 권장돼야 한다는 '공화주의적' 과학 모델을 지지했다. 하지만 앞에서도 언급했듯이 정책 결정 과정에서 전문가 조언을 이용하는 문제에 있어서는 이 접근 방법에 문제가 있다. 기본적으로 의견 불일치는 결코 한순간에 끝나는 것이 아니다. 따라서 대부분의 경우는 더 연구를 해야 할 가능성이 있음에도 어느 순간 결정이 필요하게 된다. 우리가 보기에 풀러는 이 문제에 해결 방법을 제시하지 않고 끊임없는 회의론의 가능성을 널리 알리는 것을 선택했다. 그 결과, 풀러가 피터 듀스버그(HIV와 에이즈에 대한 주류 의견을 의심해서 공적 연구 자금을 타낼 수 없었다)의 운명과 존 보크리스(John Bockris, 상온 핵융합에 대한 연구로 개인 후원자들의 전폭적인 지

지를 받았다)의 운명을 '대조'한 것은 결코 대조가 아니게 됐다. 둘 다 유통기한이 한참 지난 과학을 추구하고 있었고, 둘 모두 공적 기금을 강력하게 요구하지 못했다. 상온 핵융합이 경제적인 이득을 가져다줄 수 있다는 가능성이 투자자를 끌게 된 것은 단지 보크리스의 운이 좋았기 때문이다.

과학과 민주주의를 이론화하려는 다른 주목할 만한 시도들은 정치적 자유주의와 과학적 전문성이 자유민주주의 국가에 제기한 문제들에 초점을 맞췄다. 예를 들어 스티븐 터너(Stephen Turner)는 "20세기의 국가는 전문가 단체와 위원회들이 개인이 스스로는 할 수 없는 가이드와 통제를 해주는 상황에서, 자발적으로 자동차 열쇠를 포기하는 알코올중독자를 닮았다"고 주장했다.[24] 터너는 전문성의 문제에 대한 구조적 해결 방법이 자유민주주의의 속성을 바꾸는 것이라고 주장했다. '토론에 의한 통치'라는 원래의 아이디어는 현재의 제약 하에서는 거의 방어가 불가능하게 됐다.[25] 그 결과 정치적 자유주의는 두 가지 선택에 마주하게 됐다. 첫 번째는 제임스 코넌트(James Conant)가 제안한, 준사법적인 성격을 띤 공식화된 제도다. 이 제도 안에서 전문가 주장은 시민들이나 그 대표자들 앞에서 분석되고 시험된다. 두 번째는 정치적인 결정을 전문가 위원회에 더 많이 위임하는 것이다. 그렇게 함으로써 기술관료주의는 확산되고 민주주의는 축소된다.

터너의 의견 중 우리가 동의하는 측면은 전문가 전문성이 일반 시민에게는 접근 불가능하다는 것과 과학의 속성에 관한 대중의 이해가 높아지는 것은 바람직하지만 시민들이 그들의 삶에 영향을 미치는 과학적 영역에 대한 전문가가 될 수는 없다는 것이다. 우리가 바랄 수 있는 최선은 전문가에게 무엇을 맡

24. Turner(2003: 131).
25. Turner(2003).

학술적 맥락

길 수 있고, 무엇을 맡겨야 하는지를 더 잘 판단할 수 있게 되는 것이다. 우리는 이 점에 있어서 터너가 본질적으로 비관적이라고 생각한다. 최소한 우리보다 더 비관적인 것은 확실하다. 그는 미래에는 전문성이 그 영역을 확장하고 자유주의의 이상이 훨씬 더 주변적인 쟁점들로 향하게 될 것이 거의 확실하다고 생각하는 듯하다. 터너라면, 자문위원회인 부엉이들을 시민들의 쟁점을 흐리는 또 하나의 전문가 단체로 생각해, 그의 관점을 더 확실하게 확인시켜준다고 주장할 것이 틀림없다. 부엉이들이 단순히 정부에게 무엇을 할지 말해주는 것에만 관심이 있다면 터너가 맞을 것이다. 하지만 부엉이들의 역할은 이와는 아주 다르다. 부엉이들은 시민과 정책 결정자들에게 무엇을 전문가들에게 맡길 수 있는지(즉 무엇을 전문가들로부터 얻을지), 무엇을 정치 논쟁 고유의 주제로 남길지를 확실하게 하는 방법을 제공한다. 여기에는 전문가들의 합의를 완전히 거부할 가능성이 포함된다. 부엉이들은 특히 전문성의 속성과 다양한 영향력을 더 확실하게 하려 할 것이다.

이 점에서 우리는 마크 브라운(Mark Brown)의 연구에 가깝다. 브라운은 과학과 정치가 서로 섞일 수밖에 없다는 더 정교한 대표 이론을 발전시킨 사람이다. 그는 대표성이 수많이 다양한 열망과 실천을 은폐하기 때문에 한 번의 토론이나 과정으로는 충분하지 않다고 주장했다. 대신 그는 진정한 민주 체제는 시민들에게 '다양한 유형의 협회들에 접근할 수 있게 하고, 그 결과 다양한 형태의 대표들에도 접근하게 해야' 할 것이라고 주장한다. 물론, 각각의 협회와 대표도 각각의 기준에 따라 평가돼야 할 것이다.[26] 우리는 그의 분석에 동의한다. 과학과 민주주의는 같은 자원의 일부를 공유하고 있지만 서로 매우 다른

26. Brown(2009: 203).

목표를 가지고 있다. 서로에게 굴복되지 않으며, 각자 완전한 상태를 확실하게 하는 것이 중요하다. 우리의 다른 점은, 우리가 대중과 정책 결정자가 알 수 있도록 전문성의 내용과 한계 모두를 분명히 하는 특정한 정책 제안을 할 준비가 돼 있다는 것이다.

존 듀이와 월터 리프먼

21세기의 선택적 모더니즘에 1920년대 듀이·리프먼 논쟁이 중요한 것은 이 두 주인공이 대중의 역할과 그들이 민주적인 삶에 참여할 수 있는 역량을 이론화한 방법 때문이다.[27] 공통적인 출발점은 매스미디어는 점점 비대해지고 사회 집단들이 압력을 행사하는 양상은 갈수록 복잡해져 민주 사회에 균열이 일어나고 있다는 두려움이다.

둘 중 더 비관적인 리프먼은 두 개의 문제를 찾아낸다. 중요한 사회적 이슈를 이해하는 데 필요한 정보가 다양해지고 복잡해지는 바람에 발생하는 정보 과부하와 미디어 부정확성이라는 문제다. 리프먼은 공적 토론은 항상 몇 개의 다른 이슈들을 포함하기 마련이라는 점을 들어, 보통 사람은 누구도 각각의 이슈에 대해 확실한 기술적 판단을 내릴 수 있을 정도의 전문가가 될 시간이나 능력이 없다고 주장한다.[28] 기술적인 발전으로 인해 민주주의 이론에 나오는 모든 것을 다 해낼 수 있는 시민은 더 이상 존재하지 않게 됐다는 뜻이다. 리프먼은 『대중이라는 유령』(*The Phantom Public*)에서 다음과 같이 썼다. "공적인

---

27. 이 부분은 진 굿윈(Jean Goodwin)이 2012년 6월 카디프대학교에서 열린 세미나에서 발표한 내용에 의존하고 있다. 우리에게 월터 리프먼의 연구에 대해 알려준 그녀에게 감사를 표한다.
28. Collins and Evans(2007)에서 설명한 대로 이런 상황에서 시민들은 누구를 신뢰할지 사회적 판단을 내린다. 또한 Evans(2011)를 참조하라.

일이 나의 주요 관심사이며 대부분의 시간을 그것을 관찰하는 데 쓰지만, 민주주의 이론에 따라 내게 기대되는 일은 할 시간 이 없다. 그 일이란 어떤 일이 일어나는지 알고, 스스로 통치하는 사회가 직면하는 모든 문제에 대해 표현할 가치가 있는 의견을 갖는 것이다."[29]

설상가상으로, 대부분의 시민이 의견을 갖기 위해 의존하는 자료는 제한되고 부분적일 수밖에 없다. 특히 리프먼은 기사를 불가피하게 선택하고 편집할 때 나타나는 부작용을 우려하고 있었다. 요즘은 정보의 양이 점점 늘어나고 다양해져서 사용 가능한 정보를 걸러내고 평가하고 종합하는 일이 더욱 어려워지고 있는 가운데, 통제 불능이라는 인터넷의 속성으로 인해 리프먼의 우려는 훨씬 더 절박해졌다.[30] 물론, 당시의 리프먼과 듀이 모두 기술 전문가가 어느 정도까지 구전 사회의 일원이 되는지를 이해하지 못했고, '인터넷에 있는 정보' 지식과 전문가 지식 사이의 체계적 차이점을 이해할 수도 없었다. 리프먼이 주장하듯이 보통 시민은 직업이나 다른 경험 덕분에 어떤 분야의 전문가는 될 수 있을지 모르나, 모든 분야의 전문가가 될 시간은 없다.

분석을 통해, 리프먼은 정보를 완전히 알고 있고 능동적이기까지 한 시민들이라는 민주적 이상은 실현될 수 없다고 결론 짓는다. 대신 그는 정책 결정자들과 시민이, 오로지 그 일만 하는 전문가만이 제대로 된 정보에 기초한 판단을 내리는 데 필요한 전문가 전문성을 계발할 위치에 있다는 것을 인식하게 하는 노동의 구분을 주장했다. 그렇게 되면 정치인과 대중의 역할은 이 중요한 일을 누구에게 믿고 맡길지에 대한 가능한 최선의 사회적 판단을 하는 것이 된다. 이런 위임에는 전문가들에게 문

29. Lippmann(1927).
30. Giddens(1990)를 참조하라.

제의 틀을 짜고 해결책을 낼 궁극적 권위를 줄 위험이 따른다는 것을 생각해보면 리프먼이 동시대인들에 의해 민주주의의 적이라고 여겨졌던 것이 놀랍지 않다.[31]

이와 대조적으로 존 듀이는 시민들이 정치 논쟁에 더 참여적이고 정보에 기초한 반응을 보일 수 있어야 한다고 주장한다. 그는 '대중'이 이슈에 의해 만들어진다고 주장했다. 반면, '하나의 대중'은 정책이나 변화의 영향을 받는 개인들이 이런 새로운 상황을 만들거나 이 상황에 반응하면서 출현한다.[32] 대중을 이런 식으로 정의하는 것에는 두 가지 의미가 있다. 첫째, 대중은 많이 존재한다. 둘째, 모든 시민이 각각의 대중의 적극적인 구성원이 될 필요는 없다. 따라서 대중은 관계된 이슈들의 중요성이 크고 작아짐에 따라 생겼다 없어지고, 형태를 형성했다 다시 그 형태를 바꾸기도 하고, 크기가 커졌다 줄었다 한다. 과학기술학의 관점에서는 논쟁에서 듀이의 편을 드는 것이 쉽다. 어떤 면에서 그의 '대중'은 과학기술학 사례 연구의 특징이 되는 기술과학적 문제에 대응해 가동되는 '일반인 전문가'와 비슷하다.[33] 하지만, 대중에 의한 이런 종류의 기술적 기여가 다른 종류의 기술적 기여와 섞일 수 있다는 위험도 존재한다. 이 다른 종류의 기술적 기여는 전문가의 국부적 지식을 말한다(표 1·1 콜린스와 에번스의 '전문성의 주기율표' 참조). 또한 대중의 기여는 전문가적 또는 국부적 이익과 섞일 위험도 있다. 후자는 정치와 권력이 일상적으로 요동치는 것을 뜻한다. 소규모 집단이 이슈에 직면했을 때 발휘할 수 있는 기술적 전문성과 특정

31. 이것은 그의 책을 읽는 것보다 가혹하다. 더 호의적인 책으로 다음이 있다. Jansen(2008, 2009), Schudson(2008).
32. 듀이와 리프먼을 모두 다루는 책으로는 다음을 보라. Marres(2005).
33. 예를 들어 다음을 보라. Irwin(1995), Epstein(1996), Ottinger(2013).

학술적 맥락

장소에서 살거나 일을 해서 얻을 수 있는 국부적 지식은 과학과 기술의 영역에 속하지만, 특별한 기득권 또는 국부적 이익은 기술적 지식의 습득을 유도할 수 있다고 해도 그 자체로는 순수하게 정치적 영역에 속해 있다.

훨씬 더 중요한 것은 숙의민주주의적 시민성에 대한 듀이의 낙관적인 생각이다. 듀이는 리프먼의 문제제기를 받아들이지만, 듀이의 해결 방법은 기술 전문가와 더 직접적인 민주적 관계를 맺는 것이다. 듀이에게, 시민들이 전문가의 연구에 방향을 부여하고 그들에게 책임을 지울 수 있는 있는 방법은 이런 적극적 관계를 이용한 것뿐이다. 그는 전문가들에 대해 이렇게 말했다. "그들이 전문가라는 것은 정책을 프레이밍하고 실행하는 과정에서 나타나는 것이 아니라, 정책의 프레이밍과 실행이 의존하는 사실들을 발견하고 그것들을 알리는 과정에서 나타난다."[34] 이런 방식으로 시민은 적절한 전문가 전문성이 정보에 기초한 결정을 내리는 것에 의존할 수 있으며, 그럴 권리를 부여받는다.

리프먼·듀이 논쟁은 미국 사회가 직면한 도전을 어떻게 진단해내는가에 관한 것이다. 듀이는 리프먼의 문제 진단을 인정하지만 해결 방법에는 동의하지 않는다. 리프먼의 대의민주주의 모델에는 모든 시민이 포함돼 있지만 항상 그런 것은 아니다. 이 모델에서는 선출된 관리들이 전문가들의 일을 감독하며, 그 전문가들은 다시 정치인들의 기득권을 견제한다. 전문가들이 실패하면 선출된 관리들은 전문가들을 해고하고, 정치인들이 실패하면 전문가들이 정치인들을 해고할 수 있다.[35] 이 점에서 선택적 모더니즘은 리프먼의 입장과 가깝다. 반면, 듀이는 시민의 집단들—대중—이 그들에게 중요한 논쟁에 항상 참여

34. Dewey(1954: 155).
35. Schudson(2008).

할 수 있는 더 숙의적인 민주주의 모델을 선호한다. 이 대중은 그들 쪽의 전문가와 다른 전문가들이 제공한 정보를 이용해 논쟁에 참여하는데, 이 과정에서 대중은 논쟁에 기초해 전문가 의견에 적절성을 부여하거나 유보한다. 이렇게 보면 리프먼·듀이 논쟁은 단지 민주주의에 관한 논쟁이 아니다. 이 논쟁은 '대중'의 정의 방법에 대한 논쟁이다. 리프먼에 따르면 대중은 '모든 사람'이고, 듀이에 따르면 '특정하게 참여하는 집단'이다.[36] 두 정의 모두 가치가 있지만 어떤 이슈에 대해 특정 이해관계를 가진 특정 시민 집단이 대중 전체를 대표하게 되면 혼란이 생긴다.[37] 예를 들어, 어떤 눈에 잘 띄는 중산층 집단이 실제로는 '하나의 대중'에 불과한데도, 대중 전체라고 생각하기가 너무 쉽다. 이는 순전히 정치적인 이해관계에 의해 자주 벌어지는 일이며, 그로 인한 혼란은 현재 과학사회학 논쟁의 많은 부분을 차지하고 있는 것으로 보인다.

요약하면, 리프먼과 듀이 둘 다 맞았다고 할 수 있다. 리프먼은, 모든 시민이 기여할 권리를 가지고 있지만 경험과 전문성 사이의 연결 관계가 의미하는 것은 서로 다른 사람은 서로 다른 방식으로 기여해야 한다는 점에서 옳았다. 최소한 모든 시민은 민주적 권리 차원에서 전문성과 경험에 상관없이 특정한 정치적 논쟁에 참여할 수 있다. 하지만 듀이 또한 옳았다. 특정 상

36. 콜린스와 에번스의 2002년 논문 출간 이후 이어진 논쟁을 통해서 혼란이 계속되었다. 이 논문에서 확장의 문제에 대한 개념은 민주주의에 대한 공격으로 여겨졌다.

37. 님비 문제가 하나의 사례이다. 또한, 관련된 사람들을 정의할 때 지리에 얽매이지 않는 것은 영국에서 일어난 GM네이션? 논쟁이다. 공개 회의 참가자와 인구 표본에서 수집된 양적 데이터를 비교해보니 활동에 참여한 사람(예를 들면 공개 회의에 직접 간 자발적 표본)이 일반 대중보다 훨씬 회의적이었음을 알 수 있다. 다음을 보라. Pidgeon (2005), Horlick-Jones et al.(2007).

황에 참여하는 대중은 그들에게 영향을 미치는 이슈에 대한 반
응으로 정의되고 형성될 수 있으며, 그들의 의견을 더 직접적으
로 제안할 수 있다는 점에서 그렇다. 리프먼을 선호하든 듀이를
선호하든, 민주 사회는 어떤 전문가를 신뢰할지 여부와 어떤 전
문가를 신뢰해야 하는지에 대한 사회적 판단을 내릴 수 있는
방법을 찾아야 한다. 이 책을 쓴 것은 민주주의에 대한 이러한
기여에 대해 설명하기 위해서다. 선택적 모더니즘이 민주 사회
전체와 그 민주 사회 안에서 과학적 전문성이 차지하는 위치에
관심이 있는 한, 선택적 모더니즘은 리프먼과 더 잘 맞는다. 리
프먼은 전문가로서 민주적인 결정 과정에 참여하는 데 필요한
전문가 정보의 양은 끊임없이 늘어나는데 일반 대중은 그 정보
를 결코 다 흡수할 수 없다고 인식했기 때문이다. 초점이 특정
논란으로 옮겨가게 되면 그때는 듀이의 '대중'이 더 적절할 수
도 있다. 이 경우 이 대중은 일반 대중이 아닌, 이해관계가 있는
엘리트 집단과 또 다른 집단들을 의미한다.

자유민주주의에 대한 롤스의 생각

롤스의 정치적 자유주의 이론의 시작점은, 모든 민주 사회에는
합리성과 선의에 바탕을 둔, 다양한 시민 집단의 다양한 의견이
있다는 관찰이었다. 그러나 롤스가 '포괄적 원칙'으로 부르는
이런 의견들 중 어느 하나도 사회적 결속을 위한 기초를 제공
하지는 못한다. 모든 사람에게 받아들여지는 의견은 없기 때문
이다. 이 말은 모든 가치들에 앞서는 가장 중요한 가치들—롤
스에 따르면 자유, 평등, 공정성—이 분명히 존재해야 한다는
뜻이다. 이 가치들은 각 집단이 지지하는 신념과 관습에 따른
행동의 자유를 인정하는 것을 전제로 한다. 롤스가 설명하는 정
치적 자유주의가 가하는 유일한 제약은 그 어떤 포괄적 원칙도
자유, 평등, 공정성이라는 핵심 가치를 위반할 수 없다는 것이

다. 핵심 가치와 포괄적 원칙의 구분은 핵심 가치들이 반드시 있어야 하는 공식적인 정치적 영역과 포괄적 원칙들을 짜넣은 것으로 만든 다양한 배경 문화와의 구분에 반영된다.[38]

롤스에게 포괄적 원칙의 표준적인 예는 종교와 정치 조직이지만, 그는 과학과 세속적인 신념도 포괄적 원칙으로 취급한다. 따라서 롤스의 입장에서는 과학과 세속주의는 자유민수수의에서 정책의 기초를 제공하지 못하며, 과학만을 공공 정책의 기초로 삼는 것은 기술관료주의의 한 형태였다.[39]

하지만 롤스는 과학을 좀 모호하게 다룬다. 선택적 모더니즘과 유사하게 롤스는 정치적인 결정과 다른 종류의 결정을 구분한다. 롤스의 저서들은 주로 자유, 평등, 공정성이라는 근본적인 이슈들을 다루는 데 관심이 있다. 선택적 모더니즘은 배경 문화의 상충되는 이해관계로부터 분리된, 공식적이고 어느 정도 자치적인 정치적 영역을 방어하는 데 비슷한 입장을 보인다.[40] 하지만 롤스는 정치적 자유주의 내부의 지식 형태로서의 과학에 특별한 위치를 부여하며, 과학을 단지 '또 하나의' 포괄적 원칙 이상으로 다룬다. 과학의 다른 역할은 정치적 영역 안에서 결정이 이루어질 수 있는 방법에 롤스가 가한 제약 면에서

38. 이는 롤스 이론에서 정치적 영역은 상대적으로 자치적이라는 것을 보여준다. 롤스의 정치적 영역은 특정 사회 집단의 지지에 직접적으로 의존하지 않으며, 독립적이며 다양한 이유로 생겨나기 때문이다.
39. 이것을 생생하게 표현하려면 그림 3·1과 그림 3·2를 다시 그려서, 민주적인 가치와 어느 정도 겹치지만 완전히 집어삼키지는 않는 타원을 상상하면 된다. 이것들은 기독교의 가치, 자본주의의 가치, 페미니즘의 가치 같은 것일 수 있다.
40. 더욱이 우리는 이 정치적 단계가 민주적 원칙에 특징지어진다고 가정하고 있지만, 이것은 구체적으로 언급된 적이 전혀 없다. 이는 정치적 단계는 원칙적으로 다른 방식으로 운영될 수 있음을 의미한다. 이것은 롤스의 견해와 일치하는 것으로 보인다. 하나의 변형을 주장하는 것보다는 정치적 자유주의의 가족에 대해 이야기하는 것이 더 합리적이다. 예를 들어 다음을 보라. Collins and Evans(2002, 2007), Evans and Plows(2007).

분명해진다. 롤스에 따르면, 정책 결정자와 다른 공공 당국이 선택을 정당화하는 유일한 합법적인 방법은 공적 이성을 언급하는 것이다.[41] 이 말은 '특정한 정치적 활동에 참여하는 시민들은 시민의식이라는 의무를 지게 되며, 공적인 가치와 공적인 기준만을 언급함으로써 그들은 근본적인 정치적 이슈에 대한 자신들의 근거를 정당화할 수 있다'는 뜻이다.[42] 여기서 '공적인 가치'는 자유, 평등, 공정성이라는 공유되는 정치적 가치를 말하며, '공적인 기준'은 모든 이성적인 시민이 지지할 수 있는 논증과 증거의 원칙을 말한다. 이러한 공적인 가치에는 '일반적으로 알려진 사실'인 상식과 확실하고 논란을 일으키지 않는 과학적 결론을 포함하고 있어야 한다는 점이 중요하다. 다른 말로 하면, 롤스에게 공공 정책이 종교적 교리에 대한 호소를 기초로 삼는 것은 잘못된 일이다(최소한 이 교리들은 공적 이성의 형태로 변형될 수 없다). 하지만 정치적인 의사 결정이 과학적 결론에 주의를 기울이는 것은 잘못된 일이 아니며, 사실 반드시 그래야 한다.[43] 물론 롤스는 우리가 현재 과학에 대해 이해하는

41. 실제로 롤스는 제한을 완화할 것을 제안했다. 물론 포괄적 원칙에 의한 정당화는 공적 이성에 의한 정당화로 바뀔 수 있다는 단서가 붙었다.
42. Wenar(2013). 롤스의 경우, 공공 이성의 원칙은 근본적인 정치 이슈와 공공 기관의 성명에 가장 강력하게 적용된다. 이러한 환경 밖에서 그리고 다른 주제와의 관련성 안에서, 시민들에게는 공공 기관과 관련하여 어떤 행동을 할 때(예를 들어 선거에 출마하거나 투표만 하는 경우) 그들의 선택 여부와 무관하게, 생각할 자유가 있다. 물론 롤스는 그렇게 주장하지 않았지만. 시민들은 이러한 활동에서 한 부분을 차지할 때 공적인 이성을 가리켜야 한다.
43. 여기서도 시민 인식론과 통하는 부분이 있다. 예를 들어, 근거 표준과 상식적인 믿음 같이 공적 이성으로 생각되는 것은 지역에 따라 달라질 수 있다. 다시, 이는 롤스와 맞아 들어간다. 롤스는 다른 곳에서 공정, 평등, 정의 같은 근본적인 가치조차 지역에 따라 다르게 해석될 수 있다는 점을 지적했다. 이 생각으로 인해 다양한 형태의 정치적 자유주의가 생겨났으며, 롤스의 정치적 자유주의는 그중 하나가 되었다.

것, 즉 광범위한 불확실성과 논란을 이해하지 못했다. 그는 제1의 물결과 같이 연구했다고 할 수 있다. 이제 우리는 정책 결정자들이 '논란을 일으키는 않는' 과학의 범주에 집어넣을 무엇이라도 찾아내는 것이 어렵다는 것을 안다. 그러나 선택적 모더니즘 아래서 이 문제는 부엉이들을 통해 해결된다. 부엉이들은 '일반적으로 알려신 사실들'의 자리를 대체할 수 있는 기술적 합의에 대해 더 정교한 설명을 제공한다. 하지만 이런 작은 차이를 제외하면 우리의 생각이 롤스의 생각과 많은 부분에서 공통점이 있다는 데린 듀런트(Darrin Durant)의 주장은 적절하다.[44]

하버마스와 숙의민주주의

롤스처럼 하버마스도 숙의민주주의의 지지자다. 하지만 선택적 모더니즘과의 관계는 조금 다르다. 하버마스의 설명은 사회학적이다. 그에게 민주적 결정은 그 결정이 시민들의 공유된 지식에 부합하는 방식으로 설명될 수 있을 때만 타당한 것이다. 하지만 하버마스가 '권위적이고 집단적인 결정을 하지 않는, 조직화되지 않고 "거칠고" 탈중심화된 공적 영역에서 비공식적으로 이슈에 대해 토론하는 것과, 선거와 의회의 의사 결정, 기관과 법원의 업무 수행 같은 더 공식적인 정치적 과정을 구분한다는 것에 주목해야 한다.[45] 롤스처럼, 하버마스는 시민들의 일상적인 정치적 사고와 집단적인 결정이 이루어지는 과정을 구분한다. 선택적 모더니즘의 관심은 후자에게만 있다. 선택적 모더니즘은 공식적인 정치적 역할 밖에서 시민들이 무엇을 해야 하고 생각해야 하는지에 대해 규범적이지 않다.[46]

44. Durant(2011)를 보라.
45. Cohen(1999: 399).
46. 선택적 모더니즘은 시민들이 최선의 전문가 조언을 구하고 그 조언에

학술적 맥락

하버마스와 롤스를 구분하는 핵심적인 생각은 '의사소통 행위'다. 시민들의 생각은 집단적인 정치적 결정의 기초를 제공하는 공유된 지식을 만들어내는 과정에서 지지를 모으고 공적 영역 토론 전반에 영향력을 행사하면서 중요해진다.[47] 하버마스에게는 시민들의 일상적인 세계가 민주적 제도의 핵심을 이루는 것이다. 그 세계는 공식적인 정치적 과정상의 문제를 일으키기도 하고, 해결 방법이 정당화될 수 있는 여지를 제공하기도 한다.

더 구체적으로, 하버마스는 일상 세계가 '사회 전반에 적합한 이슈를 발굴하고, 문제의 해결책을 찾는 데 기여하고, 가치를 해석하고, 좋은 근거는 만들어내고 그렇지 않은 근거는 무효화하는 것이 주 임무인' 단체들의 연결망에 기초한다고 주장했다.[48] 현대 사회의 복잡성은 문제 해결 방법을 생각해내는 것이 공적인 정치 제도의 책임이라는 데 있다. 이 공적인 정치 제도는 일상 세계에서 발생하는 관심사들에 대응해야 하지만, 정보를 처리하고 결정을 내리기 위해서는 전문가 전문성에 의존해야 한다. 물론 그 결정에는 시민들이 보기에 합리적이어야 한다는 제약이 따른다. 숙의민주주의에 대한 하버마스의 생각에 따르면, 정책 결정자들이 생각해낸 선택들은, 새로운 우선순위

의존해 사적인 생활도 영위하는 것을 권장하지만 강제로 그렇게 할 수 있는 방법은 없다는 뜻이다. 선택적 모더니즘은 시민이 전문가, 기술적 전문가가 될 필요는 없다고 주장한다. 전문가가 되는 것을 떠나서, 시민들은 그들만의 포괄적 원칙을 따라야 하는데, 일부 시민들에게 그들만의 포괄적 원칙을 따른다는 것은 의사를 무시하고, 특정한 음식을 피하고, 점성술을 믿는 것이 될 수도 있다.

47. 이 점에서 하버마스는 롤스와 다르다. 하버마스의 의사소통 행위는 롤스의 정치적 자유주의보다 더 넓은 범위의 이해 공유와 합의를 상정하고 있다. 롤스는 무지의 장막 뒤에서 합의된 근본적인 가치들만 공유된다고 보았다.

48. Habermas(1996: 485).

와 관심사의 원천이 되며 공유된 관점을 갖게 하는 숙의에 기여한다. 이런 방식으로 시민들은 어떤 것이 필요하며, 어떤 것을 해결 방법으로 받아들일 것인지를 계속해서 결정할 수 있게 된다.[49]

하버마스가 지지하는 실용주의적 민주주의 모델과, 전문성과 민주주의의 관계에 대한 선택적 모더니즘 이론에 공통점이 있다는 것은 분명하다.[50] 그림 3-1과 그림 3-2를 참조해보자. 롤스에서처럼 공식적인 정치 체계와 더 넓은 일상 세계의 차이를 발견할 수 있다. 시민과 정치적인 영역의 관계에 대한 하버마스의 설명은 롤스의 설명보다 더 풍부하다. 하지만 이 모델들은 서로 공존 가능한 것들이다.[51] 실제로 이 모델들은 관심 영역과 결론 면에서도 매우 비슷하다.

현대 사회에 대한 하버마스의 비판 중 가장 유명한 것은 일상 세계의 식민지화와 정치의 과학화에 관한 것이다. 둘 다 선택적 모더니즘이 거부하는 기술관료주의의 측면으로 볼 수 있다. 하버마스에 따르면 식민지화는 시민들의 유기적이고 비공

49. 이 두 가지 경로를 통한 접근 방법은 롤스의 정치적 자유주의와 어느 정도 구조적 유사성이 있다. 특히 생활세계(또는 롤스가 배경문화라고 부르는 것)와 공식적인 정치 체계 사이의 구분이 그렇다. 차이점도 있는데, 특히 이 두 개의 요소가 서로에게 연결되는 방법이 그렇다. 기본적으로 롤스는 그 둘의 연결관계에 대해서는 말하지 않았다. 롤스는 정치 체계를 상대적으로 자치적이고 따라서 일상생활의 포괄적 원칙과는 분리된 것으로 정의했기 때문이다. 이와는 대조적으로, 하버마스에게 이 둘 사이의 연결은 절대적으로 핵심적인 문제다. 그에게는 이 연결이 생활세계의 의사소통 행위와 정책 결정자들에게 정당성을 부여하는 정치 체계의 결과 사이의 대응 관계이기 때문이다. 하버마스의 이론이 롤스의 포괄적 원칙과 같은 이유다. 이 이론은 사회적 관계가 어떻게 정렬돼야 하는지 설명하는, 모든 것을 포괄하는 '모든 것의 이론'이다.
50. '실용주의적'이라는 말은 하버마스의 『정치의 과학화』(*Scientisation of Politics*, 1970: 66)에 나온다.
51. 롤스의 경우 선택적 모더니즘은 사실상 공적 이성의 구성 요소다.

학술적 맥락

식적인 이야기를 몰아내고, 정치적이고 행정적인 영역에서 정당한 시민의 권리를 묵살하면서 일어난다. 공식적인 정치 체계의 합법적인 행정적 합리성이 비공식적인 영역의 의사소통 합리성을 대체할 때 일어난다는 말이다. 사용하는 말이 다르기는 하지만, 선택적 모더니즘도 전문가들의 역할을 인정하면서도 시민들의 이야기를 전문가들의 일보다 더 중요하게 생각한다. 하버마스의 식민지화와 과학화는 정치적 측면에 정당하게 속한 문제들에 대처하기 위해 형편없이 구성된 기술적 측면을 부당하게 이용하는 것과 동등한 개념이다. 하지만 하버마스에서처럼 정치적인 영역이 그 영향을 받는 시민들의 눈에 정당성을 가진 것으로 보이려면 이 두 개의 다른 세계는 더 긴밀하게 연결돼야 한다.

한편, 선택적 모더니즘에서 중심적인 생각은 과학적 가치가 현대 사회의 구성 부분으로 인식되며 전문가 조언은 정책 논쟁 안에서 정확하게 설명돼야 한다는 것이다. 전문가 조언을 가장 잘 대중에게 설명할 제도에 대해 기술하는 것 외에 선택적 모더니즘은 논쟁과 정책 결정 과정이 어떻게 조율돼야 하는지에 대해서는 할 말이 거의 없다. 의사소통 행위가 이 결과를 만들어낼 수 있는 유일한 메커니즘이라고 하버마스가 주장하고, 다른 설명이 있다고 롤스가 주장한다면, 선택적 모더니즘은 롤스에 가깝다.

헤더 더글러스와 '가치 중립적' 이상의 종말

과학이 '가치 중립적'이라는 생각은 한때 과학과 과학철학에서 아주 흔했다. 현재의 과학철학 연구에 따르면, 가치 중립성은 신화에 불과하다. 한때 과학학의 고유 분야로 생각될 수 있었던 과학 정책 비판은 이제 철학 연구 문헌에서 점점 더 많이 보인다. 헤더 더글러스는 전후 과학철학에서 '가치 중립적인' 합의에 존재하는 두 가지 문제를 조명한다. 첫째는 가치 중립적인 이상이 과학에서는 '무엇이든 허용된다'는 주장인 적이 없다는 것이다. 그보다 가치 중립적 이상은 '비과학적인' 가치를 연구 증거의 선택과 평가에서 배제한 것을 뜻했다. 이 입장을 '가치 중립적'이라고 말하는 것은 오해의 소지가 있다. 과학 연구의 일부를 수행할 방법에 대한 선택은 그 자체로 '인식론적 가치'의 표현이기 때문이다. 이 생각에 기초해 더글러스는 '가치 중립적인 이상은 더 정확히는 "과학적 논증을 수행할 때만 내적인 과학적 가치"라는 이상'이라고 제시했다.[52]

두 번째 문제이자 더글러스가 더 심각하다고 생각하는 문제는 이 수정된 형태의 가치 중립적 이상의 실현이 과학과 과학자가 사회적으로 고립돼 있다는 가정에 의존한다는 것이다. 과학기술학자들은 잘 알겠지만, 더글러스는 이 말은 틀린 말이며 도움도 안 된다고 주장했다. 특히 더글러스는 과학의 사회적 맥락을 거부하는 것은 사회적 가치가 과학을 형성하는 방법에 대한 비판적 사고를 좌절시킨다고 주장한다.

이 주장에서 더글러스는 비인식론적인 가치들이 과학을 형성할 수 있는 두 가지 다른 방법을 구분한다. 직접적 역할과 간접적인 역할이다. 직접적인 역할의 경우, 가치만이 어떤 것을 할 것인가 말 것인가에 정당한 이유를 제공한다. 특정 연구 프로젝트를 금지한다는 윤리적 검토 위원회의 결정은 가치 판단이 연구 수행에 직접적으로 적용되는 공식적인 과정의 예다. 더 흔하게는 이러한 가치의 직접적인 적용은 일상적으로, 윤리적인 입장에 대해 의식적으로 관심을 두지 않은 채로 이뤄진다. 연구자들이 자신의 직업 가이드라인을 생각 없이 따르기 때문이다.[53] 선택적 모더니즘은 여기에 대해서 주장할 것이 없다.

52. Douglas(2009: 45).
53. 이런 기준은 시간이 지남에 따라 변화할 수 있으며 실제로 변한다. 한

학술적 맥락

간접적인 역할은 더 복잡하다. 여기서 비인식론적인 가치들은, 정책 결론에 이르기 위해 거짓 양성의 결과에 따르는 위험이 측정돼야 하는 경우 얼마나 많은 증거와 어떤 종류의 증거가 필요한지 결정하는 과정에서 더 전통적인 인식론적 가치와 함께 작용한다. 이런 경우, 어느 정도 수준의 통계적 중요성이 있는지, 어떤 샘플 크기를 사용할 것인지에 대한 결정은 어떤 것이 수용 가능한 위험인지에 대한 도덕적 판단에 의존하게된다. 따라서 과학에는 인식론적 가치와 비인식론적 가치가 넘쳐나게 된다. 제2의 물결 사회과학자들에게는 너무나 친숙한입장이며 선택적 모더니즘과도 공존 가능하다. 선택적 모더니즘과 더글러스의 입장의 차이점을 탐구하는 과정에서 좋은 출발점은 두 입장에 특징을 부여하는 데 사용되는 '정책과 연결된과학'의 패러다임적 사례를 살펴보는 것이다. 더글러스는 과학이 정책 결정에 휘말리면서 가치의 간접적인 역할의 적합성이증가한다는 것을 확실히 했다.

가치는 증거가 충분한지 평가하는 간접적 역할에서 필요하다. 인지적 가치만이 이런 평가에 적합한 과학 연구도 있을수 있다. 하지만 이 경우는 과학자들이 추구해야 하는 이상이라기보다는, 내가 분명하게 설명했던 규범의 단순화된예일 뿐이다. …… 그런 '순수 과학'은 분명한 윤리적 또는사회적 의미가 없는 특별한 과학이다. 연구 과학자들이 갑자기 사회적인 의미와 맞닥뜨리게 되었을 때 더 일반적인경우로 빠르게 전환할 수 있는 과학이다.[54]

때 윤리적으로 보였던 연구가 나중에는 비윤리적으로 보일 수 있다. 그 반대도 가능하다. 무엇이 윤리적으로 수용 가능한지에 대한 판단은 따라서사회의 문화적 환경에 따라 달라지는 것이지 과학 자체의 내재적 부분이아니다.

이는 다시 말하면, 더글러스가 '정당성의 문제'를 다루고 있다
는 것이다. 정당성 문제는 과학자들이 스스로 정책을 구성하기
시작하거나 직접적인 정책 연관성이 상당히 높은 과학을 수행
할 때 발생한다.[55] 하지만 더글러스는 중력파 물리학, 우주론
같은 '순수' 과학과 환경, 건강, 농업 등과 사회적 연관이 있는
과학을 구분하는 데 어려움을 느꼈다. 반면, 선택적 모더니즘은
경험 기반 전문성과 함께 모든 과학을 다 같은 것으로 다룬다.
선택적 모더니즘의 기원은 순수 과학 안에서의 논란, 무당파를
다루는 방법, 직업 과학자 사회에서의 경계 유지와 합의 도출에
관한 연구다. 이 차이점은 과학과 가치가 맺는 관계의 측면에
서 출발점은 매우 비슷했던 두 접근 방법이 행동의 결과에서는
매우 다른 두 방향으로 가게 되는 상황을 낳는다.

　　더글러스에게 문제는 정책 결정에 영향을 미치는 과학 실
천에서 어떻게 가치의 간접적인 역할이 충분히 인식되도록 하
는가였다. 출발점은, 과학 조언자들은 분석에서 있을 수 있는
오류의 결과를 고려할 때 무모해서도 부주의해서도 안 된다는
것이었다. 더글러스는 우선 과학자들이 다른 사람들에게도 적
용되는 일반적인 도덕적 의무인 주의와 성실성의 의무를 면제
받을 이유가 없다고 주장했다.[56] 다음으로, '합리적인 선견지명'
이라는 도덕적 의무를 받아들이면서, 이 일을 수행하기에 가장
좋은 자리에 배치된 사람들이 과학자들 자신이라고 주장했다.

54. Douglas (2009: 113–14).
55. Collins and Evans (2002, 2007).
56. 더글러스는 「가치중립적인 과학이라는 이상을 거부하며」(Rejecting
the Ideal of Value-Free Science, 2007)라는 글에서, "개인의 행동과 잠재
적인 오류의 사회적, 윤리적인 결과에 대해 생각해야 하는 책임은, 과학자
가 연구의 자율성을 심각한 수준으로 빼앗기지 않는다면, 과학자가 아닌
다른 사람으로 전가될 수 없다"라고 썼다.

따라서 관련 동료 사회가 합리적이었다고 생각할 것이 무엇인지 과학자가 예측하도록 기대하는 것은 합리적이다.

과학자에게 자신의 연구가 미칠 영향에 대해 생각하라고 요구하는 것이 그들이 완전한 선견지명을 가지고 있어야 한다고 요구하는 것은 아니다. 예상과 예측이 안 되는 일들도 일어나긴 한다. 예측이 안 된 결과에 대해 과학자에게 책임을 지우는 것은 합리적이지 않다. 합리적인 것은, 과학자 사회에서 동료들과 비교해 판단된 선견지명에 대한 합리적인 기대를 하면서, 과학자가 기본적인 고려 기준을 만족시키기를 기대하는 것이다.[57]

이 점에서 과학자 사회의 자치를 주장했지만, 더글러스는 자치만으로는 가치의 간접적인 역할이 최대로 인정받게 할 수 없다고 믿었다. 그 이유는 깊은 생각을 유도하는 데 필요한 도덕적 상상을 현재의 과학자 사회에서는 찾을 수 없다는 데 있다. 비인식론적 가치들이 과학적 조언에 더 잘 녹아들어가게 하려면 최소 두 개의 새로운 제도적 실천이 필요하다. 첫째는 과학자 사회 자체에 인구학적, 문화적 다양성을 높이는 것이다. 여기서의 주장은, 더 인식론적인 사회의 다양성이 높아질수록 시험대의 종류도 다양해진다는 것과 사회의 '객관성'이 그로 인해 증가된다는 것이다.[58] 더글러스는 그러나 이것으로 충분하지 않다고 생각한다. '과학자'가 되는 것은 특별하고 차별적인 가치들을 개발해야 한다는 뜻이기 때문이다. 더글러스는 요점을 다음과 같이 말한다. "과학자들이 가지고 있는 가장 중심적인 가치들의 대부분은 과학자가 되기 위해 훈련을 받으면서 꾸준히 키

57. Douglas(2009: 84).
58. Longino(1990), Harding(2006)을 참조하라.

워온 것이다. 그리고 이것만으로도 과학자 사회와 일반 대중은 크게 갈린다. 따라서 인구학적으로 다양한 과학자 사회도 더 범위가 넓은 대중의 가치와 여전히 충돌을 일으킬 수 있다."[59]

따라서 문화적으로 다양한 과학자 사회의 과학적 가치가 시민들과 이해관계자들이 중요한 관심사라고 믿는 것을 인정하지 않고 증거와 위험에 대한 결정의 틀을 짜도록 만든다면, 그 사회조차 심각한 정당성 문제를 겪어야 할 수 있다. 이 문제를 피해가기 위해 더글러스는 과학적 연구의 특징이 되는 비인식론적인 가치가 확실하게 사회 전체의 지지를 받는 가치가 되도록 과학자, 이해관계자, 시민이 협력할 수 있는 방법을 통해 분석적, 숙의적 방법의 사용을 늘리자고 주장한다. 시민과 이해관계자는 어떤 증거가 수집되고 있고, 어떤 추론이 성립되고 있으며, 어떤 위험이 인식되고 있는지 등에 대한 우려를 표현할 수 있다. 이는 과정의 '숙의적' 부분을 형성한다. 과정의 분석적인 부분은 적절한 과학자 사회에 의해 수행되며, 그 과학자 사회는 고유의 인식론적 기준을 이용해 위험을 평가하고 증거와 방법에 관한 결정을 한다. 분석과 숙의가 몇 번 순환될 수도 있고, 각각의 새로운 분석은 새로운 문제를 제기할 수도 있는 더심도 있는 숙의의 대상이 된다. 더글러스는 다음과 같이 설명한다.

분석에서 판단이 필요할 때, 판단은 불확실성이 존재하는 지점에서 나온다. 여기서 오류의 결과가 중요해지며, 그 결과는 숙의적인 방법으로 반드시 논의돼야 한다. …… 숙의는, 판단의 필요성이 분명해지기 전에 시작되지는 않았다고 해도, 그 과정에 대중의 구성원들을 포함시키는 한편,

59. Douglas(2009: 172-173) 참조.

학술적 맥락

소규모 전문가 집단보다는 더 많은 전문가들을 포함해야
한다(전문가 집단이 하나라면 가치를 왜곡할 수 있기 때문
에 그렇다). 이렇게 하면 전문가 판단의 민주적 책임성은
강화되고 전문가 작업의 성실성도 위협을 받지 않는다. 숙
의한다고 해서 분석이 억제되지는 않으며, 특정한 답을 내
야만 하는 것도 아니기 때문이다.[60]

표현 방법은 다르지만 이 생각에는 분명히 선택적 모더니즘과
공존할 수 있는 부분이 많다. 예를 들어, 분석과 숙의의 구분은
기술적 측면과 정치적 측면의 구분과 매우 비슷해 보인다. 비슷
하게, 기술적 의사 결정이 기술적 문제의 틀을 형성하는 방법에
부과된 중요성은 선택적 모더니즘과 공통되는 부분이다. 선택
적 모더니즘에서 그 중요성은 과학기술학에서 정책과 연관된
연구들이 중요하게 다루는 정당성 문제의 기초를 이루고 있다.

앞에서 언급했듯이, 그럼에도 과학을 떠받치는 모델들은
과학 내에서의 갈등, 무당파의 역할, 주변부 과학, '분석적, 숙
의적' 과정의 분석적인 부분의 구성원 제한을 없애야 할 필요성
등을 이해하는 데서 눈에 띄는 차이가 있다. 제2의 물결의 많은
부분처럼, 더글러스는 과학에서 가치의 중요성을 인식했지만,
그 과정에서 더 많은 참여가 이루어지는 것을 기술적인 문제에
그 가치들을 더 잘 적용하기 위한 메커니즘으로 보는 경향을
보였다. 하지만 더글러스는 이 과정이 미치는 영향에 한계가 있
는지, 없는지는 고려하지 않았다.

과학 내부의 갈등과 의견불일치의 속성을 이해하기 위해,
선택적 모더니즘은 그 어떤 핵심 집단이라도 그 안에 속한 과학
자들 또는 다른 전문가들이 좋은 시민일 것이라는 기대를 하지

60. Douglas(2009: 163)

않았다. 그와는 반대로, 핵심 집단 논쟁의 특징은 특이함과, 자신들이—많은 경우 자신들만이—문제의 진실을 발견했다는 확신이 건강한 과학의 일부라는 확신을 가진 '실제보다 큰' 기인들의 집착이다. 많은 또는 대부분의 과학자들은 우리가 '독수리들'이라고 부르는 존재들처럼 행동하며, 또 그래야만 한다. 물론 과학계 전체와 사회 전체—좋은 사회라면—사이의 경계를 흐리는 것에 아무도 반대할 수 없다. 하지만 사회적 의미를 가진 일을 수행하는 특정한 소규모 핵심 집단에서 일하는 모든 과학자가 출판을 위해 논문을 제출하기 전에 위험과 이득의 적절한 균형에 대해 시민들과 이해관계자들에게 조언을 구하는 것은 기대할 수도 없고, 그래서도 안 된다. 이것은 과학자들이 하는 일이 아니다. 또한 과학자들이 정책 결정자들에게 조언하는 것을 주 업무로 하는 과학자가 아닌 이상 그래서도 안 된다. 이 경우에는 이런 종류의 일이 그들의 전문성의 핵심이 된다. 사회적으로 중요한 핵심 집단이 항상 사회에 대해 의식하고 있는 과학자들로 차 있어야 한다는 생각은 주사위 던지기에서 행운을 기대하는 것과 같은 생각이다.[61]

어떤 경우든, 위험과 이득을 계산하는 것은 수많은 전문가 전문성에 의존하는 엄청나게 어렵고 복잡한 일이다. 최소한 정책 결정자의 관점에서 볼 때 훨씬 더 안 좋은 것은 과학자라는 직업에 존재하는 기준이 사회적 변화의 위험과 형평성을 평가하기 위해 필요한 기준이 꼭 아닐 수도 있다는 것이다. 이 문제의 좋은 예는 통계학의 사용에서 찾을 수 있다. 대부분의 과학에서 발표를 하기 위해 요구되는 기준은 95퍼센트 수준이다, '결과가 바뀔 가능성이 100분의 5'라는 의미다. 하지만 95퍼센트의 결과가 의미하는 것을 이해하기 위해서는 단 한 번의 실험

61. 게다가, 특정 종류의 과학적 능력 또는 창의성은 다른 사람들에 대한 무관심과 잘 어울리기도 한다.

이 아닌 전체 분야에서 일어나는 활동의 총합을 이해해야 한다.[62] 악명 높은 '파일·서랍장 문제'는 어느 정도 의미가 있지만 중요성이 떨어지는 많은 결과는 출판되지 않고, 95퍼센트 양성을 보여주는 결과만 출판될 때 발생한다. 한 번의 실험 또는 적은 수의 실험 결과가 양성이라도 순 통계적 유의성은 제로일 수가 있다. 비슷한 것이 '트라이얼 팩터'(trial factor)에 적용된다. 이는 다른 말로는 '다른 곳을 보는 효과'로도 알려져 있는데, 집 실험실 또는 다른 실험실에서 실험자들이 한 개 또는 적은 수의 양성 결과의 통계적 유의성을 해치는 통계 수치를 버리는 것을 뜻한다.[63] 최근에는, 안정된 효과를 낸다고 생각하는 것을 복제하는 데 실패하는 일이 자주 일어나면서 이 문제가 추상적인 고려사항이 아니라 실제적인 문제라는 것이 분명해졌다.[64]

요점은 실험의 의미를 평가하는 데 필요한 전문성을 핵심 집단 실험자들에게서 찾기 힘들다는 것이다. 선택적 모더니즘이 전문가 합의의 평가를 기존의 과학자 사회가 아니라 이 전문성 및 역시 필요한 다른 전문성들을 포함하는 새로운 제도에 맡기는 것을 추천하는 이유다. 이 다른 전문성들에 포함된 것이

62. 출판이 되기 위한 통계적 기준은 물리학에서는 표준편차가 5일 때다. 경험의 결과로 1960년대 3에서 늘어났음에도 불구하고 아직도 부족해 보일 때가 있다. Franklin(2013) 참조. Collins(2013a: ch. 5)는 이러한 엄격한 기준이 보기보다 그렇게 딱 떨어지는 것은 아닌 이유를 설명한다. Ioannidis(2005)는 대부분의 다른 과학 분야에서는 표준인 '두 개의 표준편차' 결과의 반 정도가 믿을 만한 것이 아니라고 주장했다. 부엉이들은 무작위적인 오류와 체계적인 오류 사이의 관계, 트라이얼 팩터, 파일·서랍장 효과, 모집단에서의 병리학적 분포 등을 이해해야 할 것이다. 많은 과학 분야에서 독수리들은 출판의 압력이 있을 때 통계를 조작하지 않을 것이라고 믿을 수 있는 존재들이 아니다. 어려운 문제이긴 하다.

63. 이 문제에 대한 토론을 다음을 보라. Collins(2013a: ch. 5).

64. Ioannidis(2005)를 보라.

'과학이 어떻게 진행돼야 하는지'에 관한 전문성이다. 이 전문성은 어떤 사회적 집단이 적절한 전문성을 가지고 있으며, 그들의 실천이 어느 정도까지 과학적 기준에 부합하는지를 이해하는 데 기여할 수 있는 전문성이다. 타보 음베키의 경우를 보자. 선택적 모더니즘의 유형 분석을 위한 패러다임이 되는 경우다. 이 경우, 핵심적인 문제는 어떻게 무당파 과학을 식별해내는가이다. 음베키와 장관들은 필요한 전문성이 없었기 때문에 이 일에 실패했다. 하지만 사회학 전문가와 의학 전문가로 구성된 부엉이들 같은 자문 위원회가 있었다면, 논란이라고 주장되는 것이 '유통기한'이 한참 지났다는 것을 인식하는 데 필요한 '주의, 성실성, 합리적인 선견지명'이라는 지침을 제대로 지켰을 것임을 금세 알 수 있다. 반면, 더 분석적, 숙의적인 접근 방법이라면 노벨상 수상자인 듀스버그와 멀리스 같은 과학자들을 배제하는 것이 힘들었다는 것을 알아냈을 것이다. 그들은 (백신 반대 운동에서 본 것처럼) 어떤 숙의 제도에서라도 가장 설득력 있는 사람들로 판명될 가능성이 있는 사람들이었다. 듀스버그 같은 과학자들은 그들이 위험한 개입이라고 생각하는 것을 중지시키기 위해 일관성을 가지고 행동했다.[65]

이렇게 대립되는 입장에서 정책을 결정하려면 선의 이상의 것이 필요하며, 오랫동안 문제가 해결되지 않을 수 있다는 불확

---

65. 이 주장은 Selinger, Thompson and Collins(2011)에서 예시됐다. 이 논문에서 톰슨은, 더글러스처럼, 유전자 조작 곡물을 비난하는 과학자들은 부도덕하게 행동하고 있다고 주장했다. 유전자 조작 곡물로 영양분과 비타민을 더 잘 공급할 수 있다면 개발도상국에서 수많은 생명을 구할 수 있기 때문이라는 것이다. 콜린스는 유전자 조작 곡물에 반대하는 과학자들이 그 곡물이 위험하다고 진정으로 믿고 있다면 그 곡물의 도입을 막는 것이 그들의 의무라고 주장했다. 복지의 균형추를 어디에 놓을지는 정치인들이 결정하면 된다. 선택적 모더니즘에서는 과학의 균형을 맞추는 것은 부엉이들의 몫이며, 복지의 균형을 맞추는 것은 정치인들의 몫이다.

실성에도 미래의 '최선의 결정'을 위한 근거도 필요하다. 또한, 이 근거는 과학이 어떻게 진행되는지에 대한 높은 수준의 이해도 포함해야 할 것이다.[66]

더글러스와의 또 다른 차이는 선택적 모더니즘이 훨씬 더 좁은 범위의 가치들을 과학 자체와 결합시킨다는 것이다. 위험은 과학의 가치들이 사회의 가치가 된다면 과학은 차별성을 잃을 것이라는 데 있다. 이는 분석적, 숙의적인 방법에 대한 토론에서 두드러지는데, 그 토론에서 가장 중요한 생각은 과학에 대한 비인식론적인 가치 판단을 더 민주적으로 구성된 집단의 가치 판단과 더 가깝게 배치함으로써, 과학에 대한 비인식론적인 가치 판단을 변화시키는 것이다. 선택적 모더니즘 아래서 과학은 그 자체로 가치가 있는, 뚜렷이 다른 삶의 양식으로 옹호된다. 더글러스는 과학을 현재의 과학으로 만드는 가치들을 희석시키면서 일반적인 사회적 가치를 과학 특유의 가치에 더하는 것을 권장한다.

우리가 선한 민주적 사회만 생각했다면 이 차이는 차이가 아닐 수도 있다. 하지만 1장에서 언급했듯이, 한 사회가 혐오스러운 가치로 생각될 수 있는 것들에 의해 특징지어진다면, 더글러스의 분석은 호응을 덜 받았을 것이다. 왜 우리는 과학자들이 그런 가치들을 흡수하고, 그런 사회에서 '좋은 시민'으로 생각되는 대로 행동하길 원해야 하는 것일까? 역사적으로, 우리는 그런 경우에 어떤 일이 일어나는지 보아왔다. 선택적 모더니즘도 과학적인 가치를 사회로부터 격리시키지 않지만, 사회가 과학의 가치를 보존하고 소중히 여기는 것을 권장한다. 선택적 모더니즘은 사회가 잘못됐을 경우에는 사회로부터 과학을 보호하며, 과학적 가치가 이끄는 사회를 만들 수 있는 가능성도 높

66. 이런 사고방식의 예가 다음이다. Collins, Ginsparg and Reyes-Galindo(2016) 참조.

인다. 이 과학과 사회의 긴장은 유럽의 파시즘이 정점에 있을 때 과학이 도덕적 리더십을 제공할 수 있었다는 생각을 하게 한 바로 그 긴장이다.

선택적 모더니즘은 과학적 지식을 얻기 위해 고문이나 살인 같은 과정을 포함하는 비윤리적인 실험도 보편주의, 입증 가능성 등의 가치에 따라 이루어진다면 과학이라고 생각한다. 선택적 모더니즘도 그런 과학이 혐오스럽다고 생각하지만, 그 이유는 그런 과학이 과학의 정의에 맞지 않기 때문이라서가 아니라 인간의 활동으로서 혐오스럽기 때문이다. 그런 과학도 과학이 될 수는 있다. 하지만 부도덕한 과학이다. 동물실험에 사람들이 반대하는 것이 좋은 예다. 선택적 모더니즘은 이 문제에는 관심이 없다. 사회 전체가 분명하게 동물실험에 반대한다면 사회의 구성원으로서의 우리는 행복해질 수도 있겠지만, 선택적 모더니즘과는 전혀 관계가 없는 일이다. 변화가 있다면, 우리가 살고 있는 사회의 가치가 변할 뿐이다. 동물실험은 여전히 과학 실험으로 여겨질 것이다.

선택적 모더니즘 자체는 사회의 고상한 가치들을 보호할 생각이 없다. 2장에서 살펴보았듯이, 좋은 사회가 되려면 과학의 가치 외에도 다른 많은 가치들이 있어야 한다. 과학 그 자체는 사회적, 도덕적, 미적 가치들을 지킬 수가 없으며, 선택적 모더니즘은 과학이 그래야 한다고 주장하지도 않는다. 선택적 모더니즘의 목표는 보편주의, 불편부당성, 조직적 회의주의, 개방성 같은 가치들을 지키는 데 한정돼 있다. 선택적 모더니즘은 과학이 사회에 문화적 자원을 제공하도록 하는 것이 목표다. 이런 가치들은 과학을 사회적 압력에서 벗어나도록 해야 지킬 수 있다. 반면, 더글러스의 생각에 따르면 과학은 사회 전체로부터 분리될 수 없다. 더글러스의 생각과 대비해서 얘기를 요약하면, 선택적 모더니즘은 과학을 정의하는 가치들과 과학

학술적 맥락

이 사회에서 빌려오거나, 사회와 공유하는 가치들을 선명하게
구분한다는 것이다.

여기서 기술관료주의의 문제가 제기된다. 선택적 모더니즘
아래서 기술관료주의는 거부되고 민주주의는 기술적 전문성에
우선한다. 반면, 더글러스는 이 문제에 대해서는 입장이 분명하
지 않다. 더글러스는 과학자들만이 정책 조언을 제공할 기술적
자원을 가지고 있다고 생각하지만, 시민들도 분석적, 숙의적 방
법으로 이 조언에 대한 적극적인 의견을 내놓기를 원한다. 이와
는 대조적으로, 선택적 모더니즘 아래서 과학자들은 정책 결정
이 아닌, 정책에 대한 권고만 할 수 있으며, 이 권고도 과학을
평가할 수 있는 전문가 전문성을 갖춘, 더 상위 단체인 부엉이
들의 중재를 거쳐야 한다. 과정만 투명하다면 정책 결정자와 시
민은 부엉이들이 지지하는 기술적 결정이나 정책 권고를 거부
할 수 있다. 차이점은 더글러스가 사회적인 가치들이 일상적인
과학 연구에 확실하게 투입될 수 있도록 과학에 대한 정의를
다시 내리고자 했다는 것이다. 이렇게 되면, 전문가가 제공하는
정책 조언에 대한 외부적(즉 비과학적) 정치의 영향력이 점점
더 높아지기 때문에 기술적 측면과 정치적 측면 사이의 구분은
흐려진다. 차이를 분명하게 하기 위해 다른 예를 들어보자. 더
글러스의 모델이 경제 관련 조언에서는 어떻게 적용될 수 있을
까? 이 경우에 더글러스의 모델을 따르면 경제학자들에게 너무
많은 힘을 실어주게 된다는 것이 분명해지는 반면, 선택적 모더
니즘에 따르면 정치적인 이유로 경제 관련 조언을 거부하는 것
은 어려운 일이 아니다. 이는 더글러스가 사회적 가치들이 과학
실천(간접적 가치)에 영향을 미치는 것을 허용하는 데다 과학
자 사회의 합의에 등급을 매긴다는 개념이 없고, 정치적으로 아
무리 강력한 합의라도 뒤집을 수 있는 절대적인 권리를 정치적
측면에 부여하지 않기 때문이다.

요약하면, 더글러스의 생각은 시작점에서는 선택적 모더니즘에 가깝지만 실제적인 결과가 나타나면서 차이가 벌어진다. 선택적 모더니즘과 비교했을 때, 더글러스는 과학의 결과에 대해 더 중요하게 생각한다. 그 결과가 분석적, 숙의적 과정에서 수정되는 경우는 더 그렇다. 더글러스는 과학적 가치들이 가치체계 자체로서 차별성과 중요성을 가진다는 사실에는 거의 주목하지 않았다. 또한 과학자들에게는(부엉이들에게가 아니고) 과학적 지식의 상태를 결정할 수 있는 힘을 더 많이 주고, 정치인들에게는 전문가 의견을 거부할 수 있는 힘을 상대적으로 더 적게 줌으로써, 과학자들과 사회의 비중을 달리 했다.

필립 키처

시민 패널의 역할에 대해서는 필립 키처의 최근 연구에서도 언뜻 비슷한 주장이 제기됐다. 하지만 여기서의 결론은 기술관료주의 쪽으로 기운다. 과학과 사회에 대한 키처의 분석은 2001년에 나온 책인 『과학, 진실 그리고 민주주의』(*Science, Truth and Democracy*)와 2012년에 나온 『민주 사회에서의 과학』(*Science in a Democratic Society*)에 잘 나와 있다. 키처의 연구 목적은, 사회의 수요를 충족시키는 쪽으로 연구 방향을 재설정하면서, 그가 합리적이고 인식론적으로 우월한 지식이라고 생각하는 과학을 방어하는 것이다. 이 목적을 위해 『과학, 진실 그리고 민주주의』는 '순서가 잘 정리된 과학'이라는 아이디어를 전개한다. 먼저 시민들은 어떤 것이 가능한지에 대해 과학자들의 조언을 얻은 다음, 선택 가능한 것들 중에서 골라 우선순위를 설정한다는 것이다. 이는 더글러스의 분석에서 나오는 직접적 가치의 역할이나 연구 자금 지원의 틀 설정과 우선순위를 정하는 과정에서 선택적 모더니즘의 정치적 측면이 하는 역할과 어느 정도 비슷할 수 있다.

『민주 사회에서의 과학』에서 키처의 관심은 이런 '순서가 잘 정리된 과학'이 민주 사회에 어떻게 통합될 수 있는지이다. 여기서 키처는 과학 법정이라는 아이디어를 떠올리게 한다. 과학 법정에서 전문가들은 과학 지식 주장을 공공의 지식으로 인증하는데, 물론 이 과정도 대중에 의해 정당하다고 인정을 받아야 한다는 맹점이 있기는 하다. 매튜 브라운은 키처의 연구를 리뷰하면서, 인증과 투명성이라는 쌍둥이 역할에 대해 다음과 같이 요약했다.

> 과학적 주장이 공공의 지식으로 인증되려면, 그 주장이 충분히 진실이고 충분히 중요하다고 관련된 문의자 집단이 먼저 판단을 해야 한다. …… 어떤 주장이 '충분히 진실'인지는 정밀성과 정확성이라는 기준에 의존한다. 즉 결과가 얼마나 진실에 가까운지, 과정이 진실을 생산할 수 있는 가능성이 얼마나 되는지가 그 기준이 된다. 이러한 결정에는 가치 판단이 개입된다. …… '순서가 잘 정리된' 인증을 위해서는 이러한 가치 판단이 이상적인 지지라는 시험을 통과해야 한다. 이상적인 투명성은 대중이 관련된 문의자 집단을 신뢰할 수 있을 정도로 지식 생산의 방법을 충분히 이해할 수 있는지 여부와 관련이 있다. 투명성 확보의 실패는 과학적 권위의 침식과 밀접한 관련이 있다.[67]

키처가 실제로 지식 주장의 평가를 과학자들에게만 맡겨야 한다고 생각했는지는 확실하지 않다. '관련된 문의자 집단'에 경험 기반 전문가들이 포함될 수는 있지만, 키처는 이 집단이 무슨 일을 하는지는 명확하게 밝히지 않았다. 공적인 인증의 기

---

67. http://ndpr,nd.edu/news/29284-science-in-a-democratic-society.

준─이상적인 지지의 기준─이 결론이 받아들여지는 또 다른 롤스적인 사고 실험이라는 점도 주목할 필요가 있다. 그 결론은 '모든 사람들 사이에서의, 모든 사람이 가치 있는 삶을 살 수 있는 기회의 균등을 목표로 하는 완벽한 상호관계라는 조건에 따른 과거와 미래에서의 이상적인 대화에 의해 지지되면, 그리고 그렇게 지지될 때만 받아들여지는 결론'이다.[68]

이런 이상이 현실에 어떻게 적용돼야 하는지는 불분명하지만, 여러 면에서 선택적 모더니즘과는 대체로 맞지 않는 것으로 생각된다. 키처의 생각은 여러모로 기후변화와 창조론에 대한 주장에 대처하기 위한 것으로 보인다. 그의 관점에서는 이 주장들을 공공의 지식으로 인증하는 것은 잘못된 일이다. 예를 들어, 키처가 시민 패널에 대체로 찬성하지만, 시민 패널은 결핍 모형(사회와의 소통 과정에서 과학기술 전문가들이 주도적 역할을 하는 경우 소통 능력이 '결핍'된 결과를 낳기 마련이라는 주장)이라는 관점의 틀에 갇혀 있다는 것이다. 결핍 모형에서 시민들은 전문가들의 의견을 더 잘 이해하고 인정할 목적으로 참여한다. 이와는 대조적으로 선택적 모더니즘은 시민 참여의 결과로 시민들이 과학을 지지하게 되는지 여부와 관계없이, 정치적 측면에 시민이 참여하는 것 자체에 가치가 있다고 보며, 키처가 말한 것처럼 단순한 정보의 하향식 전달이 아니라 대화로서의 시민 참여를 지지한다.

전문가가 우월하다는 생각은 기후변화에 대한 토론에서 분명하게 나타난다. 키처는 여기서 과학 전문가가 결정권을 가져야 한다는 주장을 하기 위해, 전문가들이 선택 사항을 제공하고 정책 결정자들이 결정한다는 표준적인 기술관료주의 모델에서 한 걸음 더 나아갔다. 그는 과학이 가치 중립적이 아니기 때

68. http://ndpr,nd.edu/news/29284-science-in-a-democratic-society.

문에 이 가치들은 최고 수준의 전문가 전문성을 갖춘 사람들에 의해 적용돼야 한다는 주장을 폈다. 그는 "우리의 판단이, 이러한 이슈들에 매진해 결국 사람들이 다 인정하는 부정확한 판단을 제공하는 과학자들의 판단만큼 좋을 것이라고 정말로 생각하는가?"라고 말했다.[69]

이 입장은 선택적 모더니즘이 주장하는 최소한의 기본 입장과 전혀 다르다. 선택적 모더니즘에 따르면, 과학자나 전문가는 그런 정치적 결정을 하지 않으며, 정책 결정자도 아무리 합의가 잘된 전문가 조언이라도 꼭 받아들여야 할 의무는 없다. 오히려, 정책 결정의 권위는 선출된 대표들에게 있다. 이 대표들은 정책 결정자들이 선택을 할 때 참고하는 과학적 합의의 속성과 강도를 설명하는 전문가 조언자 역할을 한다.

마크 브라운이 지적했듯이, 키처는 기존 전문성의 역할을 지키고 강화하고자 하는 욕구 때문에 의심스럽고 모순적인 입장을 취하게 됐다.[70] 예를 들어, 키처는 과학자들이 정책 합의를 훼손시킬 수 있는 결과를 숨기는 것도 허용돼야 한다고 주장했다. 그렇게 함으로써 정치적 반대자들의 공격을 피해갈 수 있다고 생각했기 때문이다.[71] 이런 행동은 선택적 모더니즘의 과학적 규범을 어기는 일이며, 과학의 '독수리들'에게 그들이 원하는 정책을 결정할 수 있는 자유를 너무 많이 주는 것이다. 이런 행동은 현재진행형의 기술관료주의다.

---

69. Kitcher(2012: 33-4).
70. Brown(2013).
71. 직접적으로 언급하지는 않았지만, 키처는 유출된 이메일로 촉발된 '기후게이트' 논란을 염두에 두고 있었던 것 같다. 이런 종류의 반응이 실제로 상황을 개선했을지는 분명하지 않다. 그렇긴 하지만, 실제로 최첨단 과학 연구에 수반되는 어려움을 더 공개적으로 인지한다는 의미에서 기후게이트에 대한 올바른 반응은 투명성을 더 확보하는 것이라고 주장되었을 수도 있다.

이 장에서 우리는 선택적 모더니즘이 수많은 민주주의 이론 및 원칙과 공존할 수 있다는 것을 보여줬다.[72] 주장을 펼치는 과정에서, 우리는 듀런트를 따라 민주주의에 대한 숙의적 접근 방법에 집중했으며, 듀런트처럼, 우리의 접근 방법도 롤스의 방법과 매우 가깝다고 생각한다.[73] 듀런트처럼 우리도 선택적 모더니즘이 다른 '관점'이 인식론적 기반에서 비롯된다고 생각하는 정체성 정치의 접근 방법과 공존할 수 없다고 생각한다. 사회적인 위치가 다르면 경험과 전문성도 달라지는 것은 분명하다. 하지만 사회적 공간이 달라진다고 과학이 달라질 수는 없다.

전문가 조언은 전문가가 제공해야 한다는 주장을 넘어서, 선택적 모더니즘은 숙의 체제를 둘러싼 현재의 정치 이론들을 지지한다. 그 이론들은 숙의성과 대표성이 다양한 형태로, 다양한 곳에서 나타난다고 주장한다.[74] 이 점에서, 선택적 모더니즘은 과학기술학과 정치 이론의 관계를 연구하는 분야와 폭넓게 공존할 수 있다. 대표, 권위, 책임성이라는 전형적인 민주주의의 문제들은 한 번의 토론으로 해결할 수 있는 것이 아니라, 시공간을 두고 펼쳐지는 과정으로 대처돼야 한다는 사실을 확실히 할 필요가 있다. 선택적 모더니즘은 이렇게 펼쳐지는 관계를 샌드위치 모델로 이해하고 있다(그림 3-3).

마지막으로 우리는 선택적 모더니즘이 최근의 과학철학 연구와 공존할 수 있다는 것을 보여줬다. 지식의 사회적 속성을 인식하고, 전문가 지식을 면밀하게 검토해야 한다고 주장하는 과학철학 분야가 특히 더 그렇다. 다른 점은, 선택적 모더니즘은 과학의 가치를 인식론적 기반이 아닌 도덕적 기반에서 평가

---

72. 개괄적인 소개는 다음을 보라. Held(2006).
73. Durant(2011).
74. 예를 들어 다음을 보라. Mansbridge et al(2012).

학술적 맥락

한다는 점이다. 또한 현실적인 행동의 모범을 만들기 위한 결론
과도 크게 다르다.

제5장
제도적 혁신

지난 반세기 동안의 과학학 연구로 공적 영역에서의 기술적 의사 결정을 위한 새로운 제도에 대한 관심이 크게 증가했다. 비전문가 이해관계자와 시민이 사회과학자와 자연과학자가 함께 참여하는 포럼에 대한 관심이 크게 높아진 것이다.[1] '혼성 포럼'이라고 불리는 이러한 토론의 인식론적 배경은 기존의 전문 지식이 모든 이슈를 모두 다루기에는 범위가 너무 좁다는 데 있다.[2] 이러한 '정책 전환'이 미치는 영향은 로(Gene Rowe)와 프루어(Lynn Frewer)가 2004년 5월에 발표한 논문에 잘 나와 있다. 이들은 참여 메커니즘을 100여 개로 분류해 소통, 자문, 참여에 기초를 둔 열네 가지 접근 방법으로 범주화했다.[3]

정책 결정자들이 이 같은 변화에 관심을 가졌다는 것은 주목할 만하다. 실제로 지난 2000년 영국 상원 과학기술위원회는 시민들의 참여와 관련해 이정표가 될 만한 보고서를 발표하기도 했다.[4] 더 중요한 것은 실제로 시민 참여가 영국을 비롯한 다른 나라들에서 현실화되었다는 증거가 있다는 것이다. 선택적 모더니즘은 혁신의 메뉴에 새로운 제도를 추가했다. 우리는 이

1. 이러한 활동의 가치에 대한 비판적인 반응은 Rayner(2003)를 보라.
2. 이 단어는 다음에서 나왔다. Callon, Lascoumes and Barthe(2010).
3. Rowe and Frewer(2004, 2005).
4. House of Lords(2000). Evans and Plows(2007). 그리고 다음에서 인용하였다. Royal Commission for Environmental Pollution(1998); House of Lords(2000); Gerold and Liberatore(2001); Hargreaves and Ferguson(2001); Parliamentary Office of Science and Technology(2001); Office of Science and Technology(2002); Wilsden and Willis(2004); Council for Science and Technology(2005). 또한 다음을 보라. Hagendijk(2004).

제 그 메뉴를 살펴보고 부엉이들을 다른 메뉴들과 비교해볼 것이다.

시민 패널, 배심원, 합의회의

시민 패널, 배심원, 합의회의는 숙의민주주의에 기반을 둔 생각이며, 참여하는 시민의 수가 비교적 적다는 특징이 있다.[5] 참여하는 시민은 전문가들에게서 이슈에 대한 설명을 듣고 토론을 통해 집단적인 관점을 생성한다. 절차에 따라서 시민 패널은 기존 전문가를 새로운 전문가로 교체할 수도 있으며, 소수의견을 담은 보고서를 낼 수도 있다. 목표는 일반 시민으로부터 충분한 정보를 바탕으로 한 의견을 얻고, 기술적 의사 결정의 정치적 측면 안에서 그 의견을 시민들의 잠재적 요구사항으로 활용하는 것이다. 따라서 시민 배심원은 전문가 조언의 대안이 아니라, 정보에 바탕을 두지 않은 여론의 대안이다. 이런 여론은 MMR의 경우처럼 주류 미디어가 체계적 오보를 해 포퓰리즘적 정책 결정을 부추길 때 형성된다.

　　시민 참여의 예는 네덜란드와 스칸디나비아 국가들을 비롯해 주로 유럽의 국가들에서 가장 잘 볼 수 있지만, 합의회의, 시민 패널 등은 오스트리아, 캐나다, 프랑스, 일본, 뉴질랜드, 한국, 영국 등 많은 나라에서도 볼 수 있다.[6] 선택적 모더니즘의

5. 시민 배심원 및 그와 관련된 방법을 지지하는 논의에 대해서는 예를 들어 다음을 보라. Grundahl (1995); Glasner and Dunkerley (1999); Guston (1999); Wakeford (2002); Evans and Kotchetkova (2009).
6. 네덜란드에 대해서는 다음을 보라. Bijker, Bal and Hendriks (2009), Den Butter and Ten Wolde (2011). 스칸디나비아에 대해서는 다음을 보라. Andersen and Jæger (1999), Zurita (2006), Nielsen, Lassen and Sandøe (2007). 다른 나라에 대해서는 다음을 보라. Guston (1999); Pur-

관점에서 보면 시민 배심원은 상향식 중재 제도로서 잘 작동하는 것으로 보인다. 시민들은 과학 문제의 전망과 위험을 포함한 일정 정도의 지식을 얻는 것이 가능해진다. 시민들이 전문가 수준의 지식을 가질 것이라고 기대할 수는 없지만, 일반 법정 배심원처럼 이들이 정책 결정자들이 심각하게 받아들일 수 있을 정도로 충분히 정보에 바탕을 둔 판단을 내릴 수 있을 것이라고 생각될 충분한 이유가 있다. 그 판단이 생성되는 방식 때문이다.[7]

구성적 기술영향평가

구성적 기술영향평가는 상호작용적 기술영향평가와 참여 기술영향평가를 포함하는 더 넓은 의미의 기술영향평가 방법이다. 부분적으로 다른 면이 있지만, 이 방법들의 공통점은 사회 학습을 증진시키고, 사용자와 시민의 관심사를 설계의 초기 단계에 포함시킨다는 것이다. 요한 쇼트(Johan Schot)와 아리에 리프(Arie Rip)는 다음과 같이 말했다. "이런 종류의 접근 방법은 우리가 기술영향평가의 철학이라고 부르는 것에 대체적으로 충실하다는 것이 특징이다. 사회는 새로운 기술의 잠재적 영향을 예측하고 이 예측을 다시 정책 결정에 반영해, 시행착오에 드는 인적 비용을 줄여야 한다는 것이 이 철학의 핵심이다.[8]

구성적 기술영향평가는 나중에 라테나우연구소(Rathenau

due(1999); Einsiedel, Jelsøe and Breck(2001); Goven(2003); Nishizawa (2005); Seifert(2006); Dryzek and Tucker(2008). 출간 당시의 더 자세한 리스트는 다음을 보라. Rowe and Frewer(2004, 2005).

7. Evans and Plows(2007); Evans(2011).

8. Schot and Rip(1997: 251).

Institute)로 이름을 바꾼 네덜란드기술평가협회(Netherlands Organization of Technology Assessment)에서 1980년대 중반 처음 시작됐으며 기존의 기술영향평가에 상당한 변화를 몰고 왔다. 이 새로운 접근 방법은 의사 결정 과정에서 기술영향평가 기법이 사용돼야 하며, 이런 기술영향평가가 더 넓은 사회적 맥락 안에 포함돼야 한다는 인식을 포함하고 있다. 이 인식에 따라 기술영향평가는 '하향식' 활동에서 '상향식' 활동으로 변화했으며, 이해관계자들과 시민들은 기술을 평가하는 데 사용되는 판단 기준이 어떻게 개발되고 측정되는지를 결정하는 계획 단계에 영향력을 행사할 수 있게 됐다.[9]

구성적 기술영향평가와 그와 관련된 형태들의 접근 방법은 매우 다양하다. 방법 자체에 충실한 것이 아니라 어떤 철학에 충실하기 때문이다. 따라서 구성적 기술영향평가는 다른 사람들이 다른 의견을 표시하는 숙의적 워크숍, 포커스 그룹, 타운홀 미팅, 시나리오 분석 등을 통해 이루어질 수도 있다. 중요한 것은 최종 사용자(적절하다면 사용자가 아닐 수도 있다)가 많은 선택의 여지가 있는 계획의 초기 단계에서 자신들의 관심사를 표현할 기회를 가지는 것이다. 이렇게 하면 더 다양하고 대표성을 띠는 가치들이 다음 계획에 반영될 수 있다. 이 점에서 구성적 기술영향평가는 단지 또 하나의 새로운 기술영향평가 방법이 아니며, 새롭고 비기술관료적인 기술 정치를 하기 위한 주장이기도 하다.[10]

이 방법의 유연성을 감안하면 이 방법이 광범위한 주제에 적용돼왔다는 것이 놀랍지 않다. 특히 이 방법은 시민들과 이해관계자들의 역할이 분명하게 존재하는 환경, 도시 설계, 도시

9. Schot(1998). 또한 다음을 보라. Rip, Misa and Schot(1995); Grin, van de Graaf and Hoppe(1997).
10. Schot(1998).

학술적 맥락

계획 분야에서 효과적이었다. 구성적 기술영향평가가 적용된
예는 다음과 같다.

- 로테르담 항구 개발에 대한 광범위한 대중 자문. 목표는 정
  부가 여론을 심각하게 받아들이지 않았다는 생각에 정면으
  로 대처해 다음 단계 개발의 정당성을 확보하는 것이었다.
  구성적 기술영향평가의 교과서적인 예는 아니지만, 새 항
  구의 필요성 자체를 포함한 광범위한 관심사를 고려하고
  참여자의 범위를 넓히려는 확실한 시도로 평가된다.[11]
- 나노 기술 같은 신생 기술을 이해하기 위해 시나리오 워크
  숍을 이용하는 것이 소비자와 사용자들에 의해 평가되었
  다. 신생 기술은 형성 단계에 있는 데다 향후 방향이 확실
  하지 않기 때문에 구성적 기술영향평가의 상향식 속성을
  이용하는 것이 필수적이다. 이 경우 구성적 기술영향평가
  는 어떤 위험과 이익이 발생하는지, 어떻게 이들이 조정돼
  야 하는지 예측할 수 있는 방법을 제공한다. 구성적 기술영
  향평가의 핵심적인 통찰은 시민들이나 사용자들이 보는 위
  험은 연구 과학자들이 인식하는 위험과 크게 다를 수 있다
  는 것이다.[12]
- 구성적 기술영향평가 방법을 의학 분야의 새로운 진단 방
  법에 사용하는 것이다. 여기서의 딜레마는 증거의 불확실
  성을 감안할 때 혁신적인 기술을 얼마나 빨리 임상에 적용
  할 수 있는가다. 구성적 기술영향평가를 이용하면 더 초기
  단계에서 새로운 절차의 도입을 평가하는 것이 가능하며,
  그 평가를 수정해 새로운 기술이 떠오를 때마다 적용할 수
  있다는 것이 그만큼 중요하다.[13]

11. Schot(1998).
12. Rip and te Kulve(2008).

선택적 모더니즘의 관점에서는 구성적 기술영향평가의 원칙에 이견이 없다. 기술이 일상생활에 영향을 미치는 경우, 그런 결정에 도움을 주는 전문성은 어디에나 존재한다. 모든 시민이 환경 문제에 관련한 복잡한 수식 계산을 다 잘할 수 있다는 뜻이 아니다. 어떤 환경 모델을 만들어야 하는지, 의사 결정 안에서 이 모델의 결과가 어떻게 적용되는지 결정하는 데 시민들의 정당한 몫이 있다는 뜻이다. 마찬가지로, 구성적 기술영향평가의 과정에서는 시민이나 사용자가 나노 기술이나 유전자 검사 기술을 발전시키는 전문가가 될 필요는 없다. 그보다는, 이런 신기술이 특정한 사회적 맥락에서 적용되기 위해 개발되는 경우라면, 그 맥락을 바꾸기 전에 맥락이 어떻게 작용하는지 이해하는 것이 좋다. 여기에는 선택적 모더니즘도 동의한다.

하지만 구성적 기술영향평가와 선택적 모더니즘은 차이점도 있다. 우선, 구성적 기술영향평가는 과학이 아닌 기술에 관한 것이다. 인식론적으로 기술은 과학과 다르지 않지만 그 생산물과 소비자의 관계는 다르다. 학문의 기준에 따라 과학의 생산물을 평가하는 것은 다른 과학자들이지만, 기술의 역할을 평가하는 것은 사용자들이다.[14] 구성적 기술영향평가 같은 참여 기술평가 과정이 효과가 클 수 있는 이유다. 정의에 따라, 대중은 기술의 전문가 사용자다. 두 번째로, 구성적 기술영향평가는 광범위한 적절한 사회적 집단이 계획 단계에 기여할 수 있도록 함으로써 정당성의 문제를 다루는, 본질적으로 상향식 중재 제도다.

13. Kirsten et al.(2007); Retel et al.(2009).
14. 이것은 합법적 해석의 궤적이다. 다음을 보라. Collins and Evans (2002, 2007).

학술적 맥락

시민 과학

시민 과학 프로젝트는 두 가지 유형으로 나눌 수 있다. 한편에는 과학자들에 의해 시작되고 과학 교육의 형태를 띤 프로젝트와 비과학자들이 과학 연구에 기여하도록 초대되는 자원봉사 프로젝트다. 이 자원봉사 프로젝트는 자원봉사자들을 모집해 과학자들은 얻을 수 없는 데이터를 수집하거나 컴퓨터를 이용해 데이터를 처리하도록 하는 것을 포함한다. 잘 알려진 시민 과학의 예는 다음과 같다.

· 코넬대학교 조류학연구소. 아마추어 조류학자들이 데이터를 수집하고, 기본 변화와 조류 질병에 이르는 프로젝트를 수행하는 과학자들이 그 데이터를 분석하는 프로젝트다.[15]
· SETI@home. 개인 컴퓨터들을 과학 연구에 활용하는 데 시초가 된 프로젝트다. 시민들이 개인 컴퓨터에 프로그램을 다운로드 받은 다음 전파망원경 데이터들을 분석해 외계 생명체 연구에 도움을 주는 프로젝트다.[16]

다른 종류의 시민 과학 프로젝트는 시위나 도전의 요소를 포함하고 있는 경우도 많다. 여기서 초점은 '시민에 의한' 과학뿐 아니라, '시민을 위한' 과학에도 맞춰져 있다.[17] 어떤 경우 시민들은 자신들의 이익을 위해 기술 전문가들을 고용하기도 한다. '과학 상점'이 그 경우다. 다른 경우에는, 기존의 제도와 전문성이 특정 지역에서 살거나 일하는 사람들이 가진 시민 전문성에 의해 도전을 받기도 한다. 건강과 환경 관련 이슈가 제기될 때

---

15. 더 많은 정보는 다음을 보라. http://www.birds.cornell.edu
16. 더 많은 정보는 다음을 보라. http://setiathome.berkeley.edu
17. 이 정의는 Irwin(1995)의 정의와 비슷하다.

가 전형적이며, 그 결과로 거주민이나 환자 집단이 지역적인 맞춤형 데이터를 수집해 공식적인 제도가 거부하는 반대 증거를 제기하게 되는 '대중적 유행병학'이 모습을 드러내기도 한다.[18] 풀뿌리 운동이 전개되는 경우, 지역의 운동가들은 기존 전문가들이 인정하는 신뢰할 만한 증거를 제공하는 데 특별한 능력을 보이기도 한다. 이렇게 되면 시민 집단은, 장난감 로봇 강아지를 공해 수준을 측정하는 장치로 전환시키면서 배우는 것처럼, 그 과정에서 새로운 능력과 전문성을 발휘하게 되는 것이다.[19]

선택적 모더니즘이 모든 종류의 시민 과학 프로젝트를 지지하는 것은 아니다. 선택적 모더니즘의 목표는 시민들을 과학 활동에 참여하게 해 과학의 가치를 주입하고 그 가치들을 공유할 수 있게 하면서, 과학적 가치 자체의 중요성을 높이는 것이다. 하지만 모든 시민 과학자들이 높은 수준의 과학자가 돼야 한다는 뜻은 아니다. 높은 수준의 전문가 전문성을 개발하는 데는 너무나 많은 시간과 노력이 든다. 그보다는, 아마추어 스포츠와 프로 스포츠의 예를 드는 것이 좋을 것 같다. 아마추어로 경기에 참여하는 것은 세계 기록을 달성할 수 있다고 생각하지 않고도 프로 스포츠의 가치를 구현할 수 있는 일이다. 아마추어 과학의 가치는 아마추어 스포츠, 아마추어 연극, 아마추어 예술 등의 가치와 같다. 이 아마추어 활동들은 시민의 삶을 풍성하게 하고, 무엇보다도 중요한 문화적 활동을 유지시킨다. 아마추어 과학이 사회를 통해 프로 과학의 핵심적인 가치들을 확산하는 데 도움이 된다면, 그건 분명 좋은 일이다.

---

18. Brown (1987); Wynne (1992a); Epstein (1996); Popay and Williams (1996).
19. 나탈리 제레미엔코(Natalie Jeremijenko)의 '야생 개' 프로젝트다. 다음을 보라. www.nyu.edu/projects/xdesign

공적 토론과 자문은 이제 과학과 관련된 정책 결정의 일부분이
되었다. 미국은 이 절차를 법으로 규정하고 있다. 공적 자문은
그 구조상 더 무계획적이고 정부의 관련 공식 활동보다 더 포
괄적일 수 있다는 점에서 숙의적 활동과는 다르다. 특정 부분
또는 인구 집단으로부터 정보를 얻기 위해서 더 구조적인 활동
이 생겨날 수도 있다.[20] 영국에서 이런 공적 토론 중 가장 크게
벌어졌던 것은 'GM 네이션?' 토론이다. 이는 2003년 여름 영국
정부의 지원으로 열린 토론으로, 농업환경생물공학위원회의 조
언에 관한 것이었다(2001년). 'GM 네이션?' 토론은 정부 주도
로 이루어졌지만 토론의 대부분은 지역적 공적 토론으로 이루
어졌다. 토론의 결과들이 수집되고 인터넷으로도 의견을 낼 수
있었다. 게다가, '좁지만 깊은' 포커스 집단들이 구성돼 스스로
조직된 토론 집단들과 함께 활동했으며, 독립적인 평가는 레버
흄재단(Leverhulme Trust)이 지원을 하기도 했다. '좁지만 깊
은' 포커스 집단과 대규모 조사에 의해 더 양면적인 결과가 제
시되기도 했지만, 대체적으로 'GM 네이션?' 토론에 참가한 사
람들은 유전자조작 농산물에 회의적인 시각을 나타냈다.[21]

　　과학기술학 연구는 이런 토론들에 문제가 많음을 보여주었
다. 3장에서 살펴봤듯이, 문제의 틀을 구성하는 방법, 즉 무엇
을 토론할 것인지, 어떻게 의견을 구할 것인지 등이 모두 대중
이 목소리를 내는 데 영향을 미친다.[22] 또한 이런 토론의 목적이

20. Irwin(2001); Horlick-Jones et al.(2007).
21. GM 네이션?에 관한 마지막 보고서는 영국통신사업부(2003)가 출판
했다. 공개 토론에 대한 독립적인 평가는 Horlick-Jones et al.(2007)을 보
라. Pidgeon et al.(2005)은 GM네이션? 논쟁을 이루는 요소들에 대한 분
석을 제공한다.
22. 예를 들어 Irwin(2001)을 보라.

권력자가 시민들의 목소리를 듣고 그 목소리에 반응하게 하는 것이 아니고, 이미 합의된 정책에 정당성을 부여하는 데 필요한 정보를 수집하는 것일 수 있다는 의심도 존재한다.[23] 선택적 모더니즘은 이러한 우려들을 공유하고, 토론의 기술적 측면에 의미 있는 기여를 할 수 있는 일반 시민의 능력을 제한할 수 있는 가능성에도 주목한다. 이런 토론이 대중이 자신의 선입견을 널리 퍼뜨릴 수 있는 기회를 제공하는 것 이상의 역할을 할 수 있다는 현실적 위험도 존재한다. 이런 이유로 우리는 정보에 바탕에 둔 의견이 요구될 때 숙의적 토론이 더 많이 필요하다고 주장할 수밖에는 없지만, 그 숙의적 토론으로 문제를 해결할 수 있을지는 확실하지 않다.[24]

대중의 과학과 기술 참여

기술적인 의사 결정 과정의 일부가 아니라도, 과학과 기술에 대중이 더 많이 참여하도록 장려하는 것은 언급할 가치가 있다. 제너레이션스코틀랜드(Generation Scotland)로 알려진 장기적인 의학 프로젝트가 스코틀랜드에서 진행된 적이 있다. 이는 가족 구성원들을 연결하는 유전자 데이터베이스를 만드는 것이 목적이었는데, 의학과 사회과학 연구자들이 참여했으며 '스코틀랜드인들과의 파트너십'이란 별칭도 있었다.[25] 이런 맥락에서 특히 관심을 모았던 것은 그 준비 기간과 진행 기간 동안 이 프

23. 과학기술학의 관점에서 유럽의 대중적인 참여에 대한 개요를 보려면 다음을 보라. Hagendijk and Irwin(2006); Horst et al.(2007).

24. Evans and Plows(2007).

25. www.generationscotland.org/index.php?option=com_content&view=article&id=52&Itemid=124.

학술적 맥락

로젝트와 공적 자문에 대한 강조 작업에서 사회과학자들이 하는 역할이었다.[26] 공개적으로 생산된 데이터를 이용하는 것은 오랫동안 과학의 일부분이 돼왔고, 선택적 모더니즘 자체는 여기에 할 말이 없다.

정책 조언자로서의 전문가

대부분의 민주적 체제에서 전문가들은 정책 결정자에게 조언을 하는 역할을 한다. 결정이 전문가 집단에 위임될 때도 있지만, 전문가들은 대부분 조언만 제공하고 결정은 정부가 한다.[27] 비판자들이 주장하는 것처럼, 이런 이슈들에 대한 전통적인 생각의 많은 부분은 제1의 물결의 특징이다.[28] 이는 정책 결정 과정에 전문가가 참여하는 것에 문제가 없다고 흔히 생각된다는 뜻이다. 논란이나 문제가 생기는 것은 대중이 이해를 잘 못했기 때문이지, 제도가 잘못 계획돼서 그런 것이 아니라는 의미다. 정책 반응은 과학의 자연적인 인식론적 권위가 재확인될 수 있도록 대중의 논란을 줄이는 형태를 띤다.

지난 장에서 언급된 '과학 법정'이 좋은 예다. 칸트로위츠(Kantrowitz)가 처음 주장한 과학 법정의 목표는, 정책과 관련한 기술적 지식이 과학자 사회에서 논란이 있더라도, 정치인들에게 합의된 과학 지식을 제공하는 것이다. 과학 법정은 준사법적인 제도로, 활동적인 과학자들이 변호사 역할을 하고, 다양한

---

26. Haddow, Cunningham-Burley and Murray(2011).
27. 이 부분은 다음의 연구와 깊이 관련 있다. Martin Weinel(2010).
28. 예를 들어 다음을 보라. Lane(1966); Ezrahi(1971); Krimsky(1984); Collingridge and Reeve(1986); Wynne(1989, 1992b); Fischer(1990); Millstone(2009).

과학적 배경을 가진 연륜 있는 과학자들이 판사 역할을 맡는 제도다.[29] 과학 법정에서 합의된 조언은 정치적인 결정에 반영된다. 과학 법정과 선택적 모더니즘이 다른 점은, 이 과정의 결과가 다음에 나올 정책의 기본을 형성한다는 칸트로위츠의 가정이다. "결정의 과학적 요소와 비과학적 요소는 보통 분리가 불가능하다고 주장되는 경우가 많다. 물론, 최종적인 정치적 결정은 그 기초가 되는 과학적 정보와 분리될 수 없는 것이 사실이다."[30] 반면, 선택적 모더니즘에서는, 공정성만 담보된다면 정책 결정자들이 결정을 내릴 때 전문가 합의를 반드시 따라야 할 필요가 없다.

과학을 어떻게 하면 가장 잘 이용할 수 있을지에 대해 정책 결정자들에게 조언을 하는 일에 우려를 제기한 주장이 있다. 로저 필커 주니어(Roger Pielke Jr)의 '정직한 브로커' 모델이다.[31] 이 모델은 정책 결정자에게 반응하는 방법에 따라 이상적인 전문가의 역할을 네 가지로 나눈 것 중 하나다. 칸트로위츠와 비슷한 가정에 의존하는 정직한 브로커는 정책 결정자들에게 다양한 선택을 제안하는 학제적 집단을 말한다. 선택적 모더니즘은 필커의 생각에 동의하면서도 중요한 차이점을 나타낸다. 예를 들어, 선택적 모더니즘에서는, 전문가들이 정책 권고를 꼭 해야 하는 것이 아니며, 정책 결정자들도 전문가의 조언을 언제든 거부할 수 있다. 전문가들의 주 임무는 전문가 합의를 요약하고 필커의 '과학 중재자'와 어느 정도 비슷하게 되는 것이다. 반면, 필커도 동의하지만, 부엉이들의 중요성은 필커가 '숨어서 이슈를 변호하는 사람'이라고 부르는 사람들을 더 힘들게 만드

---

29. Kantrowitz (1967).
30. Kantrowitz (1967: 763).
31. Pielke (2008).

는 데 있다. 이들은 특정 정책 선택을 지지하기 위해 전문가 지식을 왜곡하는 사람들이다.

결론

이러한 토론들의 일부는 시민이 참여해야 한다는 주장만 하고 진정으로 진보적인 대안을 차단하는 데 이용된다고 할 수도 있을 것이다.[32] 그럼에도 제도는 더 참여적이고 숙의적일수록 좋다. 대중의 참여에 대한 과학기술학 초기의 비판과 기득권이 그 비판에 영향을 미쳤다는 생각은 지금도 연관돼 있다.[33] 선택적 모더니즘은 과학과 정치를 분명하게 구분한다는 특징이 있다. 전형적인 과학기술학의 영향을 받은 토론에서 혼성 토론이라는 아이디어는 대중과 전문가의 경계를 흐리게 하는 데 이용된다. 반면, 선택적 모더니즘은 이들의 역할과 의무를 분명한 방법으로 구분한다. 부엉이들은 현재의 혼성적인 제도에 많은 부분을 기여하고 있는 경험 기반 전문성은 있지만, 자격은 갖추지 못한 전문가들을 구성원으로 포함하되 일반 대중은 포함하지 않는다. 대중은 상향식 숙의에도 참여하겠지만, 이제는 전문가 합의와 그 한계에 대한 평가의 도움을 받아 정책을 결정하게 되는 일반적인 하향식 정치 과정에 계속해서 참여할 것이다.

---

32. Irwin(2001:4). 나노 기술과 혁신을 위한 영국 하원 위원회가 발간한 나노·주리(Nano-Jury) 보고서에 대한 평가에서 에번스는 비슷한 말을 한다.
33. Wynne(1982); Irwin(2001).

제4부 선언문

Manifesto

제6장
선택적 모더니즘과 민주주의

우리는 민주 사회가 과학에 관한 결정을 할 때, 과학적 지식을 가지고 시작해야 한다고 주장해왔다. 민주 사회에서는 민주주의가 과학과 기술에 우선하므로 과학적 지식으로 의사 결정을 마무리해서는 안 된다. 하지만 민주 사회가 과학과 기술에서 비롯되는 그 어떤 분명한 정책적 결과를 뒤집으려 할 때도 그 과정은 명확하고 책임을 수반하는 방식으로 이루어져야 한다. 민주 사회는 정치적 결정이 더 쉽게 받아들여지게 할 목적으로 과학을 무시하거나 과학의 주장을 왜곡해서는 안 된다. 정치적인 영역은 반드시 과학과 기술을 지배해야 하지만, 그 지배는 정치적 책임을 단호하게 받아들이는 것과 유권자에 대한 책임을 지는 것을 의미해야 한다. 유권자에 대한 책임은 과학의 발견을 제대로 표현하지 않는 것에 의해 희석돼서는 안 된다.

하지만 과학과 민주주의의 관계에는 이보다 더 많은 것이 있다. 과학의 가치는 민주적인 가치다. 과학이 민주 사회에 중요한 것은 과학이 그 존재 자체를 통해 민주주의를 지탱하기 때문이다. 과학은 민주 사회의 존재 방식을 예시함으로써 민주 사회를 이끄는 전문적인 제도이며, 제도여야 한다. 과학은 존재로서 그리고 그 삶의 양식을 보여줌으로써 민주주의의 존재에 본질을 부여한다. 물론, '과학'이라는 일반적인 분류 안에는 과학의 이상적인 모델에 맞지 않는 것들도 많다. 하지만 우리는 과학 안에는 희망을 유지할 만큼 충분한 것이 있으며, 과학의 정신에 기초를 둔 분석적인 이유가 존재한다고 믿는다. 이 믿음은 과학의 정신은 돈이나 물질적인 상품을 만드는 것이 아니며

과학에는 이상을 실현할 과학 고유의 잠재력이 있다는 생각의
원천이 된다.

과학에 기초한 사회라는 것은 새로운 아이디어가 아니다.
문학에서는 유토피아만큼이나 디스토피아도 많이 묘사된다. 과
학에 기초를 둔 사회의 본질은, 우리가 과학보다는 규범을 가지
고 시작하기는 하지만, 과학 규범이 민주 정치를 암시하도록 한
머튼과 닿아 있다. 이는 또한 반증주의 모델을 사용해 사회를
과학적으로 다시 설계하도록 한 포퍼의 분석과도 정신 면에서
가깝다.[1] 여기에는 존 데즈먼드 버널(John Desmond Bernal)
의 유토피아 같은 과학 기반의 사회주의 같은 것은 없으며, 올
더스 헉슬리의 디스토피아적인 『멋진 신세계』(*Brave New
World*)도 없다. 과학은 우리의 물질적 욕구를 만족시키고 정신
적, 육체적 질병을 치료할 풍성한 물자와 이해를 제공해줄 수
없으며, 사회를 근본적으로 유토피아로 바꿔놓을 정도로 새로
설계할 수 있는 능력도 없다. 우리는 이런 꿈에서 깨어나 좀 덜
신나지만, 위험하기도 한 세계에 살고 있다. 물론 과학이 인류
를 몰살시킬 것이라는 두려움도 없다.

좋은 사회는 과학과 관련된 가치 외에도 많은 종류의 가치

---

1. 전형적으로 참고되는 머튼의 논문은 「민주적 질서에서의 과학과 기술」
(Science and technology in a democratic order, 1942)이다. 후에 「과학의
규범적 구조」(The Normative Structure of Science, 1945)로 제목이 바뀌
었다. 칼 포퍼의 『열린 사회와 그 적들』(*The Open Society and Its Enemies*,
1945)과 『역사주의의 빈곤』(*Poverty of Historicism*, 1957)은 과학을 분석해
역사의 과학은 불가능하다는 것을 보여주었다. 따라서 역사 이론에 바탕
을 둔 전체주의 사회의 대량 재정비를 과학적으로 정당화할 수 없었다. 선
택적 모더니즘은 규범의 일부가 머튼 이론과 다르다. 특히 선택적 모더니
즘은 과학의 효율성에 대한 규범을 기초하려고 하지 않는다. 선택적 모더
니즘은 포퍼 이론과도 다른데, 과학은 '논리'의 문제가 아니라 삶의 양식의
문제로 여겨져야 한다는 점에서 그렇다. 머튼에게 반박 가능성과 관련된
규범을 포함해 규범은 과학에 우선한다.

선언문

들에 의존한다. 좋은 사회에는 과학이 보여주는 것보다 더 다양한 가치들이 존재하며, 미각과 예절의 미학도 존재한다. 과학의 도덕적 가치와 민주주의의 도덕적 가치가 겹치는 부분이 있지만, 좋은 사회는 종교와 가치가 아직 타락하지 않은 세속적인 제도들로부터도 배워야 한다. 이 책에서 우리는 과학의 가치와 민주주의의 가치 사이의 공통 영역에 집중한다.

우리가 설명한 것처럼, 과학과 민주주의 사이에 겹치는 부분이 있다는 생각의 수호자는 머튼이다. 표 2-2의 여덟째 줄부터 열째 줄은 민주주의의 가치와 자연스럽게 맞아 들어가는 머튼의 규범이다. 과학의 형성적 열망을 받아들인 독자들은 과학자들이 인종이나 신념 같은 이유로 다른 과학자의 연구를 탄압하거나(보편주의), 자신의 이익 때문에 다른 과학자의 연구를 탄압하거나(불편부당성), 자신의 연구를 다른 사람이 비판하는 것을 거부하거나(조직적 회의주의), 자신의 연구를 발표하기를 거부하는(공유주의) 과학자들을 보면 경악해야 한다. 어떻게 자신의 과학이 달라지고, 사회가 달라지를 바랄 수 있는가? 비밀이 특징인 사회는 정보와 지식에 대한 통제를 권력의 도구로 사용하는 권위주의적 사회가 될 가능성이 높다. 독재정치나 그 비슷한 것들만이 모든 정보를 통제하고 권력자에 대한 비판을 금지한다. 민주 사회는 국민의 불신임이 있으면 정부를 탄핵할 수도 있어야 한다. 조지 오웰의 『1984』는 비밀에 의지하는 사회를 보여주는 소설이다. 반면, 민주 사회는 공적 영역에서의 책무성과 투명성을 중시해야 한다. 둘 다 공유주의에 어느 정도 의존하는 것이다. 그렇다면, 자신이 살고 있는 사회가 보편주의적이 아니면 어떻게 바뀌기를 원하는가? 타고난 특징에 따라 사람들을 구분하는 민주 사회를 상상할 수 있는가? 그런 사회들도 많지만, 이 책의 독자들은, 최소한 선택적 모더니스트라면, 그런 사회를 좋거나 민주적인 사회라고 말하지 않을 것이다. 이 경우 불편부당성에 관해서는 그렇게 명확하지 못하다. 불편부당성은 과학에 필수적이며, 돈에 팔려 담배 회사나 정유 회사에 유리한 연구 결과를 만들어내는 과학자들을 보고 우리가 경악하는 이유가 된다.[2] 반면, 민주 사회가 하는 일은 특정한 이해관계 사이에서 균형을 맞추는 것이라고 생각해볼 수 있다. 그렇다고 해도, 정부의 구성원들의 특별한 이익을 위해 나라를 경영하는 것은 민주 사회가 할 일은 확실히 아니다. 그런 것은 '부패'라고 부른다.

다른 가치들에 대해서도 마찬가지로, 민주 사회의 설계는 지속적으로 이루어진다. 민주 사회는 특정한 계획에 따라 최종적으로 고정되는 것이 아니다(표 2-2의 열여섯째 줄). 민주 국가는 언제든 개선 가능해야 하며 변화가 허용돼야 한다. 민주 사회는 이렇게 개방성을 가지는 것이다. 개방성이 의미를 가지려면, 민주 국가들은 개인이 군중에 맞서는 것이 가능하도록 허용해야 한다(열넷째 줄). 좋은 사회에서는 인종, 신념, 사회적 특이성에 상관없이 누구의 말이라도 들을 준비가 돼 있어야 한다. 이단적인 목소리가 옳을 수도 있고 주류가 그를 수도 있다는 것을 인정해야 한다. 이런 생각에 기초해 어떻게 행동해야할지가 불분명해도 그래야 한다. 정치적인 면이든 과학적인 면이든 좋은 사회는 개인과 주류 사이의 긴장인 쿤의 '본질적 긴장' 없이는 존재할 수 없다. 좋은 사회는 합의의 지배를 받아야하지만, 합의는 항상 도전과 개인이 주도하는 변화에 열려 있어야 한다.

마지막으로, 민주 사회에는 전문성의 역할이 반드시 존재해야 한다. 그렇지 않다면 누가 능력을 개선하는 데 투자를 하

2. 제2의 물결이 상업적 목적을 위해 과학자들을 돈 주고 사는 것에 어떻게 반대했는지는 알기 어렵다. 그것은 과학을 하는 또 다른 흥미 위주의 방법이 될 것이다.

선언문

겠는갸(둘째 줄)? 어떤 영역에서든 좋은 분석은 높은 수준의 기능·기술 또는 경험을 필요로 하기 때문에, 지식 생산과 비판 모두에서 다른 사람들보다 더 능력이 있는 사람이 있어야 한다. 민주 사회는 전문가들의 특별한 역할을 인정해야 하며 더 일반적으로는 경험의 특별한 역할을 인정해야 한다.[3] 좋은 사회는 정치적으로는 전문가 집단의 의견을 무시할 수 있지만, 그들의 의견은 잘 드러나게 해야 한다. 전문가들은 자신의 좁은 영역에서만 전문가이며, 이렇게 해야 기술관료주의를 막아낼 수 있다. 정치적인 결정의 과정에는 특별한 전문가는 존재하지 않는다.

선택적 모더니즘에서, 기술적 의사 결정에 필수적인 과학적, 기술적 전문성은 특정 종류의 사회 조직에서만 기여를 할 수 있기 때문에, 민주주의에는 현실적인 결과가 따르게 된다. 따라서 선택적 모더니즘은 특정 유형의 민주주의를 선호하게 된다. 이 민주주의는 증거의 생산을 장려하고, 증거가 신중히 검토될 수 있게 하며, 증거 사용에 따르는 책임감을 강조하는 민주주의다. 여기서는 증거가 생산될 시간이 있어야 하며, 현재의 과학적 합의의 경중을 따져 합의대로 움직일 것인지, 그 합의를 거부할 것인지를 생각할 시간도 있어야 하며, 정치인들에게 결정에 책임을 묻기 전에 그 결정의 결과를 판단할 시간도 있어야 한다. 민주주의의 형태는 다양하지만 선택적 모더니즘은 기술적 토론을 할 수 있는 시간과 공간, 기술적 토론이 노출되고 고려될 수 있는 시간과 공간을 제공하는 체제를 선호한다. 따라서 선택적 모더니즘과 제3의 물결은 기술적 포퓰리즘에 반대할 뿐 아니라, 모든 종류의 지나친 포퓰리즘에도 반대한

3. 설명한 것처럼, 전문가 지식이 자유민주주의 사회에 특정한 도전이 된다는 주장을 하는 스티븐 터너 같은 사람들이 있다. 전문가 지식은 그 전문가적 특성으로 인해 대중의 통제에 저항하게 된다는 이유에서다. 4장에서 살펴보았다.

다. 과학과 기술은 진실을 찾기 위해서도 긴 시간이 필요하지만, 정치적 결정에 기여할 불안정한 합의를 형성하는 데도 시간이 필요하다. 이는 기술적 합의 형성을 당장의 정치적인 선호—정치적인 선호는 사회가 선하지 않을 때 끔찍할 정도로 분명해진다.—와 분리해야 한다는 의미다.[4]

따라서 보편주의, 불편부당성, 조직적 회의주의, 개방성, 개인주의와 대중의 의견 사이의 긴장, 전문성과 경험의 평가와 육성이라는 여섯 가지 문제에서, 선하고 민주적인 사회와 과학의 형성적 열망은 겹치는 부분이 있다. 그렇다면 선택적 모더니즘은 일종의 '과학주의'로 부를 수 있다. 이는 과학을 단순히 하나의 자원이 아니라 우리 문화의 중심적 요소로 대해야 한다고 주장하는 과학주의다.[5] 하지만 선택적 모더니즘은, 과학이 다른 모든 종류의 과학주의에 결연하게 반대하는 것이라는 지난 반세기의 분석에 영향을 너무 깊이 받았다.

이 책의 목표는 과학이 민주주의에서 중심적 역할을 한다는 것을 확실하게 하는 것이다. 이 책은 1960년대 이후 끊임없

4. 선택적 모더니즘은 사물의 진실에 대한 과학적 합의나 의견 불일치라는 개념을 다룬다는 사실에 유의해야 한다. 선택적 모더니즘은 적어도 이 단계에서는 과학 연구의 방향에 대해서는 말할 것이 제한돼 있다. 이러한 '위쪽' 문제에 대한 선택적 모더니즘의 입장은 제3장 '샌드위치 모델' 부분에서 자세히 다루었다.
5. 콜린스와 에번스의 『전문성에 대한 재고』에서 설명된 '과학주의 4'다. 이 책에 따르면 과학주의는 네 개 유형으로 정의될 수 있다. 과학주의 1: 표준적인 과학적 방법 또는 추론에 지나치게 집착하는 것. 과학주의 2: 과학적 근본주의. 모든 문제에 대한 유일한 정답은 과학이나 과학적 방법에서만 찾을 수 있다는 생각. 과학주의 3: 과학 전문가가 제시한, 좁게 프레이밍된 '명제적 의문'만이 공적 영역에서의 과학과 기술에 관련된 논쟁에 접근하는 유일한 방법이라는 생각. 그런 의문에 정치적인 성격이 포함돼 있다는 사실에는 눈을 감는다. 과학주의 4: 과학은 단지 자원으로 대해져서는 안 되며 우리 문화의 중심적인 요소로 다루어져야 한다는 생각. 선택적 모더니즘은 과학주의 1부터 과학주의 3까지를 거부한다.

선언문

는 주제였던 과학의 문화적 위치가 침식되는 것을 어느 정도 되돌려보려고 시도했다.[6] 하지만 우리는 문화적 지형을 재구성하고 1950년대 이전으로 돌아가지 않으면서, 다음에 발생할 수 있는 실제적인 문제를 해결해야 했다. 과학 전문가가 누구인지를 결정하는 사람은 누구인가? 과학 전문가가 의견 불일치를 보이면 어떻게 해야 하는가? 기술관료주의를 피하면서 과학을 올바른 방법으로 고려할 정책 결정 제도를 어떻게 만들 것인가? 이 문제에 대한 유일한 해결책은 부엉이들이다. 부엉이들은 또 하나의 위원회에 불과할 수도 있다. 하지만 이 위원회는 과학과 기술에 관련된 정책 결정을 하기 위해 풀어야 하는 사회적, 과학적 문제의 답을 구하기 위해, 지난 반세기 동안 생성된 과학 지식을 과학에 녹이는 위원회다. 이 문제는 과학자 사회 내부에서 현재의 합의는 무엇인가이다. 이것은 과학적인 문제가 아니다. 묻고 있지 않기 때문이다. '문제의 과학적 또는 기술적 진실은 무엇인가?' 또한 묻고 있다. '과학자들과 공학자들이 현재 믿고 있는 것은 무엇인가, 그리고 얼마나 확실하게 믿고 있는가?' 이 문제가 분명하고 공개적으로 대답된다면, 그 나머지는 정치의 문제다. 부엉이들의 일에 기여하는 사람으로서, 사회과학자들은 문제를 발굴하는 것 이상의 일을 하게 될 것이며, 그들 자신이 해결 방법의 일부가 될 것이다.[7]

이 주장 전체의 기초는 매우 약하다. 민주주의에 대한 선호와, 민주주의와 과학은 상당히 많은 부분이 겹친다는 인식을 기

6. 변화하는 '시대정신'의 접근 가능한 치료를 보려면 Collins(2014a)를 보라.

7. 1972년 설립돼 1995년 폐지된 미국 기술영향평가국(Office of Technology Assessment, OTA)과 맥락을 같이 하는 부분이 있다. OTA의 역할은 과학적, 기술적 합의에 기초해 떠오르는 기술에 대한 정보를 의회에 제공하는 것이었다. OTA의 보고서는 일반에 공개됐었다. OTA의 역사에 대해서는 Sadowski(2015) 참조하라.

반으로 한 과학적 가치의 선호다. 이 기초는 더 이상의 정당화가 필요 없는 선택이다. 이 선택이 설득력이 없다면 이 책이 설득력이 없는 것이다. 또한, 이 선택이 과학의 실천 방식과는 많은 부분에서 충돌을 일으키는 과학이라는 삶의 양식에 대한 생각에 의존하는 한 주장 전체는 순진성의 공격에 취약할 수밖에 없다. 더 안 좋은 것은, 그 순진성이 지난 반세기 동안 이루어진 과학학 연구의 눈부신 성과를 외면하면서 생겨났다는 것이다. 우리는 과학이 전방위적인 재정적, 정치적 압력에도 가치가 침식되지 않기를 바란다. 이 순진성은 과학자들의 일상적인 활동을 두 가지 유형으로 나누는 방법의 개념에 기초한 순진성이다. 이 두 가지는 '우연한' 일상적인 활동과 세상에서 존재하는 방법을 형성하는 일상적인 활동―즉 '형성적 열망'―이다. 이 순진성은 이러한 형성적 열망의 두 가지 특징에 관한 주장에 기초한 순진성이다. 첫째, 과학의 모든 목표는 진리를 찾는 것이다. 점점 더 사기가 많이 발각되고, 금전적 유혹 때문에 과학 활동을 왜곡하는 일들이 많아진다. 하지만 이러한 왜곡을 허용하는 것은 과학을 그만두는 것이라고 말할 수 있다. 하지만 진실을 찾는 것은 과학의 개념 핵심이기 때문에 과학을 천직으로 생각하는 사람들은 다른 목표를 갖는 것을 존재의 부정으로 여긴다. 둘째, 우리 사회과학자들이 무슨 말을 하든, 과학자들은 아무리 오래 걸리고 아무리 힘들어도 결국에는 문제의 진실을 찾을 수 있다는 확신을 가지고 있다. 과학자들이 이렇게 믿는 한 그들은 그들의 가치 체계를 보존할 수 있는 방법을 사용할 것이다.

선언문

왜 순진성에 의존하는가?

이 모든 것이 현실에서는 몽상에 불과한 것일까? 우리는 중력파 검출에 성공한 지 열하루 뒤 이 책의 초안을 썼다. 콜린스는 중력파 검출 시도가 처음 이루어진 1960년대부터 작업을 함께 했다. 1972년에는 현장 연구를 시작하고 그 후로도 꾸준한 연구를 했다. 콜린스가 43년 동안이나 지켜본 이 작업은 순진성의 특성을 잘 보여준다. 이 모든 작업은 진실을 찾으려는 노력에 기초한 것이다. 그 이유 말고 다른 이유가 무엇이 있었겠는가?

과학을 하고 있다고 공언할 준비가 돼 있으며 과학적 행위로 생각되는 것을 기초로 판단할 준비가 돼 있는 집단과, 과학과 정치 사이의 경계를 허물기 위해 적극적으로 노력하고 있는 집단을 대조적으로 보여주는 것이 이 책을 쓴 목적 중 하나다. 과학을 연구하는 사회과학자들 중에는 '더 과학적이기 때문에 이 주장이 더 낫다'고 정당화하는 사람은 거의 없는 반면, 정치적인 입장으로 지식 생산 행위를 정당화하는 사람들은 많다. 학자들은 항상 과학 논쟁과 '과학 전쟁'의 경계를 유지하기 위해 애를 쓰고 있다. 과학 논쟁은 상대방의 입장을 최대한 완전하게 이해하는 것으로 시작하고, 자신과 상대방에게 어느 쪽이 옳은지를 보여주려는 시도로 끝이 난다. 과학 전쟁은 상대방의 주장에 방향이 맞춰져 있는 것이 아니라, 외부의 관객에 맞춰져 있다. 또한 과학 논쟁에서는 의미 없는 일이지만, 상대방의 입장을 일부러 잘못 전달하는 것은 하나의 전략이 된다. 과학사회학에서 이 구분을 유지하는 것은 특히 힘들다. 과학이 진실 추구가 아니라 설득으로 생각되기 때문이다.

과학은 1960년대 이후 '해체'되어왔을 수 있지만, 이 책의 주장은 우리가 우리의 위험을 무릅쓰고 과학적 가치를 거부한다는 것이다. 과학적 가치를 거부하는 것은 위험한 일이기 때문에 우리는 과학적 가치들을 다시 한번 공언하기 시작해야 한다. 은밀하게 준수된 가치는 공언되어 널리 퍼진 가치보다 약하다. 이 책은 대체로 우리가 과학에 대해 알고 있지만 말할 의지가 없었던 것들의 반복에 불과하다. 새로운 것은 말을 하는 방법이다. 우리의 공언은 사회과학자와 자연과학자 모두를 향한 것이다. 아직도 과학적 가치를 느러내고 공인하는 자연과학지 집단이 있지만, 이런 현상은 과학자 사회에서 보편적이라고 말하기는 힘들다. 우리가 직업인으로서의 과학자들에게 바라는 것은 그들이 사회에서 주도적인 역할을 하는 것이다. 이 말은 세속적인 제도의 손짓을 거부하고 직업윤리를 지키는 것이다. 감당하기 힘든 짐이다.

이 책은 과학과 과학적 가치에 대한 것이다. 하지만 이 책의 전체적인 주장은 보편적 의미를 가진다. 상대주의의 확고한 논리는 실제적인 결론을 이끌어내지 못한다. 옳고 그름은 논리보다 강하다. 분석에 대한 상대주의적 접근 방법이 모든 삶의 방식은 다른 삶의 방식만큼 좋다는 것을 암시하는 것으로 받아들여져서는 안 된다. 무엇보다 이 책은, 우리가 선택을 피해갈 수는 없다는 인식에서 나오게 됐다. 학자로서 우리는 '이것'이 '저것'보다 낫다고 생각하고, 그렇게 행동하게 하는 구실과 이유를 찾느라 인생을 보내며, 작은 문제들에서는 성공한다. 하지만 학회에 참석하고, 전쟁을 지켜보고, 잔학한 행위들을 목도하면서 우리는 정말 중요한 것들에 대해서는, 이유는 설득력이 없으며 선택은 이뤄져야 한다는 것을 알게 된다. 이 책은 이런 선택 중 하나의 속성을 밝히고, 과학의 유용성보다는 과학적인 방법을 중심에 배치하는 사회에 방어 수단을 제공하기 위해 쓰였다. 사회가 이렇게 생각하는지 알아보는 방법은 과학의 결과가 결함이 있고 쓸모가 없을 때에도 과학을 방어할 수 있는 방법을 찾을 수 있는지 알아보는 것이다. 요령은 과학 자체가 작동하지 않을 때도 과학을 방어할 수 있는 방법을 찾아내고, 민주주의의 자리를 빼앗지 않으면서 민주주의를 강화하는 과학의 역할을 찾아내는 것이다.

참고문헌

Agriculture and Environment Biotechnology Commission. 2001. *Crops on Trial: A Report by the AEBC*. London: Agriculture and Environment Biotechnology Commission.

Andersen, I. E. and Jæger, B. 1999. Scenario Workshops and Consensus Conferences: Towards More Democratic Decision-making. *Science and Public Policy*, 26(5): 331–40.

Antonsen, Marie and Nilsen, Rita Elmkvist. 2013. Strife of Brian: Science and Reflexive Reason as a Public Project. An Interview with Brian Wynne. *Nordic Journal of Science and Technology Studies*, 1(1): 31–40.

Berger, P. L. 1963. *Invitation to Sociology*. Garden City: Anchor Books.

Bijker, Wiebe E., Bal, Roland and Hendriks, Ruud. 2009. *The Paradox of Scientific Authority*. Cambridge, MA: MIT Press.

Bloor, D. 1983. *Wittgenstein: A Social Theory of Knowledge*. London: Macmillan.

Brint, S., 1990. Rethinking the Policy Influence of Experts: From General Characterizations to Analysis of Variation. *Sociological Forum*, 5(3): 361–85.

Brown, Mark B. 2009. *Science in Democracy: Expertise, Institutions, and Representation*. Cambridge, MA: MIT Press.

Brown, Mark B. 2013. Review of Philip Kitcher, Science in a Democratic Society. *Minerva*, 51: 389–97.

Brown, P. 1987. Popular Epidemiology: Community Response to Toxic Waste-induced Disease in Woburn, Massachusetts. *Science, Technology, & Human Values*, 12(3/4): 78–85.

Brush, Stephen G. 1974. Should the History of Science Be Rated X? *Science*, 183(4130): 1164–72.

Butler, Judith. 1999. 'Bad Writer' Bites Back. *New York Times* op-ed, 20 March.

Callon, Michel, Lascoumes, Pierre and Barthe, Yannick. 2010. *Acting in an Uncertain World: An Essay on Technical Democracy*. Cambridge, MA: MIT Press.

Carr, E. Summerson. 2010. Enactments of Expertise. *Annual Review of Anthropology*, 39(1): 17–32. doi:10.1146/annurev.anthro.012809.104948.

Cohen, J. 1999. Reflections on Habermas on Democracy. *Ratio Juris*, 12(4): 385–416.

Collingridge, D. and Reeve, C. 1986. *Science Speaks to Power: The Role of Experts in Policy Making*. New York: St Martin's Press.

Collins, Harry M. 1975. The Seven Sexes: A Study in the Sociology of a Phenomenon, or the Replication of Experiments in Physics. *Sociology*, 9(2): 205–24.

Collins, Harry M. 1982. Special Relativism: The Natural Attitude. *Social Studies of Science*, 12: 139–43.

Collins, Harry M. 1984. Concepts and Methods of Participatory Fieldwork, in C. Bell and H. Roberts (eds.), *Social Researching*. Henleyon-Thames: Routledge, 54–69.

Collins, Harry M. 1985. *Changing Order: Replication and Induction in Scientific Practice*. Beverley Hills and London: Sage.

Collins, Harry M. 1992. *Changing Order: Replication and Induction in Scientific Practice*. 2nd edition. Chicago: University of Chicago Press.

Collins, Harry M. 1996. In Praise of Futile Gestures: How Scientific is the Sociology of Scientific Knowledge?, in *The Politics of SSK: Neutrality, Commitment and Beyond*: Special Issue of *Social Studies of Science*, 26(2): 229–44.

Collins, Harry M. 2001. Crown Jewels and Rough Diamonds: The Source of Science's Authority, in Jay Labinger and Harry Collins (eds.), *The One Culture? A Conversation about Science*. Chicago: University of Chicago Press, 255–60.

Collins, Harry M. 2004a. *Gravity's Shadow: The Search for Gravitational Waves*. Chicago: University of Chicago Press.

Collins, Harry M. 2004b. Interactional Expertise as a Third Kind of Knowledge. *Phenomenology and the Cognitive Sciences*, 3(2): 125–43.

Collins, Harry M. 2007. Mathematical Understanding and the Physical Sciences, in Harry M. Collins (ed.), *Case Studies of Expertise and Experience*: Special Issue of *Studies in History and Philosophy of Science*, 38(4): 667–85.

Collins, Harry M. 2009. We cannot live by scepticism alone. *Nature*, 458(March): 30–1.

Collins, Harry M. 2010. *Tacit and Explicit Knowledge*. Chicago: University of Chicago Press.

Collins, Harry M. 2011. Language and Practice. *Social Studies of Science*, 41(2): 271–300.

Collins, Harry M. 2012. Performances and Arguments. *Metascience*, 21(2): 409–18.

Collins, Harry M. 2013a. *Gravity's Ghost and Big Dog: Scientific Discovery and Social Analysis in the Twenty-First Century*. Enlarged edition. Chicago: University of Chicago Press.

Collins, Harry M. 2013b. Three Dimensions of Expertise. *Phenomenology and the Cognitive Sciences*, 12(2): 253–73.

Collins, Harry M. 2014a. *Are We All Scientific Experts Now?* Cambridge: Polity.

Collins, Harry M. 2014b. Rejecting Knowledge Claims Inside and Outside Science. *Social Studies of Science*, 44(5): 722–35. doi:10.1177/0306312714536011.

Collins, Harry M. 2017. *Gravity's Kiss: The Detection of Gravitational Waves*. Chicago: University of Chicago Press.

Collins, Harry, Bartlett, Andrew and Reyes-Galindo, Luis. 2016. *The Ecology of Fringe Science and its Bearing on Policy*. http://arxiv.org/abs/1606.05786.

Collins, Harry M. and Evans, Robert. 2002. The Third Wave of Science Studies: Studies of Expertise and Experience. *Social Studies of Sciences*, 32(2): 235–96.

Collins, Harry M. and Evans, Robert. 2003. King Canute Meets the Beach Boys: Responses to the Third Wave. *Social Studies of Science*, 33(3): 435–52.

Collins, Harry and Evans, Robert. 2007. *Rethinking Expertise*. Chicago: University of Chicago Press.

Collins, Harry M. and Evans, Robert. 2014. Quantifying the Tacit: The Imitation Game and Social Fluency. *Sociology*, 48(1): 3–19.

Collins, Harry M. and Evans, Robert. 2015a. Expertise Revisited, Part I– Interactional Expertise. *Studies in History and Philosophy of Science Part A*, 54(December): 113–23. doi:10.1016/j.shpsa.2015.07.004.

Collins, Harry M., and Evans, Robert. 2015b. Probes, Surveys, and the Ontology of the Social. *Journal of Mixed Methods Research* (December). doi:10.1177/1558689815619825.

Collins, Harry M., Evans, Robert, Ribeiro, Rodrigo and Hall, Martin. 2006. Experiments with Interactional Expertise. *Studies in History and Philosophy of Science Part A*, 37(4): 656–74.

Collins, Harry M., Evans, Robert and Weinel, Martin. 2016. Expertise Revisited, Part II: Contributory Expertise. *Studies in History and Philosophy of Science Part A*, 56(April): 103–10. doi:10.1016/j.shpsa.2015.07.003.

Collins, Harry M., Evans, Robert, Weinel, Martin, Lyttleton-Smith, Jennifer, Bartlett, Andrew and Hall, Martin. 2015. The Imitation Game and the Nature of Mixed Methods. *Journal of Mixed Methods Research* (December). doi:10.1177/1558689815619824.

Collins, Harry M., Ginsparg, Paul and Reyes-Galindo, Luis. 2016. A Note Concerning Primary Source Knowledge. *Journal of the Association for Information Science and Technology.* http://arxiv.org/abs/1605.07228.

Collins, Harry M. and Kusch, Martin. 1998. *The Shape of Actions: What Humans and Machines Can Do.* Cambridge, MA: MIT Press.

Collins, Harry M. and Pinch, Trevor. 2005. *Dr Golem: How to Think about Medicine.* Chicago: University of Chicago Press.

Collins, Harry M., Weinel, Martin and Evans, Robert. 2010. The Politics and Policy of the Third Wave: New Technologies and Society. *Critical Policy Studies,* 4(2): 185–201.

Collins, Harry M., Weinel, Martin and Evans, Robert. 2011. Object and Shadow: Responses to the CPS Critiques of Collins, Weinel and Evans' 'Politics and Policy of the Third Wave'. *Critical Policy Studies,* 5(3): 340–8.

Council for Science and Technology (CST). 2005. *Policy Through Dialogue.* London: CST. www.cst.org.uk/reports.

Darling, Karen M. 2003. Motivational Realism: The Natural Classification for Pierre Duhem. *Philosophy of Science,* 70(December): 1125–36.

Demortain, D. 2013. Regulatory Toxicology in Controversy. *Science, Technology & Human Values,* 38(6): 727–48.

Den Butter, F. A. and Ten Wolde, S. 2011. The Institutional Economics of Stakeholder Consultation: Reducing Implementations Costs through 'Matching Zones'. Tinbergen Institute Discussion paper TI 2011–162/3. Amsterdam and Rotterdam: Tinbergen Institute.

Department of Trade and Industry (DTI). 2003. *GM Nation? The Findings of the Public Debate.* London: DTI.

Dewey, J. 1954. *The Public and its Problems.* Athens, OH: Swallow Press. (Original work published 1927)

Douglas, Heather. 2007. Rejecting the Ideal of Value-Free Science, in Harold Kincaid, John Dupré, and Alison Wylie (eds.), *Value-Free Science? Ideals and Illusions.* Oxford and New York: Oxford University Press, 120–39.

Douglas, Heather. 2009. *Science, Policy and the Value-Free Ideal.* Pittsburgh: University of Pittsburgh Press.

Douma, Kirsten F. L., Kim Karsenberg, Marjan J. M. Hummel, Jolien M. Bueno-de-Mesquita and Wim H. van Harten. 2007. Methodology of

Constructive Technology Assessment in Health Care. *International Journal of Technology Assessment in Health Care*, 23: 162–8. doi:10.1017/S0266462307070262.

Dryzek, J. S. and Tucker, A. 2008. Deliberative Innovation to Different Effect: Consensus Conferences in Denmark, France, and the United States. *Public Administration Review*, 68(5): 864–76.

Dupré, John. 1995. *The Disorder of Things*. Cambridge, MA: Harvard University Press.

Durant, Darrin. 2011. Models of Democracy in Social Studies of Science. *Social Studies of Science*, 41(5): 691–714.

Durkheim, Émile. 1915. *Elementary Forms of the Religious Life*. London: George Allen and Unwin.

Durkheim, Émile. 1958. *Professional Ethics and Civic Morals*. Glencoe: Free Press.

Einsiedel, E. F., Jelsøe, E. and Breck, T. 2001. Publics at the Technology Table: The Consensus Conference in Denmark, Canada, and Australia. *Public Understanding of Science*, 10(1): 83–98.

Epstein, Steven. 1996. *Impure Science: AIDS, Activism, and the Politics of Knowledge*. Berkeley: University of California Press.

Epstein, Steven. 2011. Misguided Boundary Work in Studies of Expertise: Time to Return to the Evidence. *Critical Policy Studies* 5(3): 323–8.

Evans, Robert. 1999. *Macroeconomic Forecasting: A Sociological Appraisal*. London: Routledge.

Evans, Robert. 2007. Social Networks and Private Spaces in Economic Forecasting, in Harry Collins (ed.), *Case Studies of Expertise and Experience*: Special Issue of *Studies in History and Philosophy of Science*, 38(4): 686–97.

Evans, Robert. 2011. Collective Epistemology: The Intersection of Group Membership and Expertise, in Hans Bernhard Schmid, Daniel Sirtes and Marcel Weber (eds.), *Collective Epistemology*. Heusenstamm: Ontos Verlag, 177–202.

Evans, Robert and Crocker, Helen. 2013. The Imitation Game as a Method for Exploring Knowledge(s) of Chronic Illness. *Methodological Innovations Online*, 8(1): 34–52. doi:10.4256/mio.2013.003.

Evans, Robert and Collins, Harry M. 2010. Interactional Expertise and the Imitation Game, in M. E. Gorman (ed.), *Trading Zones and Interactional Expertise Creating New Kinds of Collaboration, Inside Technology*. Cambridge, MA: MIT Press, 53–70.

Evans, Robert and Kotchetkova, Inna. 2009. Qualitative Research and Deliberative Methods: Promise or Peril? *Qualitative Research*, 9(5): 625–43.

Evans, Robert and Plows, Alexandra. 2007. Listening Without Prejudice? Re-Discovering the Value of the Disinterested Citizen. *Social Studies of Science*, 37(6): 827–54.

Eyal, Gil. 2013. For a Sociology of Expertise: The Social Origins of the Autism Epidemic. *American Journal of Sociology*, 118(4): 863–907.

Ezrahi, Y. 1971. The Political Resources of American Science. *Science Studies*, 1(2): 117–33.

Fassin, Didier. 2007. *When Bodies Remember: Experiences and Politics of AIDS in South Africa*. Berkeley: University of California Press.

Fischer, Frank. 1990. *Technocracy and Politics of Expertise*. Newbury Park, London and New Delhi: Sage.

Fischer, Frank. 2000. *Citizens, Experts, and the Environment: The Politics of Local Knowledge*. Durham, NC: Duke University Press.

Fischer, Frank. 2009. *Democracy and Expertise: Reorienting Policy Inquiry*. Oxford: Oxford University Press.

Fischer, Frank. 2011. The 'Policy Turn' in the Third Wave: Return to the Fact–Value Dichotomy?' *Critical Policy Studies*, 5(3): 311–16.

Forsyth, Tim. 2011. Expertise Needs Transparency Not Blind Trust: A Deliberative Approach to Integrating Science and Social Participation. *Critical Policy Studies*, 5(3): 317–22.

Franklin, Allan. 2013. *Shifting Standards: Experiments in Particle Physics in the Twentieth Century*. Pittsburgh: University of Pittsburgh Press.

Fricker, Miranda. 2007. *Epistemic Injustice: Power and the Ethics of Knowing*. Oxford: Oxford University Press.

Functowicz, Silvio O. and Ravetz, Jerome R. 1993. Science in the Post-Normal Age. *Futures*, 25(7): 739–55.

Geertz, C. 1973. *The Interpretation of Cultures*. New York: Basic Books.

Gerold, Rainer and Liberatore, Angela. 2001. *Report of the Working Group 'Democratising Expertise and Establishing Scientific Reference Systems'*. Brussels: European Commission. http://europa.eu.int/comm/governance/areas/group2/report_en.pdf.

Giddens, Anthony. 1990. *The Consequences of Modernity*. Cambridge: Polity.

Glasner, P. and Dunkerley, D. 1999. The New Genetics, Public Involvement, and Citizens' Juries: A Welsh Case Study. *Health, Risk & Society*, 1(3): 313–24.

Goodman, Nelson. 1968. *Languages of Art: An Approach to a Theory of Symbols.* Indianapolis, IN: Bobbs-Merrill.

Gorman, Michael E. 2002. Levels of Expertise and Trading Zones: A Framework for Multidisciplinary Collaboration. *Social Studies of Science*, 32(5–6): 933–8.

Gorman, Michael E., and Schuurbiers, Daan. 2013. Convergence and Crossovers in Interdisciplinary Engagement with Science and Technology, in K. Konrad, C. Coenen, A. Dijkstra, C. Milburn and H. van Lente (eds.), *Shaping Emerging Technologies: Governance, Innovation, Discourse.* Berlin: Akademische Verlagsgesellschaft, 7–20.

Goven, J. 2003. Deploying the Consensus Conference in New Zealand: Democracy and De-problematization. *Public Understanding of Science*, 12(4): 423–40. www.ruhr-uni-bochum.de/kbe/Korean_Consensus.html.

Grin, J., van de Graaf, H. and Hoppe, R. 1997. *Technology Assessment through Interaction: A Guide.* The Hague: Rathenau Institute.

Grundahl, J. 1995. The Danish Consensus Conference Model, in S. Joss and J. Durant (eds.), *Public Participation in Science: The Role of Consensus Conferences in Europe.* London: Science Museum, 31–40. http://people.ucalgary.ca/~pubconf/Education/grundahl.htm.

Guston, David H. 1999. Evaluating the First U.S. Consensus Conference: The Impact of the Citizens' Panel on Telecommunications and the Future of Democracy. *Science, Technology & Human Values*, 24(4): 451–82.

Guston, David H. 2001. Boundary Organizations in Environmental Policy and Science: An Introduction. *Science, Technology, & Human Values*, 26(4): 399–408.

Habermas, Jurgen. 1970. *Toward a Rational Society: Student Protest, Science, and Politics.* Boston, MA: Beacon Press.

Habermas, Jurgen. 1996. *Between Facts and Norms*, trans. William Rehg. Cambridge, MA: MIT Press.

Haddow, G., Cunningham-Burley, S. and Murray, L. 2011. Can the Governance of a Population Genetic Data Bank Effect Recruitment? Evidence from the Public Consultation of Generation Scotland. *Public Understanding of Science*, 20(1): 117–29.

Hagendijk, R. P. 2004. The Public Understanding of Science and Public Participation in Regulated Worlds. *Minerva*, 42(1): 41–59.

Hagendijk, Rob and Irwin, Alan. 2006. Public Deliberation and Governance: Engaging with Science and Technology in Contemporary Europe. *Minerva*, 44(2): 167–84.

Halfpenny, Peter. 1982. *Positivism and Sociology*. London: George Allen and Unwin.

Hanlon, Gerard. 1999. *Lawyers, the State and the Market: Professionalism Revisited*. Basingstoke: Macmillan.

Harding, Sandra. 2006. *Science and Social Inequality: Feminist and Postcolonial Issues*. Urbana and Chicago: University of Illinois Press.

Hargreaves, Ian and Ferguson, Galit. 2001. *Who's Misunderstanding Whom? Bridging the Gulf of Understanding between the Public, the Media and Science*. Swindon, Wilts.: ESRC.

Hargreaves, Ian, Lewis, Justin and Speers, Tammy. 2003. *Towards a Better Map: Science, the Public and the Media*. Swindon, Wilts.: ESRC.

Held, D. 2006. *Models of Democracy*. 3rd edition. Cambridge: Polity.

Holton, Gerald. 1978. *The Scientific Imagination: Case Studies*. Cambridge: Cambridge University Press.

Horlick-Jones, Tom, Walls, John, Rowe, Gene, et al. 2007. *The GM Debate: Risk, Politics and Public Engagement*. London: Routledge.

Horst, Maja, Irwin, Alan, Healey, Peter and Hagendijk, Rob. 2007. European Scientific Governance in a Global Context: Resonances, Implications and Reflections. *IDS Bulletin*, 38(5): 6–20.

House of Lords. 2000. *Science and Society: Science and Technology Select Committee, Third Report*. London: HMSO. www.parliament.thestationery-office.co.uk/pa/ld199900/ldselect/ldsctech/38/3801.htm.

Huxham, Mark and Sumner, David. 1999. Emotion, Science and Rationality: The Case of the Brent Spar. *Environmental Values*, 8(3): 349–68.

Ioannidis, J. P. A. 2005. Why Most Published Research Findings are False. *PLoS Medicine*, 2(8): e124, 696–701.

Irwin, Alan. 1995. *Citizen Science: A Study of People, Expertise and Sustainable Development*. London and New York: Routledge.

Irwin, Alan. 2001. Constructing the Scientific Citizen: Science and Democracy in the Biosciences. *Public Understanding of Science*, 10(1): 1–18.

Jansen, Sue Curry. 2008. Walter Lippmann, Straw Man of Communication Research. In David W. Park and Jefferson Pooley (eds.), *The History of Media and Communication Research: Contested Memories*. New York: Peter Lang Press, 1–23.

Jansen, Sue Curry. 2009. Phantom Conflict: Lippmann, Dewey, and the Fate of the Public in Modern Society. *Communication and Critical/Cultural Studies*, 6(3): 221–45.

Jasanoff, Sheila. 1990. *The Fifth Branch: Science Advisers as Policymakers*. Cambridge, MA: Harvard University Press.

Jasanoff, Sheila. 1995. *Science at the Bar: Law, Science, and Technology in America*. Cambridge, MA, and London: Harvard University Press.

Jasanoff, Sheila. 2003. Breaking the Waves in Science Studies: Comment on H. M. Collins and Robert Evans, 'The Third Wave of Science Studies'. *Social Studies of Science*, 33(3): 389–400.

Jasanoff, Sheila. 2007. *Designs on Nature: Science and Democracy in Europe and the United States*. Princeton, NJ: Princeton University Press. http://site. ebrary.com/id/10477123.

Jasanoff, Sheila. 2012. *Science and Public Reason*. London and New York: Routledge.

Jasanoff, Sheila. 2013. Fields and Fallows: A Political History of STS, in A. Barry and G. Born (eds.), *Interdisciplinarity: Reconfigurations of the Natural and Social Sciences*. London and New York: Routledge, 99–118.

Jenkins, L. D. 2007. Bycatch: Interactional Expertise, Dolphins and the US Tuna Fishery. *Studies in History and Philosophy of Science Part A*, 38(4): 698–712.

Jennings, Bruce. 2011. Poets of the Common Good: Experts, Citizens, Public Policy. *Critical Policy Studies*, 5(3): 334–9.

Kantrowitz, A. 1967. Proposal for an Institution for Scientific Judgment. *Science*, 156(12 May): 763–4.

Kitcher, Philip. 2001. *Science, Truth and Democracy*. Oxford: Oxford University Press.

Kitcher, Philip. 2012. *Science in a Democratic Society*. Amherst, NY: Prometheus Books.

Kluckhohn, R. (ed.). 1962. *Culture and Behavior: Collected Essays of Clyde Kluckhohn*. Glencoe, IL: Free Press of Glencoe.

Krimsky, S. 1984. Epistemic Considerations on the Value of Folk-wisdom in Science and Technology. *Policy Studies Review*, 3(2): 246–62.

Kuhn, T. S. 1962. *The Structure of Scientific Revolutions*. Chicago, IL: University of Chicago Press.

Kuhn, T. S. 1970. *The Structure of Scientific Revolutions*. 2nd edition. Chicago, IL: University of Chicago Press.

Kuhn, T. S. 1979. *The Essential Tension: Selected Studies in Scientific Tradition and Change*. Chicago, IL: University of Chicago Press.

Kusch, Martin. 2015. Scientific Pluralism and the Chemical Revolution. *Studies in History and Philosophy of Science*, 49: 69–79.

Lakatos, Imre. 1970. Falsification and the Methodology of Scientific Research Programmes, in I. Lakatos and A. Musgrave (eds.), *Criticism and the Growth of Knowledge*. Cambridge: Cambridge University Press, 91–196.

Lane, R. E. 1966. The Decline of Politics and Ideology in a Knowledgeable Society. *American Sociological Review*, 31(5): 649–62.

Latour, B. 2004. Why Has Critique Run Out of Steam? From Matters of Fact to Matters of Concern. *Critical Inquiry*, Winter: 225–48.

Laurent-Ledru, V., Thomson, A. and Monsonego, J. 2011. Civil Society: A Critical New Advocate for Vaccination in Europe. *Vaccine*, 29(4): 624–8.

Lippmann, Walter. 1927. *The Phantom Public*. http://www2.maxwell.syr.edu/plegal/history/lippmann.htm.

Longino, Helen. 1990. *Science as Social Knowledge*. Princeton, NJ: Princeton University Press.

Lynch, M. and Cole, S. 2005. Science and Technology Studies on Trial: Dilemmas of Expertise. *Social Studies of Science*, 35(2): 269–311.

Mahajan, M. 2008. The Politics of Public Health Emergencies: AIDS Epidemics in India and South Africa. Doctoral dissertation, Cornell University.

Mansbridge, Jane, Bohman, James, Chambers, Simone, et al. 2012. A Systemic Approach to Deliberative Democracy, in J. Parkinson and J. Mansbridge (eds.), *Deliberative Systems*. Cambridge: Cambridge University Press, 1–26.

Marres, Noortje S. 2005. No Issue, No Public: Democratic Deficits after the Displacement of Politics. Ph.D. thesis, Amsterdam School for Cultural Analysis (ASCA). http://dare.uva.nl/record/1/241881.

Martin, B., Richards, E. and Scott, P. 1991. Who's a Captive? Who's a Victim? Response to Collins's Method Talk. *Science Technology & Human Values*, 16(2): 252–5.

Merton, Robert. 1942. Science and Technology in a Democratic Order. *Journal of Legal and Political Sociology*, 1: 115–26.

Merton, Robert. 1976. *Sociological Ambivalence*. New York: Free Press

Merton, Robert. 1979. The Normative Structure of Science, in Robert K. Merton, *The Sociology of Science: Theoretical and Empirical Investigations*. Chicago: University of Chicago Press, 267–78.

Millstone, E. 2009. Science, Risk and Governance: Radical Rhetorics and the Realities of Reform in Food Safety Governance. *Research Policy*, 38(4): 624–36.

Mitroff, Ian I. 1974. Norms and Counter-Norms in a Select Group of the

Apollo Moon Scientists: A Case Study of the Ambivalence of Scientists. *American Sociological Review*, 39(4): 579–95.

Nelkin, D. 1971. Scientists in an Environmental Controversy. *Social Studies*, 1: 245–61.

Nelkin, D. 1975. The Political Impact of Technical Expertise. *Social Studies of Science*, 5: 35–54.

Nielsen, A. P., Lassen, J. and Sandøe, P. 2007. Democracy at its Best? The Consensus Conference in a Cross-national Perspective. *Journal of Agricultural and Environmental Ethics*, 20(1): 13–35.

Nisbet, E. and Fowler, C. 1995. Is Metal Disposal Toxic to Deep Oceans? *Nature*, 375: 715.

Nishizawa, M. 2005. Citizen Deliberations on Science and Technology and their Social Environments: Case Study on the Japanese Consensus Conference on GM Crops. *Science and Public Policy*, 32(6): 479–89.

Nussbaum, Martha. 1999. The Professor of Parody. *The New Republic Online* (TheNewRepublic.com). www.tnr.com/index.mhtml 02.22.99.

Office of Science and Technology (OST). 2002. *The Government's Approach to Public Dialogue on Science and Technology*. London: OST. www.ost.gov.uk/society/public_dialogue.htm.

Oreskes, Naomi and Conway, Erik M. 2010. *Merchants of Doubt: How a Handful of Scientists Obscured the Truth on Issues from Tobacco Smoke to Global Warming*. New York: Bloomsbury Press.

Orwell, George. 1946. Politics and the English Language. www.orwell.ru/library/essays/politics/english/e_polit.

Ottinger, Gwen. 2013. *Refining Expertise: How Responsible Engineers Subvert Environmental Justice Challenges*. New York and London: New York University Press.

Owens, Susan. 2011. Three Thoughts on the Third Wave. *Critical Policy Studies*, 5(3): 329–33.

Parliamentary Office of Science and Technology (POST). 2001. *Open Channels: Public Dialogue in Science and Technology*. Report No. 153. London: Parliamentary Office of Science and Technology.

Parsons, Talcott. 1991. *The Social System*. New edn. London: Routledge.

Pielke, Roger A. 2007. *The Honest Broker: Making Sense of Science in Policy and Politics*. Cambridge; New York: Cambridge University Press.

Pidgeon, Nick F., Poortinga, Wouter, Rowe, Gene, Horlick-Jones, Tom, Walls, John and O'Riordan, Tim. 2005. Using Surveys in Public Participation Processes for Risk Decision Making: The Case of the 2003 British GM

Nation? Public Debate. *Risk Analysis*, 25(2): 467–79. doi:10.1111/j.1539-6924.2005.00603.x.

Popay, J. and Williams, G. 1996. Public Health Research and Lay Knowledge. *Social Science & Medicine*, 42(5): 759–68.

Popper, Karl. 1945. *The Open Society and its Enemies*. London: Routledge and Kegan Paul.

Popper, Karl. 1957. *The Poverty of Historicism*. London: Routledge and Kegan Paul.

Popper, Karl. 1959. *The Logic of Scientific Discovery*. New York: Harper & Row.

Purdue, D. 1999. Experiments in the Governance of Biotechnology: A Case Study of the UK National Consensus Conference. *New Genetics and Society*, 18(1): 79–99.

Rayner, Steve. 2003. Democracy in the Age of Assessment: Reflections on the Roles of Expertise and Democracy in Public-Sector Decision Making. *Science and Public Policy*, 30:2 (June): 163–70.

Retèl, Valesca P., Bueno-de-Mesquita, Jolien M., Hummel, Marjan J. M., et al. 2009. Constructive Technology Assessment (CTA) as a Tool in Coverage with Evidence Development: The Case of the 70-gene Prognosis Signature for Breast Cancer Diagnostics. *International Journal of Technology Assessment in Health Care*, 25(1): 73–83.

Rip, Arie. 2003. Constructing Expertise: In a Third Wave of Science Studies? *Social Studies of Science*, 33(3): 419–34.

Rip, Arie and te Kulve, Haico. 2008. Constructive Technology Assessment and Sociotechnical Scenarios, in Erik Fisher, Cynthia Selin and Jameson M. Wetmore (eds.), *The Yearbook of Nanotechnology in Society*, Volume I: *Presenting Futures*. Berlin: Springer, 49–70.

Rip, Arie, Misa, Thomas J. and Schot, John (eds.). 1995. *Managing Technology in Society: The Approach of Constructive Technology Assessment*. London and New York: Pinter Publishers.

Rowe, Gene and Frewer, Lynn J. 2004. Evaluating Public Participation Exercises. *Science Technology & Human Values*, 29(4) (Autumn): 512–57.

Rowe, Gene and Frewer, Lynn J. 2005. A Typology of Public Engagement Mechanisms. *Science, Technology & Human Values*, 30(2) (Spring): 251–90.

Royal Commission for Environmental Pollution (RCEP). 1998. *21st Report: Setting Environmental Standards*, Cm 4053. London: HM Stationery Office.

Sadowski, Jathan. 2015. Office of Technology Assessment: History, Implementation, and Participatory Critique. *Technology in Society*, 42 (August): 9–20. doi:10.1016/j.techsoc.2015.01.002.

Schot, Johan. 1998. Constructive Technology Assessment Comes of Age: The Birth of a New Politics of Democracy. www.ifz.tu-graz.ac.at/sumacad/ schot.pdf. Also published in A. Jamison (ed.), *Technology Policy Meets the Public*, PESTO papers II. Aalborg: Aalborg University, 207–32.

Schot, Johan and Rip, Arie. 1997. The Past and Future of Constructive Technology Assessment. *Technological Forecasting and Social Change*, 54: 251–68.

Schudson, M. 2008. The 'Lippmann–Dewey Debate' and the Invention of Walter Lippmann as an Anti-Democrat 1986–1996. *International Journal of Communication*, 2(1): 1031–42.

Schutz, A. 1964. *Collected Papers II: Studies in Social Theory*. The Hague: Martinus Nijhoff.

Seifert, F. 2006. Local Steps in an International Career: A Danish-style Consensus Conference in Austria. *Public Understanding of Science*, 15(1): 73–88.

Selinger, Evan, Thompson, Paul and Collins, Harry. 2011. Catastrophe Ethics and Activist Speech: Reflections on Moral Norms, Advocacy, and Technical Judgment. *Metaphilosophy*, 42(1/2): 118–44.

Shapin, Steven. 1979. The Politics of Observation: Cerebral Anatomy and Social Interests in the Edinburgh Phrenology Disputes. *The Sociological Review*, 27: 139–78.

Shapin, Steven. 1988. Understanding the Merton Thesis. *Isis*, 79(4): 594–605.

Shapin, Steven. 1994. *A Social History of Truth: Civility and Science in Seventeenth-Century England*. Chicago, IL: University of Chicago Press.

Sheldon, T. 2009. Dutch Public Health Experts Refute Claims that Human Papillomavirus Vaccination Has Health Risks. *BMJ*: 338.

Sorgner, Helene. 2016. Challenging Expertise: Paul Feyerabend vs. Harry Collins & Robert Evans on Democracy, Public Participation and Scientific Authority. *Reappraising Feyerabend*: Special Issue of *Studies in History and Philosophy of Science Part A*, 57(June): 114–20. doi:10.1016/ j.shpsa.2015.11.006.

Stark, J. 1938. The Pragmatic and the Dogmatic Spirit in Physics. *Nature*, 141(April 30): 770–2.

Taleb, N. N. 2010. *The Black Swan: The Impact of the Highly Improbable Fragility*. New York: Random House.

Turner, Stephen P. 2003. *Liberal Democracy 3.0: Civil Society in an Age of Experts*. London and Thousand Oaks, CA: Sage.

Wakeford, T. 2002. Citizen's Juries: A Radical Alternative for Social Research. *Social Research Update*, 37: 1–5.

Wehrens, Rik. 2014. The Potential of the Imitation Game Method in Exploring Healthcare Professionals' Understanding of the Lived Experiences and Practical Challenges of Chronically Ill Patients. *Health Care Analysis*, 23(3): 253–71.

Weinel, Martin. 2007. Primary Source Knowledge and Technical Decision-making: Mbeki and the AZT Debate. *Studies in History and Philosophy of Science*, 38(4): 748–60.

Weinel, Martin. 2008. Counterfeit Scientific Controversies in Science Policy Contexts. Cardiff School of Social Sciences. www.cardiff.ac.uk/socsi/research/publications/workingpapers/paper-120.html.

Weinel, Martin. 2010. Technological Decision-making under Scientific Uncertainty: Preventing Mother-to-child Transmission of HIV in South Africa. Unpublished Ph.D. thesis, Cardiff University.

Welsh, Ian. 2000. *Mobilising Modernity: The Nuclear Moment.* London: Routledge.

Wenar, Leif. 2013. John Rawls, in Edward N. Zalta (ed.), *The Stanford Encyclopedia of Philosophy*, Winter 2013 edition. http://plato.stanford.edu/archives/win2013/entries/rawls.

Wetmore, Jameson M. 2015. Delegating to the Automobile: Experimenting with Automotive Restraints in the 1970s. *Technology and Culture*, 56(2): 440–63.

Wickson, F. and Wynne, B. 2012. The Anglerfish Deception. *EMBO Reports*, 13(2): 100–5.

Wildavsky, Aron. 1979. *Speaking Truth to Power*. Boston, MA: Little, Brown.

Wilsden, James and Willis, Rebecca. 2004. *See-through Science: Why Public Engagement Needs to Move Upstream*. London: DEMOS, Green Alliance, RSA and Environment Agency.

Winch, Peter G. 1958. *The Idea of a Social Science*. London: Routledge and Kegan Paul.

Wittgenstein, L. 1953. *Philosophical Investigations*. Oxford: Blackwell.

Wynne, Brian. 1982. *Rationality and Ritual: The Windscale Inquiry and Nuclear Decisions in Britain*. Chalfont St Giles, Bucks.: British Society for the History of Science.

Wynne, Brian 1989. Establishing the Rules of Laws: Constructing Expert Authority, in R. Smith and B. Wynne (eds.), *Expert Evidence: Interpreting Science in the Law*. London and New York: Routledge, 23–55.

Wynne, Brian. 1992a. Misunderstood Misunderstanding: Social Identities and Public Uptake of Science. *Public Understanding of Science*, 1(3): 281–304. doi: 10.1088/0963-6625/1/3/004.

Wynne, Brian. 1992b. Risk and Social Learning: Reification to Engagement, in Sheldon Krimsky and Dominic Golding (eds.), *Social Theories of Risk*. Westport, CT: Praeger Publishers, 275–97.

Wynne, Brian. 2003. Seasick on the Third Wave? Subverting the Hegemony of Propositionalism. *Social Studies of Science*, 33(3) (June): 401–18.

Wynne, Brian. 2008. Elephants in the Rooms where Publics Encounter 'Science'? A Response to Darrin Durant, 'Accounting for Expertise: Wynne and the Autonomy of the Lay Public'. *Public Understanding of Science*, 17(1): 21–33. doi: 10.1177/0963662507085162.

Yearley, Steven. 2000. Making Systematic Sense of Public Discontents with Expert Knowledge: Two Analytical Approaches and a Case Study. *Public Understanding of Science*, 9:. 105–22.

Yinger, J. M. 1982. *Countercultures: The Promise and the Peril of a World Turned Upside Down*. New York: Free Press.

Zurita, L. 2006. Consensus Conference Method in Environmental Issues: Relevance and Strengths. *Land Use Policy*, 23(1): 18–25.

몰아치는 파도에서 찾는 희망:
콜린스와 에번스의 '선택적 모더니즘'

김기홍
포항공대 인문사회학부(과학기술학) 교수

1. 콜린스와 에번스의 과학기술학

자연과학과 기술이 16세기 이래로 300년 동안 성취한 것은 중세시대의 기독교도들이 믿고 있었던 신의 영광과 기적에 대한 경외감만큼이나 현대인들에게는 놀라운 일로 받아들여지고 있다. 과학이라는 이름으로 모든 것을 설명할 수 있고, 과학과 기술에 대한 전문 기술을 갖고 있는 사람들, 직업으로서의 과학자와 공학자는 중세시대의 사제 역할을 대체하는 지위에 이르게 되었다. 그들은 미래의 예언자로서, 그리고 진리의 판단자로서의 역할을 하고 있을뿐더러 이들의 권위에 대해 그 누구도 도전하지 않았다. 제2차 세계대전이 끝나면서 전쟁에 사용된 기술은 기초과학으로 전환되어 더욱더 고도로 전문화되었다. 과학의 이러한 빛나는 발전과 성공의 이유에 대해 설명하기 위한 시도를 한 것은 물론 과학철학자들이었다. 하지만 과학철학자들의 설명은 과학의 발전과 성공에 대한 완전한 법칙적인 설명의 시도였으며, 이러한 설명의 한계가 드러나면서 과학철학뿐 아니라 사회학을 비롯한 다른 사회과학 분야에서 과학이 성공한 이유를 찾기 시작했다. 이 책의 공저자 콜린스와 에번스가 언급하고 있는, 과학기술학의 '제1의 물결'이라고 일컫는 시기가 바로 이 시기다.

'제1의 물결'로 분류되는 시기의 과학철학자들과 로버트 머튼(Robert Merton)으로 대표되는 기능주의적 사회학자들의 연구는 과학의 전례 없는 성공과 발전에 대한 논리적이고 규범적인 측면에 대한 성공 요인을 이용한 접근 방식에 근거하고 있다(Merton, 1972). 즉, 과학의 성공과 발전의 이유는 그 내적인 측면에서 논리적으로, 그리고 규범적으로 성공할 수 있는 요인을 가지고 있다는 것이 핵심적인 논의다. 그러나 소위 '제1의 물결' 시기의 과학철학과 사회학자들의 연구는 마치 사회적으로 성공한 사람은 내적으로 성공할 수밖에 없는 내적 논리와 규범을 내재화하고 있다고 설명하는 방식과 같다. 하지만 1960년대를 지나면서 과학은 단순히 무한한 진보의 표상이 아니며, 과학이 가져오는 부정적인 결과를 대중들이 인지하기 시작한다. 특히 많은 물리학자들이 만들어낸 핵폭탄이 가져올 수 있는 암울한 디스토피아의 가능성과 화학물질이 환경과 인간을 파괴시킬 수 있다는 문제의식이 확산되면서 과학과 사회의 관계에 대한 근본적인 인식 전환의 필요성이 제기된다(Carson, 2000[1962]). 콜린스가 과학기술학 분야에서 연구를 시작하던 시기가 바로 '제2의 물결'이라고 불리는 시기에 해당한다.

당시 미국의 과학사학자인 토마스 쿤은 『과학혁명의 구조』에서 과학기술에 대한 인식의 재고를 요구한다. 역사적으로 과학의 발전은 단선적이고 축적적이며 지속적인 과정이 아니라 불연속적이고 단절적이고 비축적적인 과정, 즉 하나의 특수한 인식 체계인 패러다임에서 다른 패러다임으로의 혁명적 변화가 일어나는 과정이라는 설명이 그것이다(Kuhn, 1970). 이러한 맥락 속에서 영국의 에든버러대학교와 배스대학교를 중심으로 과학에 대한 상대주의적 연구방법론의 제창이 일어난다. 이들의 주장에 의하면, 과학기술은 지금까지 많은 사람들이 생각했던 것처럼 완벽한 형태의 논리와 특별한 규범 체계로 이루어진 체

이 책을 읽은 독자들에게

계가 아니며, 각기 다른 사회와 문화 그리고 맥락, 즉 다양한 사회적 요인에 의해서 '제1의 물결' 시기에 다루어진 논리와 규범은 다르게 구성될 수 있다(Barnes, 1974; Bloor, 1976; Shapin & Schaffer, 1985).

해리 콜린스가 과학기술학 분야에서 자신의 이름을 알리기 시작한 시기가 바로 이 '제2의 물결' 시기다. 그는 소위 배스학파(the Bath School)를 이루면서 '상대주의의 경험적 연구 프로그램'이라는 일종의 연구 프로그램을 정착시킨다(김경만, 2004). 콜린스와 그의 동료 연구자들 — 이 책의 공저자 에번스를 포함해 기술의 사회적 구성론(SCOT)의 대표 학자 트레버 핀치(Trevor Pinch) 등이 포함된다 — 은 당시 '제2의 물결'의 핵심이라고 할 수 있는 과학 지식의 사회적 구성 과정을 다루는 과학지식사회학의 방법론을 '실험'이라는 활동으로 적용한다. 이들은 실험 과정에서 사회적 관계가 어떻게 영향을 미치며 과학적 판단 과정에 어떤 역할을 하는가에 대해 연구한다. 콜린스는 1970년대 중반부터 TEA레이저를 연구하는 과학자들의 사회적인 연결망에 대한 연구에서 과학 지식의 전파와 실험의 성공은 단순히 문자로 쓴 지침서에 의해 전달되는 것이 아니라 직접적이고 개인적 접촉을 통한 지식의 전달을 통해 이루어진다는 사실을 보여주었다(Collins, 1974). 이 과정에서 콜린스는 과학 지식이 전파되는 동안 과학자들이 서로 대면할 때 전달되는 '암묵지'(tacit knowledge)의 역할이 얼마나 중요한지를 잘 보여주었다. 또한 1975년경부터 시작해 지금까지 40여 년 동안 지속적으로 수행하고 있는 물리학계의 '중력파' 측정을 둘러싼 논쟁은 과학기술학 연구의 전설이 되었다. 콜린스는 1960년대 말에 본격적으로 중력파를 측정하려는 물리학계의 시도를 추적하면서 당시 메릴랜드대학교의 물리학자 조셉 웨버(Joseph Weber)의 중력파 검출 실험에 대해 연구했다. 이를 통해 콜린스는 이론적 개념에 대한 과학적 증명 과정에서 실험 장비의 역할과 그 신뢰성의 구축 과정이 과학의 내적인 정합성이나 논리, 그리고 명확한 실험 과정에서 얻어진다기보다는 실험자들 사이의 협상에서 실험의 신뢰성이 결정된다는 유명한 개념인 '실험자 회귀'(Experimenter's Regress)를 내놓았다(Collins, 1985). 또한 콜린스는 지난해 미국에서 라이고(LIGO: 레이저간섭계 중력파검출기)라고 불리는 중력파 측정 장치를 가지고 최초로 우주의 천체 현상으로부터 방출된 중력파를 측정해 아인슈타인의 일반상대성이론을 확인했다는 과학자들의 연구를 추적하여 천체물리학자들의 연구를 사회학적으로 분석한 『중력의 키스』(*Gravity's Kiss*)를 출간하면서 중력파 연구의 가장 신뢰성 높은 사회과학 연구자로 평가받고 있다(Collins, 2017).

2. 방법론적 상대주의

과학기술학에서 소위 사회구성주의적 접근에 있어서 가장 핵심이 될 수 있는 것은 과학의 발전과 절대적 진리에 대한 상대주의적 관점의 공유에 있다. 소위 '제2의 물결'에 속하는 대부분의 과학기술학자들이 공유하고 있는 철학적 원칙 중에 하나가 바로 이 인식론적 상대주의다. 이 관점은, 자연과 과학적 대상에 대한 인식은 그 사회문화적 맥락에 따라서 다양하고 다르게 인식될 수 있다는 입장이다. 특히, 논쟁 중인 과학의 경우 수많은 요인들이 과학적 결과를 설명할 수 있으며, 이 과정에서 자연이나 관찰 대상은 선험적인 인식적 권위를 갖지 못한다는 점이 상대주의가 기여하고 있는 대목이다. 즉, 모든 관찰은 관찰 대상에서 발현되는 중립적이고 절대적인 정보가 직접적으로 전달되는 것이 아니라 관찰 과정에서 관찰자가 이미 갖고 있는 사회문화적인 배경으로 인해 만들어진 배경 지식의 영향을 받게 된다는 것이다. 이러한 관찰자의 배경 지식이 관찰 자체에 영향을 미치는 과정에 대해서 이미 1950년대 말에 옥스퍼드의 철학자 노우드 러셀 핸슨(Norwood Russell Hanson)은 '관찰의 이론적 재성'(theory-leadenness of observation)이라는 개념을 제시했다(Hanson, 1958; 1969).

TEA레이저와 중력파 연구 과정에서 콜린스는 사회구성주의적 접근에서 공유하고 있었던 상대주의적 원칙을 유지하고 있었다. 하지만 초기 중력파 연구, 즉 조셉 웨버에 대한 연구를 조사해 실험자 회귀 개념을 발표하면서 주목받던 1985년이 지나면서 콜린스의 상대주의에 대한 입장에 미묘한 변화가 나타난다(Collins, 1981; 1985). 그는 당시 사회구성주의자들, 특히 에든버러 스트롱 프로그램을 주장하던 데이비드 블루어(David Bloor), 배리 반즈(Barry Barnes), 스티브 섀이핀(Steve Shapin) 등이 공유하고 있던 상대주의적 입장, 즉 핸슨의 관찰의 이론적 재성에서 볼 수 있는 것처럼 이미 관찰자가 갖고 있는 사회문화적 배경 지식과 관찰 대상의 정보는 서로 분리할 수 없으며 이미 관찰자의 사회문화적 배경과 관찰 대상의 특성은 기본적으로 분리가 불가능하게 뒤얽혀 있다는 상대주의적 구성주의 입장을 유지하고 있었다. 하지만 콜린스는 이러한 인식론적 상대주의나 존재론적 상대주의와 같은 급진적 입장을 버리고 방법론적으로 상대주의를 선택한다는 입장으로 선회하게 된다. 이러한 입장은 인류학자들이 현장 연구를 하면서 현지인들의 행동이나 그 의미, 그리고 현상에 대해서 아무런 편견 없이 접근하려고 하는 것처럼, 과학적 논쟁에 대해서는 방법론적으로 그 결과를 모르는 것처럼 입장을 유지해야 한다는 주장이다(Tosoni & Pinch, 2017). 그리고 정치적인 것(또는 사회적인 것)과 과학적인 것(기술적인 것)이 분리 가능하며 적어도 방법

론적으로 분리 가능하다고 생각해야 한다는 입장으로 선회하게
된다. 흥미로운 것은 인류학자들이 아무리 자신들의 편견을 제
거한 상태로 현지 연구를 수행하더라도 이미 자신들의 몸에 체
화하고 있는 사회문화적 배경 지식에 의한 편견을 완전히 제거
하는 일은 불가능하다는 것이다. 에든버러학파의 대표 학자라
고 할 수 있는 블루어와 반즈, 그리고 과학사학자인 존 헨리
(John Henry)는 콜린스의 이러한 방법론적 상대주의는 불가능
한 임무라고 비판했다(Bloor, Barnes & Henry, 1996).

콜린스와 에번스가 '제3의 물결'을 주장할 수 있는 근거는
바로 이 방법론적 상대주의적 접근법에 있다고 할 수 있다. 비
록 실제 상황에서 관찰자의 배경 지식과 관찰 대상의 관계는 서
로 복잡하게 얽혀 있기에 따로 분리해서 볼 수 없지만, 콜린스
에 의하면 방법론적으로 이 두 가지 요소를 분리할 수 있다고
가정한다면, 과학(기술)과 사회(정치)의 관계를 알아볼 수 있
다. 그렇다면 콜린스와 에번스가 이 책에서 다루고 있는 '과학
과 민주주의'의 관계, 그리고 그들이 주장하는 '선택적 모더니
즘'은 어떤 관계에 있을까?

3. 과학과 민주주의 그리고 선택적 모더니즘

보통 '제2의 물결' 시기의 과학지식사회학자들(또는 사회구성
주의자들)은 과학과 민주주의의 관계를 다음과 같이 표현할 것
이다: 과학과 민주주의적 요소는 기본적으로 서로 구분하기 매
우 힘들며, 현대 자연과학의 발전은 민주주의적 사회관계의 발
전과 서로 상호작용을 통해 구성되고 만들어졌다고 할 수 있
다. 그렇기 때문에 현재 우리가 맹신하고 가치중립성의 존엄한
척도로 삼고 있는 자연과학에도 민주주의적 요소를 강화시킬

필요가 있으며, 과학에 대한 대중들의 이해를 증진시키고 과학과 사회 사이의 소통을 긴밀하게 할 필요가 있다고 주장할 것이다. 이러한 '제2의 물결' 시기의 학자들의 입장, 사회적 요소들의 개선과 증진은 결국 과학적 가치의 증진으로 이어질 수 있다고 믿는 관점들에서 콜린스와 그의 동료들의 입장도 크게 벗어나지 않았다. 하지만 2002년에 '과학기술학의 제3의 물결'을 주장하면서 콜린스의 입장은 기존의 과학기술학자들의 입장과는 다른 큰 변화를 보인다(Collins & Evans, 2002). 앞에서 간단히 살펴본 대로, 콜린스의 입장은 과학과 정치가 분리 가능한 영역이라는 것이며, '제3의 물결'을 주장하면서 과학은 민주주의적 가치를 방어할 수 있는 기제로서 선한 가치를 갖고 있다는 것이다. 이 책에서 주장하듯이 콜린스는, 과학적 가치에 대한 회의주의를 통해서 과학과 사회의 동등성을 주장했던 '제2의 물결'은 "[과학의 권위를] 무너뜨리기는 했지만 다시 짓지 않았다"(콜린스, 에번스, 2018: 37)고 주장하면서 사회구성주의의 회의론에 대해서 비판적으로 보기 시작한다.

그렇다면 과학에서 어떻게 민주주의를 발전시킬 수 있는 선한 가치를 발견할 수 있을까? 콜린스의 해답은 간단하다. 과학적 가치와 과학적 사실(또는 결과)은 분리해서 생각해야 하며, 과학이 민주주의에 기여할 수 있는 역할은 과학적 가치에 존재하고 있는 기대와 열망(여기에서는 '형성적 열망'[formative aspiration]이라고 부른다) 때문이라는 것이다. 즉, 과학에는 내적으로 과학적 활동을 바치고 있는 근본 토대라고 할 수 있는 가치 체계가 존재하고 있으며, 그 가치 체계는 민주주의를 발전시킬 수 있는 요소를 담고 있다는 것이 콜린스와 에번스의 핵심 주장이다. 하지만 이들의 주장은 흥미롭게도 과거에 이미 논의된 적이 있었던 것 같은 기시감을 일으킨다. 콜린스와 에번스가 강조하고 있는 '과학적 사실'과 분리될 수 있는 '과학적 가치'에 대한 논의는 이미 1950년대 말에 미국의 과학사회학자 로버트 머튼의 '과학의 가치 체계'에 대한 연구에서 정립된 바 있다(Merton, 1973). 머튼은 당시 비약적으로 발전하고 있던 자연과학의 성공 비결의 이면에는 과학자 사회가 공유하고 있었던, 일반 사회와는 다른 특이한 규범 체계가 존재하고 있다고 주장했다. 그의 연구를 통해 발표된 것이 과학의 네 가지 규범 체계, 즉 과학의 일반성(과학은 인종, 지역, 성, 계급, 국가를 초월하여 일반적이다), 과학의 공유성(과학적 연구 결과는 과학자 사회에서 공유된다), 과학의 탈이해관계(과학자 사회는 이해관계를 벗어나 있다), 그리고 과학의 조직화된 회의주의(과학은 증명될 때까지 회의적 입장을 유지해야 한다)다. 하지만 머튼의 이러한 규범 체계에 대한 연구는 '제2의 물결'에 참여한 학자들에 의해서 가차 없는 비판을 받게 된다. 이미 20세기 후반에 들어서서 과학은 더 이상 일반적이지도, 공유되지도 않으며, 이해관계에 의해서 연구 방향이 변화되며, 불확실성에 의해서 조직화된 회의론은 큰 의미를 갖지 못한다고 비판 받게 된다(김동광 편, 2010). 콜린스와 에번스가 주장하는 과학의 가치 체계와 과학에 대한 열망은 다시 머튼의 규범 이론을 뒷문으로 부활시키는 시도라는 비판을 피하기 힘들어 보인다.* 이와 연관해 콜린스와 에번스는 과학에 대해서 과도한 신뢰와 믿음이 있는 것처럼 보이기도 한다. 과학에 대한 우리의 열망이 어떻게 항상 지속적으로 유지되는 것일까? 이것은 과학자 전문가 집단을 구성하고 있는 가치에 과도하게 의존하는 일종의 가치결정론(value determinism)이 아닐까?

이러한 여러 가지 회의적이고 비판적인 관점에도 불구하고 콜린스와 에번스가 사회구성주의와 자신들의 입장을 구분하면

* 이에 대한 가장 강력한 비판은 사회구성주의자 브라이언 윈(Brian Wynne)의 비판적 논평이다(Wynne, 2003).

서 '제3의 물결'이라고 일컫는 그 핵심을 '선택적 모더니즘'이라고 주장하는 데에는 분명 어떤 이유가 있을 것이다. '선택적 모더니즘'은 현대 사회를 표현할 수 있는 키워드라고 이 책의 저자들은 보고 있다. 이들은 사실과 가치를 구분하면서 과학적 사실과 과학적 가치를 구분함으로써 궁극적으로 가치 체계에 근거한 열망과 의도에 의한 도덕을 바탕으로 과학을 방어할 수 있다고 보는 것이다. 이러한 과학의 가치 체계가 바로 '선택적 모더니즘'의 요체라는 주장한다. 즉, 전문가들의 권위와 지식을 인정하면서, 이들이 갖고 있는 전문적 지식에 대한 지지가 아니라, 이들이 갖고 있는 특이한 열망과 의도와 가치(이러한 요소들은 결국 전문가들의 선의를 긍정적으로 평가하는 것이기도 하다)를 통해서 일반 대중들이 이러한 가치를 공유할 수 있도록 하자는 것이다. '선택적 모더니즘'의 개념은 고도로 이상화된 형태의 개념으로서 사회학에서 사용하고 있는 '이념형'(ideal type)이라고 할 수 있다. 콜린스와 에번스는 '제2의 물결' 시기에 사회구성주의자들이 시도한 과학의 권위적 가치 체계에 대한 해체 시도가 가져온 혼란과 혼돈을 모더니즘의 이름으로 치유하고 싶었는지도 모른다. 콜린스와 에번스가 과거와의 단절이라는 의미로서 자신들의 입장을 과학기술학의 '제3의 물결'이라고 지칭했음에도 불구하고 '제2의 물결'과의 지속성과 상호작용을 과감하게 끊어버릴 수 없는 이유는 아직도 그들이 주장하고 있는 '선택적 모더니즘'이 아직은 '이념형'에 불과하기 때문일지도 모른다.

참고문헌

김경만. 2002. 『과학지식과 사회이론』. 한길사.

김동광, 김환석, 박진희, 조혜선, 박희제. 2010. 『한국의 과학자 사회: 역사, 구조, 사회화』. 궁리.

Barnes, Barry. 1974. *Scientific Knowledge and Sociological Theory*. London: Routledge.

Bloor, David. 1976. *Knowledge and Social Imagery*. Chicago: University of Chicago Press.

Bloor, David, Barry Barnes & John Henry. 1996. *Scientific Knowledge: A Sociological Analysis*. Chicago: University of Chicago Press.

Carson, Rachel. 2000[1962]. *Silent Spring*. London: Penguin.

Collins, Harry M. 1974. The TEA set: Tacit Knowledge and Scientific Networks. *Social Studies of Science* 4(2): 165–85.

Collins, Harry. M. 1981. An Empirical Relativist Programme in the Sociology of Scientific Knowledge. *Science Observed: Perspectives on the Social Study of Science*. ed. Karin Knorr-Cetina & Michael Mulkay. London: Sage. 85–114.

Collins, Harry M. 1985. *Changing Order: Replication and Induction in Scientific Practice*. London: Sage.

Collins, Harry M. 2017. *Gravity's Kiss: The Detection of Gravitational Waves*. Cambridge, MA: the MIT Press.

Collins, Harry M. & Robert Evans. 2002. The Third Wave of Science Studies: Studies of Expertise and Experience. *Social Studies of Science* 32(2): 235–96.

Hanson, Norwood Russell. 1958. *Patterns of Discovery: An Inquiry into the Conceptual Foundations of Science*. Cambridge: Cambridge University Press.

Hanson, Norwood Russell. 1969. *Perception and Discovery: An Introduction to Scientific Inquiry*. San Francisco: Freeman, Cooper.

Kuhn, Thomas. 1970. *The Structure of Scientific Revolutions*. Chicago: University of Chicago Press.

Merton, Robert K. 1973. *The Sociology of Science: Theoretical and Empirical Investigations*. Chicago: University of Chicago Press.

Shapin, Steve & Simon Schaffer. 1985. *Leviathan and the Air-Pump: Hobbes, Boyle and the Experimental Life*. Princeton. NJ: Princeton University Press.

이 책을 읽은 독자들에게

Tosoni, Simone & Trevor Pinch. 2017. *Entanglements: Conversations on the Human Traces of Science, Technology and Sound.* Cambridge, MA: The MIT Press.

Wynne, Brian. 2003. Seasick on the Third Wave? Subverting the Hegemony of Propositionalism: Response to Collins & Evans. *Social Studies of Science* 33(3): 401–17.

찾아보기

용어

가족 유사성 44, 52, 53, 56, 63
개기일식 67
결단주의적 모델 103
경험 기반 전문가 35, 118
계량경제학/경제학적 예측 45,
    88~92, 131
공동 생산 150
공리주의적 철학 40
공적 자문 197, 199
공화주의적 과학 모델 155
과학 법정 183, 199, 200
과학 전쟁 115, 116, 213
과학 주변부 83, 127~131, 175
과학과 사회의 샌드위치 모델 108,
    109
과학에서 상향식 참여 191~194,
    201
(과학으로서) 사회과학 22~25, 54,
    80~83, 97~99, 113, 118, 122,
    124, 130~137, 198
(과학의) 가치중립적 이상 154, 169,
    170, 172, 184
과학의 구전문화 120, 121, 130, 133
과학의 민주화 26, 27, 31, 74
과학자 사회의 다양성 74, 82, 173
과학자 핵심 집단 121, 175, 176, 177
과학적 가치 18, 39, 42, 49, 60, 73,
    89, 104, 116, 138, 169, 170, 174,
    179, 182, 196, 212~214
과학적 근본주의자 100

과학주의 210
(과학학의) 제1의 물결 25, 40, 59,
    60, 102, 113, 117, 119, 124, 125,
    138, 141, 142, 154, 199
(과학학의) 제2의 물결 26, 28,
    31~35, 50, 51, 60~64, 68, 86,
    103, 109, 114, 117~123, 134,
    138, 141~144, 171, 175, 208
(과학학의) 제3의 물결 27, 28,
    31~34, 50, 64, 86, 101, 111,
    117, 123, 134, 141~144, 147,
    150~155, 209
구성적 기술영향평가 191~194
구획 문제 51, 57, 59
귀납 문제 61, 62, 68
그렇다/그래야 한다의 구별 50, 70,
    75, 152
기술 포퓰리즘 148
기술관료주의 42, 102~108, 156,
    164, 168, 181, 184, 185, 209,
    211
기술적 또는 정책 문제 프레이밍
    103, 161
기술적 측면 49, 50, 93, 96, 137,
    138, 147, 153, 169, 175, 181,
    198
기술적 측면의 능력주의 198
기여 전문성 33, 34
기후게이트 49
기후변화 49, 128, 132, 145, 146,
    184

245

내재적 정치 50, 92, 104, 134
네덜란드기술평가협회 192
(논란 또는 의견 주장의) 유통기한
        127, 133, 156, 178
논리실증주의 65, 67, 95, 101
님비 162

대의민주주의 161
대중의 과학과 기술 참여 198
대중적 유행병학 196
덕 인식론 44, 80
도덕적 제도로서의 과학 43
도덕철학 37, 38, 39, 115
독수리 (과학자들) 115~117,
        120~128, 132, 176, 177, 185
라테나우 연구소 191
맞춤법 검사기 100
매(과학 근본주의자들) 115~117
맨해튼 프로젝트 79
머튼의 과학 규범 70~75, 154, 206,
        207
        공유주의 75, 76, 207
        보편주의 73~76, 85, 91, 180,
                207, 208, 210
메타전문성 32, 33
무지의 장막 123, 127, 167
미국 연방정부의 과학기술자문단
        132
민주주의와 정치의 구분 37
밀리컨 전하 이론 실험 56

반증 61~63, 69, 83, 85, 91, 94~98,
        154, 155
병적인 개인주의 83
본질적 긴장 82
부도덕한 과학 180
부엉이들 임무 9, 123, 126,
        131~135, 138, 157

위원회 구성원 선별 136
불편부당성(머튼의 과학 규범) 85,
        91, 123, 180, 207, 208, 210
브렌트스파 원유채취 플랫폼 148,
        149

사실-가치 구분 34
사전예방원칙 122
사회의 프랙털 모델 53, 54
사회적 데카르트주의 100
삶의 양식 17, 53~58, 62~65, 78, 79,
        84~86, 99, 100~104, 112, 117,
        134, 153, 179, 205, 206, 212
상대적 약자 118
상온 핵융합 155, 156
상호작용적 기술영향평가 191
상호작용적인 전문성 28
서구 사회의 불평등 17, 22
선택적 모더니즘 9, 10, 38~45, 59,
        62~69, 75, 78, 79, 84~111, 122,
        133, 138, 141~153, 158, 161,
        163~172, 175, 177~186, 189,
        190, 194, 196, 199~201, 209,
        210
        과 예술 93, 94, 196
        과 창조론/지적설계론 56, 69,
                83, 94, 184
        도덕적 리더십으로서 과학
                23, 71, 180
        도덕적 선택으로서 과학 38,
                42, 45, 93
        문화적 자원으로서 과학 138,
                153, 180
        정치적 결정과 기술적 의견
                147
숙의민주주의 161, 166, 167, 190
시민 과학 30, 195, 196
시민 배심원 190, 191

시민 인식론 150, 165
시민 패널 182, 184, 190
신뢰할 수 있는 제도 22
신문기사의 형평성 146
실험자의 회귀 68, 154, 155

아마추어 과학 196
암묵적 지식 33, 34, 99, 100, 112,
    121, 130, 133
에든버러 골상학 논란 50, 51
연금술 56
영국 국민건강서비스 23
영국 상원 과학기술위원회 189
오존층 145
외부적 정치 104, 134
우연한 행동 57~60
유사 종교적 입장 대 공리주의적
    주장 149
유전자 조작 곡물 178
이슈에 의해 구성된 공중 158~163
인공지능 115
인식론적 관점 186
인식론적 불공평성 142, 145
인유두종바이러스(HPV) 백신 146
일반 법정 배심원 190, 191
일반인 전문가 또는 일반인 전문성
    31, 118, 160

적절한 해석의 위치 79, 80, 84, 85,
    124
전략방위구상 145
전문성 주기율표 32, 160
정당성 문제 30, 31, 35, 172, 174,
    175, 194
정직한 브로커 200
정치적 자유주의 156, 163~168
정치적 측면 49, 50, 93, 96, 101,
    147, 169, 175, 181, 182

제너레이션스코틀랜드 프로젝트
    198
조직적 회의주의 75, 77, 80, 180,
    207, 210
종교와 과학 55, 116
중력파 물리학 172, 235~237
지식사회학 41, 42, 52, 59, 87, 104
지적설계론 56, 69, 83, 94
진화론/자연선택 101, 115
집단의 성질로서 언어 100

참여 기술영향평가 191~194
참여자 이해 98
창조론 94, 184
초심리학 117
초자연적 현상 73
최소한의 기본 입장 36, 106

코넬대학교 조류학연구소 195
콘도르(과학 근본주의자로서
    변증론자) 115~117

통계학적 방법 176
트라이얼 팩터 177

파일·서랍장 문제 177
패러다임 19, 53, 82, 171, 178
편재적 전문성 32, 33
포스트모더니즘 19, 41, 81
프로테스탄트 윤리 60

학문적 매트릭스 19
합의 회의 190
합의(과학적) 121~128, 132~135,
    138, 185, 209, 210
항레트로바이러스제 106, 107, 126
해석적 유연성 116
행동유형 55, 57, 58

형성적 의도 54, 55, 58
형성적 열망 55~62, 65, 69, 70, 78,
　82, 86, 87, 92~95, 98, 101, 124,
　128, 134~137, 153, 207, 210,
　212
　(으로서) 개인주의 81, 83, 85,
　　116, 210
　(으로서) 명확성 80, 81, 85,
　　91
　(으로서) 성실성 44, 67, 78,
　　97, 113, 172, 175, 178
　(으로서) 연속성 9, 82, 85, 94,
　　141
　(으로서) 일반성 83, 85, 240
혼성 포럼 187
확장 문제 30, 31, 35, 162
2,4,5,T(유기인산 제초제) 논란 30,
　31, 120, 147
arXiv 129, 130
GM 네이션? 논쟁 162, 197
MMR 백신 논란 118~122,
　145~152, 190
SETI@home 195

인명

누스바움 80, 81
뉴턴, 아이작 56, 72, 116

다윈, 찰스 33, 115, 116
대처, 마거릿 22, 43
더글라스, 헤더 133, 154, 169
뒤르켐, 에밀 20, 21, 55
뒤프레, 존 44
듀런트, 데린 166, 186
듀스버그, 피터 128, 155, 178
듀이, 존 154, 158, 160~163

러커토시, 임레 61~63
롤스, 존 125, 154, 163~169, 184,
　186
리프, 아리에 191
리프먼, 월터 154, 158~163

머튼, 로버트 25, 70~78, 154, 206,
　207
멀리스, 케리 128, 178
메더워, 피터 114, 136

버널, 존 데즈먼드 206
버틀러, 주디스 81
베버, 막스 60
베블런, 소스타인 102
보크리스, 존 155, 156
브라운, 마크 157, 185
브라운, 매튜 183
비트겐슈타인, 루트비히 26, 52, 53,
　64

샤핀, 스티브 50, 51
쇼트, 요한 191

아인슈타인, 앨버트 67, 116, 236
어윈, 앨런 30, 31
오레스케스, 나오미 144, 146
오웰, 조지 80, 81, 207
웨이크필드, 앤드루 118
윈, 브라이언 107, 111
윈치, 피터 26
음베키, 타보 10, 106~108, 126,
　127, 131, 178

자사노프, 실라 134, 148, 150, 151

칸트로위츠, 아서 199, 200
코넌트, 제임스 156

248

콘웨이, 에릭 144, 146
쿤, 토머스 19, 26, 82, 114
키처, 필립 154, 182, 183, 184, 185

터너, 스티븐 156, 209

파인만, 리처드 112~114
포퍼, 칼 61, 62, 68, 206
폴라니, 마이클 114
풀러, 스티브 56, 155
프루어, 린 189

프리커, 미란다 142
플라톤 66, 136
플랑크, 막스 116
플레크, 루트비히 76, 114
피셔, 플랭크 29
필커 주니어, 로저 200

하버마스, 위르겐 154, 166~169
헉슬리, 올더스 206
홀튼, 제럴드 114

과학이 만드는 민주주의:
선택적 모더니즘과 메타 과학

초판 발행   2018년 6월 8일

지은이   해리 콜린스·로버트 에번스
옮긴이   고현석
펴낸이   주일우
펴낸곳   이음
등록번호   제313-2005-000137호(2005년 6월 27일)

편집   정일웅·김우영·조지훈
디자인   전용완
인쇄·제본   아르텍

주소   서울 마포구 월드컵북로1길 52, 3층
전화   (02) 3141-6126
팩스   (02) 6455-4207
전자우편   editor@eumbooks.com
홈페이지   www.eumbooks.com

한국어판 © 이음, 2017 Printed in Seoul, Korea
ISBN 978-89-93166-80-4 (93300)